国家社科基金
GUOJIA SHEKE JIJIN HOUQI ZIZHU XIANGMU
后期资助项目

理解公共服务：
基于多重约束的机制选择

Understanding Public Services:
Mechanism Selection Based on Multiple Constraints

李德国　著

中国社会科学出版社

图书在版编目（CIP）数据

理解公共服务：基于多重约束的机制选择／李德国著.
—北京：中国社会科学出版社，2017.3
ISBN 978 - 7 - 5161 - 8874 - 3

Ⅰ.①理…　Ⅱ.①李…　Ⅲ.①社会服务—研究—中国
Ⅳ.①D669.3

中国版本图书馆 CIP 数据核字（2016）第 213342 号

出 版 人	赵剑英
责任编辑	孔继萍
责任校对	朱妍洁
责任印制	李寡寡

出　　版	中国社会科学出版社
社　　址	北京鼓楼西大街甲 158 号
邮　　编	100720
网　　址	http：//www.csspw.cn
发 行 部	010 - 84083685
门 市 部	010 - 84029450
经　　销	新华书店及其他书店

印刷装订	北京市兴怀印刷厂
版　　次	2017 年 3 月第 1 版
印　　次	2017 年 3 月第 1 次印刷

开　　本	710×1000　1/16
印　　张	16.75
插　　页	2
字　　数	302 千字
定　　价	68.00 元

国家社科基金后期资助项目

出 版 说 明

后期资助项目是国家社科基金设立的一类重要项目，旨在鼓励广大社科研究者潜心治学，支持基础研究多出优秀成果。它是经过严格评审，从接近完成的科研成果中遴选立项的。为扩大后期资助项目的影响，更好地推动学术发展，促进成果转化，全国哲学社会科学规划办公室按照"统一设计、统一标识、统一版式、形成系列"的总体要求，组织出版国家社科基金后期资助项目成果。

全国哲学社会科学规划办公室

了解前人是如何想的，比了解他们是如何做的更有益。

　　　　　　　　　　　　　　　　　　——伏尔泰（Voltaire）

　　任何事物总能从不同的角度去加以揭示。是善是恶，是美是丑，是吉是凶，是有用还是无用，等等，做出解释的毕竟还是人自己。然而，无论人如何解释，注定会将自身心理结构置于被解释的事物之中。这就意味着人很容易被解释所束缚，只能从解释得通和解释得好的视角来观察和理解事务。

　　　　——弗里德里希·W. 尼采（Friedrich W. Nietzsche）

目　　录

前　　言

公共服务供给属于政府与国民之间的社会契约的一部分，对于发展至关重要。正如世界银行行长金墉指出的，发展进程中的供给重点包括物质基础设施，譬如道路、电网和供水系统，也包括服务，譬如教育、医疗和社会保护。而今天，在所有这些领域，在最需要的很多国家和社区，供给却往往跟不上。

本书指出，机制选择是公共服务供给科学的核心。机制选择的科学性，直接决定了公共服务管理主体的完善性、管理路径的有效性、管理成本的可控性以及管理的可持续性，进而根本上决定了公共服务的针对性与有效性。在当代汹涌澎湃的全球政府改革浪潮中，各国政府不仅大刀阔斧地对公共服务体制进行了改革，还创造了众多公共服务提供机制与方式，如合同外包、用者付费、凭单、特许经营、内部市场、政府间协议、志愿服务等。但是，每一种服务供给机制都不具有必然的优越性，也没有一种方案能够解决所有问题。

可以说，问题并不在于我们缺少可供抉择的供给机制，而是在于我们能否根据自身的能力、资源和政治环境，从这个庞大的"工具箱"中选择适合自身的机制。这就需要构建一门供给的科学，研究在具体的经济基础、公众偏好、受益范围、区域地点和政治体制环境中分析哪一种服务供给机制适合于用来改善公共服务质量。

基于此目标，本书以多重约束视角下的机制选择为切入点，探索建构一门公共服务的供给科学。研究把服务特性、行动者特性以及制度等三大类的因素体系作为公共服务供给机制选择的主要约束范畴，分别从交易成本经济学、新公共服务理论、网络与嵌入理论以及制度主义等角度出发，提出多重约束条件下公共服务供给机制选择的分析模型和逻辑路线。

本书探索的主要内容包括以下几方面。

第一，交易成本约束与服务供给。即公共服务的交易成本特性（资产专用性、可测量性等）如何影响服务供给机制的选择。研究表明，在容易测量、监督的公共服务领域（如拖吊车、数据处理等），合同外包的成本节省效应比较明显。公共服务供给交易成本的存在，使政府很难制定准确的合约来规范双边的职责和作用。

第二，公民呼吁与服务供给。公共服务供给机制的选择，不仅包含了一般意义上对于成本、技术、效率的关注，也包含对公众需求的承诺和回应。这意味着，公共服务供给机制的选择和设计要以公民为中心，以使用者的实际感受为导向。

第三，网络与服务供给。研究表明，公共服务的过度分散化和竞争并不利于问题的解决，外部性、信息不对称、缺乏规模效应等缺陷会抵消竞争所创造的效果。基于互惠、信任的网络合作方式能够在一定程度上避免盲目与私人机构签约所产生的机会主义风险问题。

第四，循证实践与服务供给。多重约束条件下公共服务供给机制的选择是循证的过程。公共服务供给机制的选择是在多重约束条件的背景中产生的，这包括交易成本、公共利益、市民偏好、制度安排、经济发展、财政可承受能力等。这就需要决策者重视经验层面的证据，根据多重约束条件来动态地设计和选择公共服务供给机制。

第五，质量改进与服务供给。由于公共部门的服务质量远比私营部门复杂——不是简单地满足公民表达的期望，还涉及找出未经表达的需求、设定优先性、分配资源、公开辩护所做的决定等——这就需要公共部门发展更为复杂的手段或机制来持续地驱动服务质量的改善。

本书的另一个特色是，结合笔者在美国访学期间的细致观察与亲身实践，将中美两国的公共服务供给机制设计与选择进行比较，以期让我们了解我国与发达国家的差距。基于美国经验和中国实践的比较分析将是本研究的重要内容。之所以选择美国作为研究对象，主要有以下几个方面的原因。

第一，美国是当代公共管理与公共政策研究的重镇，也是行政管理体制改革，尤其是公共服务供给机制与工具创新的先驱和代表。1883年彭德尔顿法案创立了美国公务员委员会，公务员制度的建立以及城市膨胀的需求催生了美国的公共行政学。1887年，威尔逊提出了创立独立的行政学学科的构想。随后，古德诺于1900年谈到行政学与政治学的分离。此后，泰勒开始了科学管理的研究。20世纪30年代的罗斯福新政，尤其是布朗诺报告直接诱发了政府部门的膨胀和改革。80年代美国引领了新公共管理运动潮流，里根政府许诺减税，精简政府开支，减少管制，并将部分政府职能承包出去。1993—2000年执政的克林顿开启了重塑政府运动。

2009年上台的奥巴马总统启动了声势浩大的医疗体制改革。一次次改革，一次次不同的主题，变化的是内容，不变的是要改变、要改革的努力。同时，在每一个变化着的历史时期，都有一批代表性学者，通过著作或描述，勾画出不同的时代特点。这些理论工作，与美国公共管理的实践改革基本相配，在不同的阶段，分别起到了设计改革、推动改革、解释改革和协助改革探求新路的功能。这一轨迹，也描绘出美国的公共管理不是一成不变的，自新中国成立以来一直是在改革中前进。

第二，美国政府改革乃至公共服务供给机制演变过程，为我们分析其背后的逻辑以及影响因素提供了极好的资源和范本。20世纪70—90年代的美国将通过合约改善服务供给视为迫切的政治愿望（political desideratum），一个通过"右派"（right）的方式（如利用个人私利来追求集体利益）来达到"左派"（left）的目的（如扩大社会福利项目）的第三条道路。人们认为通过供应商（vendors）的竞争来代表政府供给公共服务的公共部门合约，是减少成本、提升效率的法宝。90年代以来，一个重要变化就是竞争性合约的下降（complete contracts decline）和混合性公私服务供给的急速增加（dramatic growth in mixed delivery），新公共服务（New Public Service）、网络治理（Network Governance）、协作性公共管理（Collaborative Public Management）等新的治理范式正在扩大其实践影响力。这些复杂的变迁，为我们了解公共服务供给机制背后的多重约束因素提供了很好的平台。

第三，笔者选择美国的经验作为分析基础，还有一个实际的原因。从2009年8月至2010年8月，受国家留学基金委国家高水平公派项目的资助，笔者在美国亚利桑那州立大学（Arizona State University）公共事务学院开展了为期1年的访学与交流，并有幸获得提出新公共服务理论（New Public Service）的丹哈特教授（Robert Denhardt）的指导。在美期间，本人还在凤凰城（City of Phoenix）、旧金山（City of San Francisco）等地开展了实地调查，对美国公共服务供给机制的运作有一定的了解。鉴于上述有利因素，笔者选择美国经验比较作为分析的基础，同时结合中国的实际情况进行分析。

在我国，近年来公共服务供给机制也随着行政体制改革的深化而走上了持续创新的道路。尤其是政府不再是服务供给的唯一机制，萨瓦斯（E. S. Savas）所总结的四种合作性公共服务供给机制（collaborative service delivery）中——合同（contract）、专营（franchise）、补助（grant）和凭单（voucher）——在中国都能找到实践的案例。所不同的是，美国采取的是竞争导向的策略（competition-oriented strategy），而中国仍然保持了"国家隶属"（state-affiliated strategy），即服务供给机构隶属于国家的策略。总的来说，尽管策略有所不同，但是，人们对于政府供给更好更快的公共服务的要求是相同的。而美国在不断创新的过程中，也遇到了不少问题。这些经验和教训，可以为我国提供十分重要的启示。

总之，本书一方面在学术上有助于扩展传统的静态研究路径，基于制度的、理性的和功能主义的研究焦点，为公共服务模式的创新提供新的学术思路；另一方面有助于我们设计新的服务供给科学，创新公共服务管理机制和运作模式，优化服务的流程、效率和效果，为我国建设服务型政府提供新的启示。

第一章　导论

国家……是由一群个人组成的机构，这些个人必须使用他们所拥有的权力来服务于公众的需要。公共服务的概念是现代国家的基础。没有什么概念比这一概念更加深入地植根于社会生活的事实。

—— [法] 莱昂·狄骥

第一节　公共服务：一门关于供给的科学

公共服务成为一门供给的科学，是当代公共服务改革的一个积极成果。正如瓦格纳法则所揭示的：在日益工业化和城市化的经济发展过程中，社会对政府服务的需求将有绝对和相对的增长。公共服务改革就是适应社会公共需求的变化，为了向公众提供更公正、更全面、更优质、更便捷的公共服务，而对公共服务的体系、组织、体制、制度、方式等进行的改革与创新，这就推动了一门关于公共服务供给科学的形成。

纵观过去30多年来全球范围内的政府改革浪潮，其根源不仅在于全球化、信息化、技术进步、经济社会的发展，财政危机、传统官僚制的无效率等一类的客观因素，还在于公民对政府的不满与信任危机、对政府与日俱增的期望以及对政府提出的更高要求——要求更好更快的公共服务。① 正是在这种背景下，政府如何进行有效的公共服务提供，更好地回应来自公民的实际需求成为国际范围内理论界与实务界共同关注的焦点问题之一。

在汹涌澎湃的全球政府改革浪潮中，各国政府不仅大刀阔斧地对公共

---

① [美] 丹尼斯·A. 荣迪内利：《为人民服务的政府：民主治理中公共行政角色的转变》，贾亚娟译，《经济社会体制比较》2008年第2期。

服务体制进行了改革,还创造了众多公共服务提供机制与方式——包括公私合作伙伴关系(public-private partnerships)、契约外包(contracting out)、凭单(vouchers)、内部竞争(internal competition)、顾客反馈(client feedback)等在内——以改善公共服务提供的质量和效率。① 可以说,公共服务的供给已经变得日益科学化。

毋庸置疑,这一波的公共服务提供机制与方式改革,基本可以纳入"新公共管理"(NPM)的大旗之下。综观各国的改革基调,尽管各有差异,但无一不把向企业学习,引入竞争机制,作为重要的改革方式。而理论界对于公共服务"如何提供"问题的回答大多集中在两个层次上:第一个层次是肯定市场在公共服务提供中的积极作用,打破政府作为公共服务唯一提供者的固有观念;第二个层次则是在由政府承担提供公共服务责任的前提下,利用市场管理方法提高政府的运行效率,促进公共服务的有效供给。毫无疑问,市场在这两个层面都发挥着至关重要的作用。②

不消说,市场的概念极大地改变了传统的政府公共服务供给理论,促进公共服务供给变得更加注重"顾客"的需要,并在很大程度上使当代的政府改革烙上了"新自由主义"的痕迹。但是,对于公共服务供给而言,"自由化逻辑"也存在不少难以解决的问题。(1)责任与控制问题。在公共服务交由市场机制处理后,谁来承担最后的责任与控制角色,通过何种方式承担,承担何种程度的责任呢?(2)平等的问题。即使公共服务的私有化可以降低成本并符合公民(消费者)的去向,但是服务的分配平等却是一个棘手的问题,尤其是如何保证针对弱势和少数群体的服务可及性。(3)竞争基础的问题。公共服务的潜在供应者并非想象的那么充足,供应者往往由少数大卖家(资本金)所支配,缺乏适度竞争在很大程度上抵消了市场化所存在的优点。(4)挑肥拣瘦的问题(creaming practices)。以利润为导向的私人组织对于不具有经济效益的公共服务取巧规避,往往只挑选利润高、易执行的项目,而不易执行的项目仍留待政府处理。

正如魏伯乐等在《私有化的局限》一书中所指出的,私有化是件好

① OECD,"Managing with Market-type Mechanisms",*Public Management Studies*, Paris: OECD, 1993.

② 句华:《公共服务中的市场机制:理论、方式与技术》,北京大学出版社2006年版,第4页。

事，但有局限，推行私有化要趋利避害，避免好事过头。① 这意味着，没有任何特定的公共服务供给机制与方式具有必然的优越性。世界银行就曾指出："以下假定并不存在，即在公共、营利性和非营利性服务提供者中，某一类提供者可能会比其他提供者都好。公共医疗机构也可以是非常有效率的，如马来西亚；也可能极其缺乏效率，如中等收入水平的加蓬，该国的免疫率一直在 30% 以下。非政府组织也并不一定都是为穷人着想的。一旦与政府签订合同，非政府组织也往往向公共部门看齐。"②

在经历了轰轰烈烈的政府改革运动后，不少国家正在回过头来重新审视已经走过的道路，并提出了新的供给科学。

在新公共管理的"范本"和"领头羊"——新西兰，人们发现私有化是有限且不充分的。在 20 世纪 90 年代末，新西兰对新公共管理运动进行了修正，重新强调政府的角色。在 1999 年，海伦·克拉克（Helen Clark）在新西兰总理选举的竞选宣言中就指出，"在过去的改革中，我们曾致力于寻求一个更加有效率的政府，但无疑也是一个做得更少的政府（less government）。现在，可以肯定的是，政府必须重建公共部门能力以更好地向公众输送更好的服务"③。2002 年，新西兰通过了一项新的法律，认为地方政府必须平衡以下目标：经济发展、社会福利、环境管理和市民参与。

在英国，1997 年新工党政府上台后，开始在公共服务领域推行"最佳价值"（Best Value）管理模式，逐渐代替之前保守党政府的"强制性竞标"模式（Compulsive Competition Tendering，CCT）。 "最佳结果"（Best Results）模式，以伙伴的契约关系取代 CCT 的竞争和对抗关系，并将公民视为服务使用者和纳税人，使地方更好地发现需求，设定对象、优先性和目标。④ 1998 年推出的《现代地方政府：与民众在一起》（*Modern Local Government：In Touch with the People*）白皮书，指出"现代化就是要

---

① ［德］魏伯乐、［美］奥兰·扬、［瑞士］马塞厄斯：《私有化的局限》，周缨、王小卫译，上海人民出版社 2006 年版。

② 世界银行：《让服务惠及穷人——2004 年世界发展报告》，中国财政经济出版社 2004 年版，第 95 页。

③ 转引自 Warner, E. M. & Hefetz, A., "Service Characteristics and Contracting: The Importance of Citizen Interest and Competition", *ICMA's Municipal Year Book 2010*, Washington, D. C.: ICMA, 2010, pp. 38 – 39。

④ Bovaird, T. & Halachmi. A., "PerformanceMeasurement and Best Value: anInternational Perspective, International Journal of Business Performance Management, 2001, 3 (2/3/4): 119 – 134.

改变公共服务提供者的文化,使之更多地以公民为中心,提供更加良好的服务"。此外,英国近年来推出的"地方战略伙伴关系"(Local Strategic Partnership, LSPs)和"地区协议"(Local Area Agreements, LAAs)更加强调增强地方政府的灵活性,鼓励地方政府与其伙伴(营利组织和非营利组织)根据当地实际情况来共同提供公共服务,以使公共服务更加敏感地回应当地的民众。①

在德国,具有新公共管理运动色彩的"新治理模型"(New Steering Model)已经逐渐"疲软",许多一线的政府公务员对这一模型已经持消极的态度。新一轮改革中已经具有"新韦伯国家"的影子,如强调自上而下的引导(top-down steering)、组织重整(organizational reintegration)、基于规则的决策制定(rule-bound decision making)等(Kuhlmann, Bogumil & Grohs, 2008)。②

在加拿大,为了更好地提供以公民为中心的服务,加拿大政府自1998年起先后推出了两项行动议程——"服务加拿大"(Service Canada Initiative)和"服务改善"(Service Improvement Initiative)。前者通过电子化的方式为公民提供整合式服务,后者则致力于提高公众对公共服务的满意度。从1998年起,加拿大还先后进行了一系列名为"公民为先"(Citizens First)的全国性调查,寻找影响公共服务品质的关键因素。

在美国,公共服务合同外包数量正在下降,取而代之的是更加混合的公私合作机制(mixed public/private delivery)。这种混合机制不仅创造公共供给和私人供给者之间的竞争,保持了政府在公共服务供给过程中的能力和内部知识,还促进了市民的参与。③同时,应用网络治理或者说区域主义的新机制与方式正在大量地涌现,如在多重管辖区基础上设立地方特区(local special districts)、将服务进行功能转移(transfer of functions)、扩充城市服务范畴的吞并(annexation)、签订政府间服务合作协议(interlocal service agreements)等。

在南非,1996年出台的《转变公共服务提供》(*Transforming Public*

---

① [英]杰瑞·斯托克:《英国地方政府治理的新发展》,董迪、郁建兴译,《中共浙江省委党校学报》2007年第1期。

② Kuhlmann, S., Bogumil, J. & Grohs, S., "Evaluating Administrative Modernization in German Local Governments: Success or Failure of the 'New Steering Model'?", *Public Administration Review*, 2008, 83 (5): 851–863.

③ Warner, E. M. & Hefetz, A., "Managing Markets for Public Service: The Role of Mixed Public-private Delivery of City Services", *Public Administration Review*, 2008, 68 (1): 155–166.

Service Delivery）绿皮书也指出，公共服务的使用者必须被摆到首要位置上，为此他们提出了从咨询、服务标准、礼貌、信息提供、公开性和透明性、回应性、经济性七条公共服务提供的标准（Department of Public Service and Administration of South Africa，1996）。而坦桑尼亚等国家的政府部门也开始了从结构变革浪潮（Structural Reforms Wave）到能力建构浪潮（Capacity Building Wave）再到服务改善浪潮（Service Improvement Wave）的第三波改革浪潮，更加强调在公共服务的提供过程中，满足公众对于透明性和责任的要求。

在印度的班加罗尔，一种世界银行描述为"寻求使用者对公共服务的反馈的参与式调查"方法——市民评价卡（citizen report card）得到了广泛的应用。市民评价卡最早由一个民间社会团体推出，主要是评定公共服务使用者的感受。评价卡开放了服务提供者和使用者之间的对话，并最终得到了政府部门的积极回应，建立了官方层面的负责机构，并在其他城市进行推广（世界银行，2004）。据统计，班加罗尔从1994年使用评价卡后，公众对公共服务的满意度从1994年的9%上升到了2003年的49%。

总的来说，无论是欧洲、北美，还是非洲、亚洲，服务供给机制的选择日益强调在理性地发挥市场力量的同时，更加强调政府能力构建和责任承担，更加重视聆听公民的声音，更加关注服务的广泛网络和合作潜力。从这个角度看，服务供给机制选择的多重约束因素正在凸显：来自市场价值的约束因素要求政府持续地降低成本，提高效率；来自社会价值的约束因素要求政府注重需求方的偏好，提升公共利益；来自技术、区域地理等方面的外部因素也要求政府引入现代化管理技术，发挥服务供给规模效益。

第二节　公共服务供给的核心：多重约束下的机制选择

"20世纪行政组织再造的历史是一部话语史。"粉墨登场的行政改革运动背后，总是隐藏着各种或同或异，甚至相去甚远的说辞、理论、信仰和符号。在新自由主义盛行期间，国家被描绘成过度增长的、扩张的、侵入性的和笨拙的利维坦。而在美国次贷危机引爆国际金融危机后，"国家正在回归，尽管显得犹豫，甚至不情愿，但人们普遍认为，这是拯救市场自身缺陷的不二选择"①。可以说，国家与市场往往被描绘成两个对立体，承担着不同学者的期待之重。

公共服务供给作为现代国家的一项基本职能，其机制设计的思路和方式，不可避免地受到政治话语的影响。在国家—市场的二元话语下，服务供给的机制也被简单地区分为国家制造（make）或市场购买（buy）两种。即使加上介于市场与国家之间的公民社会组织，也只有三大类。机械的区分，很容易让急躁的改革者试图去寻找一种包治百病的万能药，对服务供给领域进行"重大手术"。例如，在20世纪末21世纪初，在江苏宿迁等地实行把医院推向市场改革的影响下，全国掀起对公立医院实行租赁、拍卖、股份合作、委托管理的风潮。而10年之后，全国各地又出现了一波回购民营医院的热潮。如此种种，反映了我国公共服务供给机制设计的思路仍囿于国家—市场的二元结构中。

对于当代的公共服务供给而言，除了传统的政府供给外，我们并不缺乏各种各样的供给机制与方式。早在20世纪90年代，OECD就曾经总结了数十种服务供给机制，如使用者付费（user-charges）、共同支付（co-payment）、合同（contracting）、内部市场（internal markets）、凭单（vouchers）、BOT机制（BOT schemes）、执行局（agencies）、建立所有权或私有化（establishment of ownership rights or privatization）、内部定价（internal pricing）、以成本为中心的管理（cost-centres management）、绩效管理（performance management）等。

但是，大量的经验数据证明，没有任何特定的公共服务供给机制与方式具有必然的优越性。世界银行就曾指出："以下假定并不存在，即在公共、营利性和非营利性服务提供者中，某一类提供者可能会比其他提供者都好。公共医疗机构也可以是非常有效率的，如马来西亚；也可能极其缺乏效率，如中等收入水平的加蓬，该国的免疫率一直在30%以下。非政府组织也并不一定都是为穷人着想的。一旦与政府签订合同，非政府组织也往往向公共部门看齐。"② 可见，即使相同的供给机制，在不同的偏好、信息和行为下，也会呈现出不同的效果。面对种类繁多的公共服务问题，我们不可能以简单的、预设的模型或方法来加以解决，而是要谨慎地对待每一种特殊情况，找出约束每一种服务供给机制绩效的关键性变量，将之

① Ramesh, M., et al. ed., *Reasserting the Public in Public Services: New Public Management Reforms*, New York: Routledge, 2010.

② 世界银行：《让服务惠及穷人——2004年世界发展报告》，中国财政经济出版社2004年版，第95页。

有效整合起来思考和解决问题。

已经有大量的研究指出，公共服务的供给绩效受到交易成本、范围规模、市场结构或公共偏好的影响和约束。例如，当某项服务的排他性成本非常高昂时，提供该项服务就面临潜在的搭便车或集体行动问题；当市场中可供选择的服务生产商过少时，合同外包就面临竞争不足的问题；[①] 当类市场机制（quasi-markets）应用在公共服务供给时，个人和集体的偏好就可能产生置换现象[②]；当某项公共服务的收益范围过小时，服务供给的规模效益乃至政府的专业能力就会产生问题[③]；当把不付费者排除在外的技术还没有产生或者在经济上不可行时，公共产品就不能通过市场手段充分地提供给消费者[④]。许多研究者均指出，合同外包或者私有化只能在特定环境下对特定服务领域起作用，如垃圾收集、街道维护、拖车、数据处理等，而在那些不容易计算的"软服务"领域，如养育照护、儿童福利、家庭暴力、药物滥用治疗、艾滋病（病毒携带者）服务等，几乎难以找到成功的例子。

可见，公共服务供给机制的选择与应用是在多重约束的背景下进行的。只有充分认识这种约束条件，我们才可能选择最适于解决所面临的每一个具体问题的供给机制与方式。通过对机制抉择的研究，问题的焦点就不再是何种机制有效，而是什么情况下它是合适的，以及国家、市场和社会组织是如何配合起来有效和公平地提供公共服务。可以说，公共服务供给科学的核心，不是关于机制如何建立，而是机制如何选择。换言之，问题并不在于我们缺少可供抉择的供给机制，而是在于我们从这个庞大的"工具箱"中选择何种机制。

那么，该如何认识这些多重约束条件呢？我们必须从公共服务供给模式的转变说起。在 20 世纪最后的 30 年，市场在公共服务供给体系中的角色日渐明晰，并确定了其重要地位。但是，市场的作用并不如想象中的那么巨大。它不仅在民主、公平等价值方面影响甚微，甚至在节约成本、提

① Sclar, E., *You Don't Always Get What You Pay for*: The Economics of Privatization, Ithaca, N. Y.: Cornell University Press, 2000.

② Lowery, D., "Consumer Sovereignty and Quasi-market Failure", *Journal of Public Administration Research and Theory*, 1998, 8 (2): 137 – 172.

③ Warner, M. E., "Competition, Cooperation and Local Governance", *Challenges for Rural America in the Twenty First Century*, edited by David Brown and Louis Swanson, 2003, University Park, P. A.: Penn State University Press, pp. 252 – 262.

④ Goldin, K. D., "Equal Access vs. Selective Access: A Critique of Public Goods Theory", *Public Choice*, 1977, 29 (1): 53 – 71.

高服务质量上也受到质疑,这也正是美国在近年来出现所谓的"合同回撤"的一个重要原因。但是,"合同回撤""并不意味着我们要回到直接公共垄断的旧体制,而是预兆了一个新的平衡状态——一种结合市场、民主以及规划(planning)来形成既有效率又更加符合社会理想(social optimal)的模式——的出现"。①

为了寻找一个更加平衡的公共服务供给模式,康奈尔大学的沃娜(Mildred Warner)教授从市场、民主和规划等三个维度构建了"政府改革的平衡途径"(如图1—1所示)。其中,市场维度包含了竞争、管理和顾客选择等交易成本经济学的核心要素;民主维度融入了"新公共服务"理论的选举、辩论和公共责任要素;规划维度则引入了在规划经济学中发展比较成熟的"沟通型规划"(communicative planning)② 理论,包括技术管理、市民参与和顾客选择等要素,强调管理者"倾听"和"沟通"的技能。

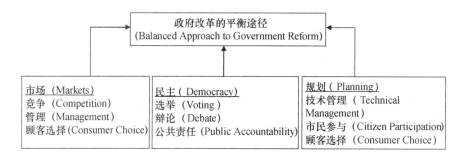

图1—1　政府改革的平衡途径

资料来源:Warner, M. E., "Reversing Privatization, Rebalancing Government Reform: Markets, Deliberation and Planning", *Policy and Society*, 2008, 27 (2): 163 – 174.

---

① Warner, M. E., "Reversing Privatization, Rebalancing Government Reform: Markets, Deliberation and Alanning", *Policy and Society*, 2008, 27 (2): 163 – 174.

② "沟通型规划"(communicative planning)是20世纪70年代后在规划学中兴起的理论,包括技术管理、市民参与和顾客选择等要素,其核心要素有:(1)所有形式的知识都是社会建构的;(2)知识的发展和沟通具有多种形式,包括理性系统分析(rational systematic analysis)、讲故事(story telling)等语言、图片和声音等;(3)个体的自身偏好不是独立地形成的,而是在特定社会背景下塑造的;(4)人民具有不同的利益和预期,它应该在影响其自身利益的政策或规划过程中得到表达。"沟通型规划"理论也有一些批评的声音,主要是被认为忽视了规划过程中的合作因素,因此,也有学者认为"沟通型规划"应该发展至"合作型规划"(collaborative planning)。See Healey, P., *Collaborative Planning: Shaping Places in Fragmented Societies*, Vancouver, Canada: University of British Columbia Press, 1997, pp. 28 – 30.

不过，尽管沃娜的平衡模式融入了市场、民主和规划等三个维度的思考，但仍有两个因素没有涉及：地方政府间的合作交换以及制度因素的影响。当然，在美国的情景下，制度因素可以视为"默认存在"的变量，但是，如果要对美国公共服务供给市场进行整体考察并了解其经验教训的话，就有必要加入制度因素的考察。因此，笔者在沃娜的平衡模式基础上，整合交易成本经济学、网络和嵌入理论、新公共服务理论和制度主义的合理要素，提出了多重约束条件下公共服务机制选择的分析模型。其中，交易成本经济学主要分析服务本身类型的约束；网络和嵌入理论主要分析服务的规模成本以及行动者关系的约束；新公共服务理论主要分析来自公民偏好、诉求等方面的约束；制度主义主要是用来了解公共服务的制度和规则约束（如图1—2所示）。

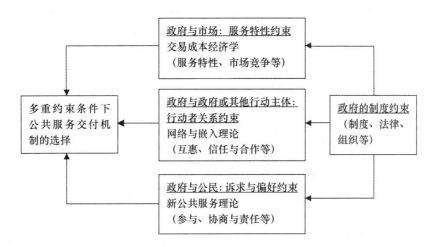

图1—2 多重约束条件下公共服务机制选择的分析模型

根据以上分析模型，我们引入美国印第安纳大学教授、2009年诺贝尔经济学获得者奥斯特罗姆（Elinor Ostrom）的制度分析与发展（Institutional Analysis and Development，IAD）框架来对公共服务供给机制所涉及的多重约束条件进行进一步的分析。引用这一框架的原因在于，它具体地涉及行动者、内容和规则的问题，有利于我们准确地挖掘公共服务供给机制背后的"决定因素"。为此，我们可以从公共服务的"生物物理属性"（biophysical attribute）和"社区属性"（attribute of community）以及公共服务供给的规则（rules）、公共服务供给的参与者（participants）等维度形成一个初步的框架。根据奥斯特罗姆的理论，生物物理属性是指"物品和服务的属性"（attribute of goods and services），具体为排他性（excludability）和递减性（subtractability）两项特性；社区特性是指行动者的行为价值、同质性（homogeneity）程度、规模、构成和文化等特性；规则是指在特定环境中为创造行动情景（action situation）设立的一套制度体系。[①]

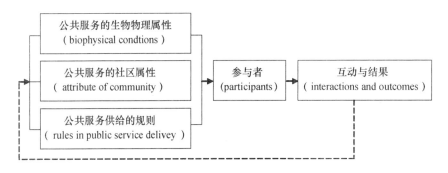

图1—3 公共服务供给机制的多重约束因素

资料来源：修改自 Ostrom, E., *Understanding Institutional Diversity*, Princeton, New Jersey: Princeton University Press, 2005, p. 15。

如图1—3所示，我们可以根据服务的特性（the characteristics of the services）、行动者的特性（the characteristics of the players）以及制度（institutions）三大类的因素体系（sets of factors）作为公共服务供给机制选择与变迁研究的主要约束范畴。[②]

（1）服务的特性。对服务特性的研究可以追溯到萨缪尔森对公共物品的研究。萨缪尔森从效用的不可分割性、消费的非竞争性和受益的非排他性来界定公共物品，将可以由个别消费者所占有和享用，具有敌对性、排他性和可分性的产品界定为私人产品，而介于二者之间的产品则称为准公共产品（Samuelson, 1954: 387 - 389）。根据公共选择理论，作为准公共物品的性质是有程度的区别的，其公共性程度可以从0—100%的各个比例上加以体现和区分（布坎南，1993: 20）。奥斯特罗姆则从排他性和递减性来对服务和物品进行分类。排他性是指限制他人从物品或服务的供给中获益的难度；递减性是指某个个体使用某项服务或物品对其他消费者

① Ostrom, E., *Understanding Institutional Diversity*, Princeton: Princeton University Press, 2005, pp. 13 - 17.

② Araral, E., "Infrastructure Regulation and Privatization: A Framework for Analysis", *Policy & Society: An Interdisciplinary Journal of Policy Research*, 2009, 27 (3): 175 - 180.

造成的可获得性（availability）减少程度。

服务还具有不同的可测量性或可观察性（信息搜寻）特征。属于硬件服务的公共服务产业，如拖吊车、停车场、博物馆业务，其供给效能与效率的测量具有较为客观和普遍的标准，产出可以被委托者清晰界定和测量，从而适合使用民营化的供给方式。但是，不少公共服务属于"软服务"（soft-service），如公共卫生、公共安全等，由于"搜集信息并进行标准化的成本过高、相对主观性、方案效应需长期评估、外在市场力量对绩效表现的影响、政府环境导致服务优先性的改变等技术或本质问题，使其难以突破传统的供给格局"[1]。

公共服务选择何种供给机制极大地受到特定服务或物品特性的影响。例如，基础医疗或基本教育系统就被认为具有市场失灵的特征——外部性和信息不对称，这就使得市场不可能通过正常的方式来满足社会的需求。对于这些关键服务来说，"次优的经营"（sub-optimal operation）甚至都是不可接受的，因为当代社会已经将这些服务视为每个人都需要的基本人权[2]。又如，电力、煤气、水资源等服务就兼具有垄断性和公益性的特征，这就需要实行不同的供给机制。

当然，"市场不完美"（market imperfection）并不是静态的：制度和技术的变迁会使某些服务的市场供给成为可能。在现代社会，通过排他制度设置或某种排他技术、方式，我们可以实施选择性进入来解决公共物品和服务由政府之外主体提供的效率问题，进而可以观察到公共物品和服务的边界事实上是可以变化的。所谓的"选择性进入"措施，就是指通过产权的界定来规定行动主体相互认可的行为关系，使受益或受损结果得以内部化，实现外部性的内部化。同时，新的技术发展可能会使一项服务变得可以销售（salable），从而使得市场成为可能。无线广播就是这样一个例子：只要任何电台都可以被任何人接收或转换（transmission），针对特定消费者出售某一个节目就是不可能的。但是，技术的变迁可能使得只有使用特定设备的人才能接收到节目，这就为市场经营开启了可能性。[3]

---

① Campbell, G. & McCarthy, E., "Conveying Mission through Outcome Measurement: Services to The Homeless in New York City", *Policy Studies Journal*, 2000, 28（2）: 338 - 352.

② 例如，联合国大会 1948 年通过的《世界人权宣言》就指出："人人有权享受为维持他本人和家属的健康和福利所需的生活水准，包括食物、衣着、住房、医疗和必要的社会服务……人人都有受教育的权利，教育应当免费，至少在初级和基本阶段应如此。"

③ Hayek, F. A., *Law, Legislation and Liberty: The Political Order of a Free People*（volume 3），Chicago: The University of Chicago Press, 1979, p. 47.

世界银行的《让服务惠及穷人——2004 年世界发展报告》指出，公共服务供给机制的选择受到以下两个服务特性的影响[①]：①服务产出和质量的监督难易程度。例如，课题上的老师和诊所里的医生的服务比较难以监测，而免疫或洁厕的服务则比较容易监督，因为它们都是可以通过定量的、可观测的指标来衡量。②服务的交易频率（如持续性、经常性程度等）。根据这种区分，公共服务可以划分为可相机行事型与交易密集型，前者是不可控制，不可预期，需要根据特定情境进行相机抉择的服务（如课程设置、提供公共信息）；后者则是客户与提供者需要进行重复的、经常性接触的服务（如提供学校午餐、接种疫苗）。可以看出，对公共服务特性的认识与界定，在很大程度上决定了我们所采取的公共服务供给机制的类型。

（2）行动者的特性。涉及公共服务生产和提供的行动者包括客户/公民（clients/citizens）、服务供应者（如政府）、政策制定者（如政治家）等。从客户的角度看，我们主要区分他们是同质还是不同质的。例如，有残疾的学生对优质教育，而不是读免疫治疗有特殊的需要。[②] 不同质也取决于地区或社区的偏好，传统信仰、历史地理、规模以及人口构成（如移民）等因素均影响服务的获得者——客户/公民的同质性程度。在同质性越少、异质性越大的时候，公共服务供给就需要给予客户/公民在政策制定过程中更为强大的声音（voice）或者增加个体对服务的选择性，以满足多元的需求。

服务的供应者和投资者同样影响服务供给机制的选择。因为这些供应者和投资者在追求最小化政治和经济风险的同时，同样谋求公共服务投资效益的最大化。大量关于可信承诺（credible commitment）、政治和规制风险的研究，如威廉姆森对公共组织交易成本特性的分析以及钱颖一等对市场诱因和联邦主义的阐述等，为我们分析行动者特性如何影响服务供给机制选择提供了借鉴。

服务的供应者（如政府）可能如公共选择理论所指出的那样，其目的不是公共利益，也不是最大效率，而是个人效用最大化。丹尼斯·缪勒曾指出："毫无疑问，假若把权力授予一群称之为代表的人，如果可能的话，他们也会像任何其他人一样，运用他们手中的权力谋求自身利益，而

①　世界银行：《让服务惠及穷人——2004 年世界发展报告》，中国财政经济出版社 2004 年版，第 13、52—53 页。

②　同上书，第 13 页。

不是谋求社会利益。"① 根据这种理论，公共部门提供的直接服务将越来越少，而将更多地通过私人部门来实现政府目标。换言之，政府将在不生产公共服务的情况下提供公共服务。也有学者认为，通过企业化模式提供公共服务的倾向会导致大规模的腐败和不道德行为；同时，也没有直接的证据表明，所谓的企业化运作或者雇佣有强烈的私益倾向的人来从事政府服务会更有效率和更经济。实际上，官僚制是负责任的和受到控制的，公务员的工作不仅植根于规则、方针、检查、表格和报告，还受到道德力量的约束。②

公共服务供给与国家政治系统同样具有关联。"当政治建立在身份和庇护基础之上时，穷人不可能从公共服务中获益，除非他们有恰当的'身份'或者是有权有势者的客户。"③ 服务供给还与政治家的任期有关，如果政治竞争者做出了可信承诺，但由于他们的在任期限太短以至于不能使需要长时间才能见到结果的政策获得信誉，就会出现可信度问题。如此，就业或公共工程这样的承诺在选举之后可以立即兑现，但改善教育质量和状况这样的承诺就不太可信。从行动者的价值属性入手，我们认为公共行动者（如政府）的价值或者精神，不仅包括一般意义上对公众的承诺，也包括了在具体意义上对具体的公民和公民团体的回应）。

（3）制度。制度是导引人际交往和社会发展的"软件"，是增进秩序、促进信任和合作的"游戏规则"，也是经济增长的基础。针对制度的分析是理解政府活动的重要方式。尤其是随着制度经济学和信息经济学的发展，如不完全合约理论（Theory of Incomplete Contract）、委托—代理理论（Principal-Agent Theory）、交易费用经济学（Transaction Cost Economics）、非对称信息博弈论（Asymmetric Information Game Theory）等理论的发展，为人们重新认识政府行为提供了新的途径。

制度创新影响公共服务供给机制的选择。通过制度的不断创新，服务的供给不再被视为公共与私人之间的二元选择，一系列广泛的合约（contractual）和财政（financing）安排允许我们进行服务机制的定制（customization）。例如，在城市水服务供给方面，我们就有管理合同（manage-

---

① ［美］丹尼斯·C. 缪勒：《公共选择理论》，杨春学等译，中国社会科学出版社1999年版，第303页。

② ［美］弗雷德里克森：《公共行政的精神》，张成福等译，中国人民大学出版社2003年版，第153—158页。

③ 世界银行：《让服务惠及穷人——2004年世界发展报告》，中国财政经济出版社2004年版，第13页。

ment contracts)、租约（affermage）、租赁（lease）、特许经营（concession）、剥离（divestiture）等供给机制可以选择。

此外，传统上我们一般认为自然垄断产品在供给上存在市场失灵的现象，因此需要政府通过直接或间接的方式对其进行管制。而合约理论（Contract Theory）指出，针对自然垄断的公共所有权是没有根据的（unwarranted），如果政府知道需要生产者如何做，它就可以通过激励合同（incentive contract）来约束和引导生产者的行为。在这种情况下，公共服务的内部供给（in house provison）就可以为私人供给所替代。① 不过，根据格罗斯曼·哈特（Grossman Hart）的不完全合约理论，当完全合约可以充分成文（written）的情况下，所有权结构是无关重要的；不过，在一个行动者为有限理性的世界中，合约通常是不完全、信息通常是不完善、交易成本通常不为零，在这种情况下，所有权和合约安排对私有化的绩效就非常重要。②

第三节　我国公共服务供给机制的发展变迁

根据萨瓦斯"服务安排"（arrangement）和"服务生产"（production）的区分，我们可以把新中国成立以来中国公共服务供给机制的变迁粗略地划分为三个阶段：第一阶段为"政府安排，政府生产"的"全能主义"阶段，即政府完全主导服务供给；第二阶段为"'半政府'安排、'半市场'生产"阶段，即在政府不完全主导下，服务供给机制逐渐走向市场化，但这种市场化并非完全意义的；第三阶段为"混合安排、混合生产"阶段，即服务供给机制的市场性和公共性都在不同层面得到强化，同时志愿性、区域网络性的供给机制也逐渐兴起。

一　国家整合

新中国成立后，针对当时新中国百废待兴的局面，我国的公共服务供给机制基本是按照"国家整合"的模式进行设计的，即通过一个强有力的政治机构或政党，运用其政治力量、组织方法，深入地控制每一个阶层

---

① Roland, G., eds., *Privatization: Successes and Failures*, New York: Columbia University Press, 2008, pp. 9 - 23.

② Grossman, S. J. & Hart, O. D., "The Cost and Benefits of Ownership: A Theory of Vertical and Lateral Integration", *Journal of Political Economy*, 1986, 94（4）: 691 - 719.

和每一个领域，进而改造或重建社会国家和各领域的组织制度，以解决新问题，克服全面危机。①

在20世纪50年代，国家进行了土地改革，并在完成了互助组、初级社、高级社的社会主义改造，推行合作社制度，土地和财产一律收归公社所有。此后，随着计划经济体制的全面建立，政府既充当了全部公共服务的安排者，也成为实际的生产者。在当时的背景下，这种以全能主义为显著标志的公共服务供给机制，也在一定程度发挥了积极的作用。

在农业基础设施方面，随着"农业学大寨"运动的兴起，农村的水利、道路等基础设施得到了改善。1964年2月10日，《人民日报》刊登了新华社记者的通讯报道《大寨之路》，介绍了他们的先进事迹，并发表社论《用革命精神建设山区的好榜样》，号召全国人民，尤其是农业战线学习大寨人的革命精神。此后，在毛泽东的号召下，全国农村兴起了"农业学大寨"运动。这种运动，实际上是以高度组织化的方式来建设农村公共服务。不少地方通过这种运动建设了大规模的水利工程，兴修了大量的水库，淤地坝，水池，水渠，水平梯田，改良了大量的土地，进行了大规模的沙漠治理工程，治理了各大河流，开垦了北大荒、新疆等新的粮食生产基地。

在医疗卫生服务方面，新中国成立后就提出医疗卫生要"面向工农兵"，并将农村"有医有药"作为发展我国医疗事业的首要目标。到1953年年底，全国县医院和卫生院已经从新中国成立前的1437所发展到2102所，并且开始发展县以下的区、乡基层卫生组织，为农村合作医疗制度的起步奠定了良好的基础（黄树则、林士笑，1986）。60年代后，农村合作医疗制度逐渐建立。而后来的"文化大革命"并没有中断合作医疗制度的发展道路。据1977年年底统计，全国有85%的生产大队实行了合作医疗，人口覆盖率达80%以上。全国赤脚医生达150多万人，生产队的卫生员、接生员共有390多万名。最鼎盛时，农村从事医疗卫生工作的（不脱产）人员达500多万。②

在教育事业方面，尽管新中国的教育工作出现了许多失误，但从全局来看，还是取得了一定的成就。1953年，我国进入第一个五年计划时期，教育被纳入了国家计划渠道，各级各类学校的数量得到了大幅的增长（如表1—1所示）。

---

① 邹谠：《二十世纪中国政治》，（香港）牛津大学出版社1994年版。
② 卫生部基层卫生与妇幼保健司编：《农村卫生改革与发展文件汇编（1951—2000）》，2001年编印，第419页。

表 1—1　　　　　　1952—1978 年中国各级各类学校的数量

年份	普通高等学校	中等学校	中等专业学校	普通中学	小学	幼儿园	盲聋哑学校
1952	201	6059	1710	4298	526964	6531	
1957	229	12474	1320	11096	547306	16420	66
1962	610	24756	1514	19521	668318	17564	261
1965	434	80993	1265	18102	1681939	19226	266
1970	434	106041	1087	104954	961131		
1975	387	125718	2213	123505	1093317	171749	246
1978	598	165105	2760	162345	949323	163952	292

资料来源:调整自国家统计局《1996 年中国统计年鉴》,http://www.stats.gov.cn/ndsj/information/zh1/r021a。

　　总的来说,在新中国成立至改革开放之前,尽管经历了曲折的道路,但"政府安排、政府供给"的"国家整合"模式,还是在一定程度上改善了我国的公共服务状况。这尤其表现为初步建立了农村医疗卫生防疫体系,基本普及 9 年义务教育,建立完善了从幼儿园到高等学校的教育体系,兴建了大量的水利工程。这些通过发挥集中力量办大事的优越性而带来的成就,是特定历史时期的产物。正如邹谠所解释的,在国家开始在一定程度侵入和占领某些社会领域行使某些功能的时候,常常是因为社会本身不能有效地提供"公共物品"(public good),不能解决经济学上所说的外部性所引起的各种问题。即使在欧美社会里,从 19 世纪到 20 世纪 70 年代,国家行使的功能越来越多,占领的社会空间越来越大。中国在 20 世纪前期,处在各种危机之中,这些问题更严重,更亟须解决,所以国家权力的扩大是很可理解的。[①]

　　但是,这种国家整合的供给模式所带来的红利,尽管在短期内看十分明显,但其一般只会出现在较早阶段,而且极有可能出现大规模的集体性错误。例如,1958 年"大跃进"期间,在"大炼钢铁"的号召下,当时全国大约有 6000 万人上山砍树烧炭,森林资源遭到空前破坏。全国计划内木材消耗量比 1957 年增长 45%,森林资源年消耗量第一次超过了生长量,历史上首次出现森林资源赤字。[②]

---

① 邹谠:《二十世纪中国政治》,(香港)牛津大学出版社 1994 年版。
② 蔡守秋:《环境资源法学教程》,武汉大学出版社 2000 年版,第 477 页。

对于这种现象，经济学家阿马蒂亚·森在对比中国和印度在 20 世纪所取得的成就时曾指出，中国在寿命期望值的提高和死亡率的下降上明显比印度成功得多，而且许多突出成就远在 1979 年改革以前就已取得（中国在提高寿命预期值上的总的进步，事实上在改革后比在改革前要慢得多）。尽管印度在一些地方（如克拉克邦）的寿命预期值上升得比中国要快，但总体上看，中国完全占了优势。不过，中国却发生过严重的饥荒，在"大跃进"失败之后的 1958—1961 年，许多人死于这场饥荒。与此相比，印度在自独立以来没有发生过饥荒。① 我们可以看出，这种过度强调整体性、全盘性的供给机制，其根本的缺陷就在于缺乏学习能力、灵活性和活力，从而使许多公共问题丧失了公开讨论或者应用其他替代方式解决的机会。

二 走向"市场"

1978 年党的十一届三中全会后，我国的公共服务供给机制发生了重要的变化，这其中最为显著的就是走向"市场"。总体上看，改革使公共服务供给单位（如事业单位）"越来越不像政府机关，越来越像企业，这就是改革的市场化方向"②。

从 1980 年起，国家开始对国家机关和行政事业单位试行"预算包干"办法，即经费包干使用、结余留用、超支不补。具体地，实行全额预算管理和差额预算管理的行政、事业单位按照上级单位批准的行政工作任务、事业计划和年度预算，包干使用预算资金。年终结余和增收都留归本单位下年继续使用，不上缴财政，如有超支或短收也不补助。"预算包干"在一定程度上提高了单位加强财务管理、统筹安排使用预算资金的积极性，更为重要的是，它使大量的公共服务供给单位，如研究机构、学校、医院"在业务决策方面获得了更大的自主权，如工作计划、预算制定、用自创收入进行投资、职工激励机制、建立或取消内部机构、非国家调控类服务的定价、从银行借款，等等。但是事业单位领导人员的任命权仍掌握在上级主管部门和有关党政机关手中，而且事业单位在聘用和解聘职工方面很少拥有完全的自主决策权"③。这种情况下，公共服务供给呈

---

① ［印度］阿马蒂亚·森：《以自由看待发展》，任赜、于真译，中国人民大学出版社 2002 年版，第 181 页。

② 世界银行东亚和太平洋地区减贫与经济管理局：《中国：深化事业单位改革，改善公共服务提供》，中信出版社 2005 年版，第 14 页。

③ 同上。

现出一种不正常的"市场化现象"。

一方面,公共服务供给单位为了自身的生存,越来越多地用市场化的手段来自创收入。以医疗卫生服务为例,改革开放前,国家建立了针对城市居民的公费医疗体系和针对农村居民的合作医疗服务体系。改革开放后,政府对医院的投资大幅下降。中国卫生部发布的《2006 年中国卫生统计提要》显示,从 1980 年到 2004 年,中国的卫生总费用从 143.2 亿元上升到 7590.3 亿元,占 GDP 比例从 3.17% 上升到 5.55%,而政府卫生支出却从 36.2% 下降到 17.1%。在这种情况下,医院必须依靠自主创收来维持收支平衡,逐利性不断加强。

另一方面,公共服务供给单位仍然保持了"半官方"的垄断性质,市场仍无法有效配置资源。再以医疗卫生服务为例,根据周其仁教授的计算,1978—2005 年期间全国的医院数目仅增加了 101.3%,门诊部(所)增加了 119.8%,医院卫生院床位增加了 43.5%(同期人口增加了 35.8%,所以每千人床位只增加了 21.3%);同期全国医生数量增加了 87.6%,医师数量增加了 155.2%,护士数量增加了 231.9%。就是说,相对于卫生总费用增长 77 倍、个人卫生开支增长 197 倍,所有医疗卫生供给方面的变化,最高是护士,增加了 2 倍多,医师增加了 1.5 倍,其余包括医院、诊所、床位和医生数目的增加皆不到 1 倍①。换言之,公共服务供给面的竞争仍然是非常有限的,公共服务总体资源的增加亦非常少。

在这种不正常的市场化机制下,公共服务的供给单位不断加强营利性,而这种营利性给医院带来的"超额利润"却无法通过供给面的充分竞争而平均化下来。其后果就是在社会保障制度不完善的情况下,公共服务的个人付费(out-of-pocket)部分的直线上升(如图 1—4 所示)。

个人公共服务支出上升,到 2002—2003 年已经造成了民怨四起的情形。这直接表现为住房难、(小孩)上学难、看病难等所谓的"新三座大山"。根据卫生部 2003 年进行的《第三次国家卫生服务调查主要结果》,医疗服务费用增长速度超过了人均收入的增长,医药卫生消费支出已经成为家庭食物、教育支出后的第三大消费。1999—2003 年,城市居民年均收入水平增长 8.9%、农村居民仅增长了 2.4%,而年医疗卫生支出,城市、农村分别增长了 13.5% 和 11.8%。同时,医疗保障覆盖水平极低,在城市,没有任何医疗保险的占 44.8%;在农村,没有任何医疗保险的占 79.1%。

---

① 周其仁:《这算哪门子的"市场化"——医改系列评论之二》,《经济观察报》2007 年 1 月 22 日。

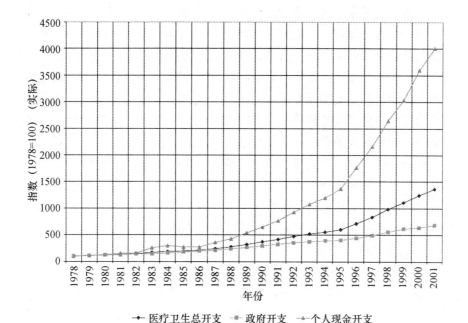

图1—4 中国医疗支出情况的演变

资料来源：世界银行东亚和太平洋地区减贫与经济管理局：《中国：深化事业单位改革，改善公共服务供给》，中信出版社2005年版，第18页。

除了事业单位走向市场之外，不少地方政府也开始探索公用事业、公共资源的市场化道路。这其中典型的例子有广东省深圳市"公用事业市场化改革"和安徽省舒城县干汊河镇"小城镇公益事业民营化"。2001年9月，深圳市颁布《深圳市深化投融资体制改革指导意见》，开始进行公用事业市场化改革。在水务、燃气、公交、电力等市政公用事业中引入战略投资者，促进了公用事业投资主体多元化、融资渠道社会化。舒城县干汊河镇自2001年6月以来在小城镇公益事业建设与运营方面进行了民营化探索，采取特许权拍卖、合同承包、公开招标、政府补助等方式，先后在镇自来水厂建设与运营、集镇卫生保洁、幼儿园和小学建设与运营、公祭堂建设与运营等公益事业中进行民营化改革。可以说，服务供给的市场化机制在我国已经得到相当充分的应用，其力度并不小。

三 重归公益

2003年，中国发生了严重的"非典"疫情，长期以来经济和社会不平衡发展的问题集中地暴露出来。尽管疫情很快得到了控制,但这也促使人们进一步思考政府的职能定位问题,即政府在推动经济增长的过程中,是否需要将那些涉及人民生活健康等的公共服务也纳入职责范畴呢?2003年9月,温家宝总理在国家行政学院指出,"非典"疫情发生和蔓延的一个重要启示,就是要在继续加强经济调节和市场监管职能的同时,更加重视政府的社会管理职能和公共服务职能。此后,我国进入了公共服务体制机制改革的深化发展阶段,重归公益成为新的发展目标。

重归公益的第一个表现,就是促使事业单位回归公共服务本色。在我国,事业单位在财政补助(全额或差额)和经费自理的原则性区分下,单位内部的创收则往往与拨款混同一块。事业单位长期消耗约1/3的国家预算开支。据多项统计研究,这些资源被越来越多地用于事业单位庞大的3000万人员自身(世界银行,2005:10—12)。回归公共服务本身,主要是依据"公益性"标准,充分考虑不同行业、不同层次公共服务的特点以及特定经济社会发展水平下群众对公共服务的需求特点,对事业单位进行归口管理。例如,深圳市于2006年起推行事业单位改革,其思路就是"政事分离",把不具备"公益性"的事业单位交给市场,把具备"公益性"的事业单位还原本色,由政府财政提供保障。实现政府职能归位,不应由政府提供的服务从现有事业单位剥离,交给社会去做。又如,2005年7月,北京市海淀区启动了行政管理体制改革和公共服务供给体制创新试点,成立了公共服务委员会。同年8月,将海淀卫生局、文化委所属29家承担公共服务职责的事业单位整建制纳入公共服务委员会管理;4家承担社会管理职责的继续留在政府部门,并拟依照公务员管理;2家承担经营性服务职责的事业单位转制为企业,按照市场机制运作;将1家职能弱化的事业单位建制撤销。从组织体制上看,公共委体现了"政事分开,管办分离"新型结构:政府负责宏观统筹规划;行业主管部门与事业单位脱钩,负责业务指导;公共委代表政府举办公共服务,对下属事业单位公共服务供给进行资源整合与规划、监督考核,促进其发挥公益性功能。

重归公益的第二个表现,就是推进基本公共服务均等化。1994年分税制之后,原本承担大部分公共服务供给的地方政府的财政汲取能力大幅下降,尤其是基层出现了财政困难的现象。为此,党的十六届五中全会、六中全会后,党的十七大再次重申推进基本公共服务均等化,将实现基本公共服务均等化放在了经济社会发展至关重要的位置,指出要"按照全体人民学有所教、劳有所得、病有所医、老有所养、住有所居的要求,围绕逐步实现基本公共服务均等化的目标,创新公共服务体制,改进公共服务方式，加强公共服务设施建设，逐步形成惠及全民的基本公共服务体系"。国家在此阶段颁布了《关于进一步加强农村教育工作的决定》《关于进一步推进义务教育均衡发展的若干意见》《关于完善企业职工基本养老保险制度的决定》《关于发展城市社区卫生服务的指导意见》等文件。同时，地方各级政府分别从推进公共服务向农村延伸、改善公共财政支持制度、建立城乡统一户籍制度等方面进行了大胆的探索，也取得了令人瞩目的成就。

重归公益的第三个表现是，民营化出现"回撤"现象。这种逆转的现象，与美国的"合同回撤"似乎如出一辙。我国的这种"回撤"，主要是政府回购之前转制为民营企业的医院。2009 年，中共中央、国务院发布《关于深化医药卫生体制改革的意见》，提出要强化政府在基本医疗卫生制度中的责任，加强政府在制度、规划、筹资、服务、监管等方面的职责，维护公共医疗卫生的公益性，促进公平公正。此后，江西、上海、浙江等地陆续出现了回购民营医院的举动。2010 年，杭州市余杭区更是大手笔地投入 3 亿元，将 7 年前以 7500 万元卖掉的 20 家乡镇卫生医院悉数回购。当然，这种"回购"尽管体现了医疗卫生重归公益的一个方面，但是也反映了我国的公共服务供给机制的选择仍然处在"头痛医头、脚痛医脚"的阶段，缺乏一个长期、清晰的改革方向，由此形成了要不一股脑地全盘民营化，要不就全部国有化的现象。

第四节 公共服务供给的基本理论：研究回顾

公共服务供给的基本理论研究涉及公共服务的内涵与特性研究、公共服务制度建构、公共服务供给的相关理论学说等。

一 公共物品与公共服务

（一）公共物品与公共服务的内涵、特性和分类研究

在国外，对于公共服务的研究通常是和公共物品联系在一起的。对于公共物品的研究，主要源于经济学家的探索。早在1776 年，"现代经济学之父"亚当·斯密在其《国富论》一书中就指出了国家的三项义务：维护本国社会之安全，使不受其他独立社会之暴行与侵略；保护人民，不令社会中任何人受到其他人的欺侮或压迫；创建并维持公共设施及土木工事。虽然斯密并没有提到公共物品或公共服务的概念，但他所说的三项国

家义务,既是政府的重要职能,也是公共物品或服务的重要内容。1954年,萨缪尔森在《公共支出的纯理论》(*The Pure Theory of Public Expenditure*)中初步提出了公共产品的概念,认为这是一种"集体消费的商品,每个人对这种商品的消费都不会减少其他人的消费数量"。[1] 此后,布坎南、阿罗、奥斯特罗姆等公共选择学者继续对公共物品的特性和分类进行深入研究,并进一步将公共物品分为纯公共物品、准公共物品等。例如,奥斯特罗姆从使用的损耗性(Subtractability of Use)和排他性难度(Difficulty of Excluding Potential Beneficiaries)两个维度将物品和服务分为私人物品、公共物品、俱乐部物品与公共池塘资源四大类(如表1—2所示)。总的来说,从经济学的角度看,公共物品的特性主要有两个:消费的竞争性和排他性。

表1—2　　　　　　　　　**物品和服务的四个基本类型**

		使用的损耗性(Subtractability of Use)	
		高	低
排他性难度(Difficulty of Excluding Potential Beneficiaries)	高	公共池塘资源:地下水、湖泊、森林、灌溉系统、草场等	公共物品:社区安全、国防、消防服务、天气预报等
	低	私人物品:衣物、食物、住房等	俱乐部物品:剧场、私人俱乐部、日托中心等

资料来源: Ostrom, E. , *Understanding Institutional Diversity*, Princeton, New Jersey: Princeton University Press, 2005, p. 24.

在国内的研究中,关于公共物品的特性与分类的研究主要遵循了国外研究的路径,并主要见诸经济学研究中。近年来,基于我国特殊的情况,如经济发展较快而社会发展滞后等现象,关于公共服务的研究逐渐增多。学界从不同角度对公共服务的概念进行了界定,如认为公共服务是"依托社会公共设施或公共部门、公共资源的服务",是"使用公共权力和公共资源向公民(及其被监护的未成年子女等)所提供的各项服务"、是"为满足公共需求进行公共供给的活动"等。马庆钰在《关于"公共服务"的解读》一文中,对公共服务的三种理解进行了总结,即第一种认为,"公共服务"并不新鲜,它实际上就是我国政府一直以来强调的"为

① Samuelson, P. A. , "The Pure Theory of Public Expenditure", *The Review of Economics and Statistics*, 1954, 36 (4): 387 – 389.

人民服务"；第二种认为它就是指国家公务人员的职责和工作的一般属性；第三种认为它指的是包括政府"弥补市场不足，促进社会公平"在内的所有工作，并在此基础之上提出他的第四种看法，即"公共服务主要是指由公法授权的政府和非政府公共组织以及有关工商企业在纯粹公共物品、混合性公共物品以及特殊私人物品的生产和供给中所承担的职责"①。正如杨团所指出的，关于公共服务概念，一条线索为来自传统研究，即循着经济学关于公共物品的理论前行，由公共物品引申到公共服务，这为研究界所熟知。而另一条线索——循着公共行政学的发展而前行，则往往囿于政治学和行政学的圈子而不为人知，其实，这另一条线索才是公共服务发展空间无限广阔的来源。② 也有学者从"什么是公共服务及其范围""提供多少，如何融资、生产与定价""需要建立什么样的机制来实现公平与效率""制度建设与激励机制是什么"四个层次提出一个比较完整的公共服务分析框架。③

(二) 公共服务的制度安排研究

在国外研究方面，公共服务的制度安排，如组织机构、层级安排等是公共行政研究的重要内容。胡德曾经指出，"较低层面的公共行政 (PA)是关于公共服务供给的制度安排；较高层面的公共行政即关于这些安排的研究。而所谓的制度安排，就是指那些描述公共服务组织方法的机构、权威、企业精神、正式结构规则、工具组合、行为传统"④。这方面的研究包括两个方面。

一是公共服务与政府职能研究。哈耶克曾经说过，关于政府的公共服务职能有两个路径："一些赞成增加政府权力的人士，往往会支持政府权力的最大限度的集中，而另一些主要关注个人自由的论者则普遍倾向于主张政府权力的分散。"⑤ 总的来说，加强政府的公共服务职能，仍然是国外学术界的重要主张。世界银行在其 1997 年的《世界发展报告》中指出："每一个政府的核心使命包括了五项最基本的责任，即：确定法律基

---

① 马庆钰：《关于"公共服务"的解读》，《中国行政管理》2005 年第 2 期。
② 杨团：《有关公共服务的另一条线索》，2005 年，http：//www. sociology. cass. cn/shxw/shzc/t20040710_ 2266. htm。
③ 孟春、陈昌盛、王婉飞：《在结构性改革中优化公共服务》，《国家行政学院学报》2004 年第 4 期。
④ Hood, C., "Public Administration", in V. Bogdanor (ed.), *The Blackwell Encyclopaedia of Political Institutions*, Oxford, Basil Blackwell, 1987, p. 504.
⑤ [英] 弗里德里希·冯·哈耶克：《自由秩序原理》（上、下），邓正来译，上海三联书店 1997 年版。

础,保持一个未被破坏的政策环境,包括宏观经济的稳定,投资于基本的社会服务和社会基础设施,保护弱势群体,保护环境。"这里提到的政府应尽的三个义务和五个基本责任其实就是提供公共服务。政治学家林德布洛姆在《政治与市场》一书中指出,在公共服务的供给中,政府制度的权威性和强制性在于为公共服务的供给提供了一种制度环境,形成公共服务供给的秩序。政府在提供公共服务时有市场无法做到的优势:政府可以凭借其政治权力,通过强制性的税收来解决非排他性和非竞争性的问题。①

二是公共服务的层级分工研究。政府以财政收入为后盾为社会发展提供不可或缺的公共服务,但是政府又包含了中央到地方的不同层次。因此,对于中央与地方分工的研究也较多。亚当·斯密曾经对地方性公共物品的供给进行过论证,主张地方性公共物品由地方政府来提供是更有效率的。他指出,"凡利在一地一州的地方费或州区费(例如为特定都会特定地区支出的警察费),即当由地方收入或州区收入开支,而不当由社会一般收入开支。为了社会局部的利益而增加社会全体的负担,那是颇不正当的"。经济学家蒂伯特(Charles Tiebout)通过建立模型分析了地方政府竞争有利于公共物品供给的结论。他认为,如果地方社区或辖区的数目足够大,同时每个社区都提供着不同的公共物品类型,那么,个人选定居住的所在社区提供的公共物品支出水平是符合他的偏好的。通过"以脚投票",人们流露其偏好的同时,反过来促进公共部门的资源达到有效配置。② 经济学家斯蒂格利茨也赞同蒂伯特的观点,认为更分散地提供公共物品和服务——由地方社区提供的产品和服务——不仅为在社区中开展竞争奠定了基础,而且还获得了蒂伯特所强调的潜在利益。③ 总的来说,在中央与地方分工方面,经济学中的"辅助性原则"(The Principle of Subsidiarity)或者财政联邦主义影响十分深远。它主张:应将集体行动中的每一项任务放置在尽可能低的政府级别上;政府的大量任务都能分散化,并由相互竞争的机构来承担。为此,相对应的一般性财政制度设计上,要尽可能制止公共资金的纵向转移,并迫使每个行政机构为其负责的任务或其已选择由它自己靠征税、收费和借贷来完成的任务筹措资金。

在国内研究方面,学者一方面对公共服务的体制和职能展开了研究。

---

① [美]查尔斯·林德布洛姆:《政治与市场》,王逸舟译,上海三联书店1992年版。

② Tiebout, C., "A Pure Theory of Local Expenditures", *Journal of Political Economy*, 1956, 64: 416 – 424.

③ [美]斯蒂格利茨:《政府为什么干预经济》,郑秉文译,中国物资出版社1998年版。

这主要包括对我国公共服务体制改革已取得的主要成就、存在问题、改革经验进行总结，提出我国公共服务体制改革的重点及改革的建议等。也有学者认为，明确划分各级政府公共服务的职责范围，是建立公共服务体系的首要前提和基础。① 这里所说的职责范围划分，是指公共服务的受益对象和成本分摊必须与特定的政府管辖范畴进行匹配，不同层级政府所选择的服务提供机制和管理方式也是不同的。有学者指出，财政联邦主义是一种较好的处理中央政府和各级政府在公共服务中的事权和财权配置的制度安排。② 也有学者认为，中国的分税制过多地强调收入分配，而忽视了事权划分，因此在公共服务的各级政府配置中存在许多问题，例如县级政府和基层政府过多地承担义务教育等基本性公共服务，上级政府通过"逆向软预算约束"等方式将公共服务的事权向下级摊派等，造成了中国政府的事权和财政不对称。③ 总的来说，由于信息、激励和交易成本方面的原因，中央和地方政府在公共物品和服务的供给方面各有优势。因而，为了实现公共服务社会效益的最大化，有必要在不同层级的政府之间进行分工，实现公共服务的分层次供给。同时，由于不同地区私人部门与非营利组织的发展状况具有较大差异，这导致即使对于相同或近似的公共物品和服务，不同地方也会有不同的提供途径和方式。相对于公共物品和服务受益范围的多样性和不确定性，地方政府的管辖范围是相对固定的。对于那些外溢范围超过行政辖区的公共物品和服务，如何处理与其他地方政府的关系，不仅是上级政府的职责，也需要平级地方政府之间积极寻求协调与合作。

另一方面则是研究政府的公共服务能力和责任。国内学术界普遍认为，当前中国正处于经济转轨和社会转型的关键时期，也是加快现代化建设的重要历史阶段。完善社会主义市场经济体制、实现全面建设小康社会的战略目标，对深化行政管理体制改革、强化政府公共服务职能提出了新的要求。不少学者指出，影响地方政府公共服务供给能力的核心因素有经济因素、财政因素、社会因素、政治因素、信息与技术因素五个方面，增强地方公共服务供给能力的实现路径主要有优化财政制度、调整政府职能、改善投入机制、发展社会组织、充分利用信息技术、实行政务公开、

---

① 沈荣华：《各级政府公共服务职责划分的指导原则和改革方向》，《中国行政管理》2007年第1期。

② 沙安文、沈春丽：《地方政府与地方财政建设》，中信出版社2005年版。

③ 周雪光：《逆向软预算约束：一个政府行为的组织分析》，《中国社会科学》2005年第2期。

改革政府"文官制度"、构建地方政府公共服务供给的绩效评估机制与监督机制等。

（三）公共服务的相关理论学说研究

从 20 世纪 70 年代末起，关于新公共管理的学说研究与评述开始增多，随后则是治理理论、新公共服务理论的引入，而新近则是制度主义、交易成本经济学、协作性公共管理①等理论被越来越多地引入公共服务研究领域。具体如下。

——新公共管理理论。在 20 世纪 70 年代的全球石油危机背景下，西方政府为了应对巨大的预算赤字而开展了声势浩大的政府改革运动，也促使"新公共管理范式"（new public management paradigm）诞生。胡德（Hood）对于新公共管理的定义广为人知。他认为新公共管理包含了七个方面的内容：实时（hands on）的专业管理、绩效的明确标准和测量、产出控制、部门分权、私部门管理方式、对资源利用的强制性和节约性。②在我国，从 20 世纪 90 年代末起，学界对发轫于欧美国家的新公共管理理论（或者说企业家政府理论）与实践活动进行了系统的梳理，指出新公共管理是近二三十年来最为显著的全球趋势之一，认为新公共管理提出了公共服务的新思维，它为公共部门管理所提供的更广泛坚实的理论基础、宽阔的视野和主题创新、更全面综合的知识框架以及所取得的新理论（方法）成就，可以为我国的政府管理及公共部门管理研究领域的知识创新提供借鉴。当然，有学者在承认新公共管理范式的新颖性和某些可取之处的同时，也注意到了它在理论根基上存在的缺陷（如基本价值的偏颇、对市场机制的迷信、公私管理的混淆、不当的顾客隐喻，等等）及其实践中"可能的变异"，认为这些问题可能会使公共管理脱离公共性的本质和伦理基础。③总的来说，关于新公共管理的介绍与发展，极大地改变了传统人们对政府角色的思考，并丰富了我国公共管理的理论与实践，同时也在一定程度上促进了政府利用市场机制改善公共服务的实践活动。

——治理理论。20 世 80 年代末以来，治理（governance）被赋予了

---

① 关于对协作性公共管理的介绍，请参考刘亚平《协作性公共管理：现状与前景》，《武汉大学学报》（哲学社会科学版）2010 年第 4 期。由于国内的研究仍比较少，此处不再展开详述。

② Hood, C., "A Public Management for all Seasons?", *Public Administration*, 1991, 69（1）: 3 – 19.

③ 张成福：《公共行政的管理主义：反思与批判》，《中国人民大学学报》2001 年第 1 期。

新的含义，其在经济管理、国际政治、公共管理领域均有大量的研究出现。1989 年，世界银行在概括非洲国家经济社会发展情况的一份报告中首次使用了"治理危机"（crisis in governance）一词，此后，治理理念为政治学、经济学和管理学等不同学科吸纳和引入，并不断丰富。治理理论的主要创始人之一罗西瑙（J. N. Rosenau）在其代表作《没有政府统治的治理》中将治理定义为一系列活动领域里的管理机制，它们虽未得到正式授权，却能有效发挥作用。与统治不同，治理指的是一种由共同的目标支持的活动，这些管理活动的主体未必是政府，也无须依靠国家的强制力量来实现。① 在我国，俞可平等较早地介绍了治理理论，并对"善治"（good governance）这一重要的概念进行了界定。② 2001 年，《中国行政管理》集中刊登了题为"中国离'善治'有多远"的"治理与善治"学术笔谈，其中俞可平等学者对治理理论及其在中国的实践进行了进一步的探讨。③ 此后，有学者分别应用治理力量来分析公共物品提供、政府改革、城市治理等问题。有学者对治理理论的不同分析途径进行了探讨，将治理理论分为"善治的治理""社会—政治的治理""全球治理""地方治理""政策网络治理"等。此外，也有学者基于库恩的范式概念指出，治理理论在表面的认同背后隐藏着深刻的分歧。对治理理论的公共行政学范式定位，既说明了治理理论应以形成统一的学科逻辑和形而上学为目标，也预示着新的公共行政范式产生的可能路径。④

——新公共服务理论。该理论由美国亚利桑那州立大学丹哈特夫妇（Robert Denhardt & Janet Denhardt，2000）提出，是一套强调公共服务、公共利益和公共参与的理论学说。在我国，《中国行政管理》于 2002 年刊登了由刘俊生译的丹哈特夫妇的论文——《新公共服务：服务而非掌舵》，丁煌在 2004 年翻译出版了《新公共服务：服务而不是掌舵》一书。这些论文与著作的翻译很好地推进了新公共服务理论，并引起了不少学者的关注。丁煌等学者指出，尽管新公共服务理论是在对新公共管理理论进行反思和批判的基础上提出和建立的，但它本质上是对新公共管理理论的一种扬弃，它试图在承认新公共管理理论对于改进当代公共管理实践所具

① Rosenau, J. N. & Czempiel, E., eds., *Governance without Government：Order and Change in World Politics*, Cambridge：Cambridge University Press，1992.

② 俞可平主编：《治理与善治》，社会科学文献出版社 2000 年版。

③ 俞可平等：《中国离"善治"有多远——"治理与善治"学术笔谈》，《中国行政管理》2001 年第 9 期。

④ 王诗宗：《治理理论与公共行政学范式进步》，《中国社会科学》2010 年第 4 期。

有的重要价值,摒弃新公共管理理论特别是企业家政府理论的固有缺陷的基础上,提出和建立一种更加关注民主价值和公共利益、更加适合于现代公民社会发展和公共管理实践需要的新的理论选择。在这个意义上,新公共服务理论纠正了管理主义的偏颇,在一定程度上实现了对新公共管理理论的超越。① 有学者运用新公共服务理论对我国的政府改革(如行政服务中心改革)进行探讨,认为借鉴新公共服务理论的核心思想和理念来构建和谐社会具有重要的现实意义。②

　　——制度主义与交易成本理论。制度主义范式在经济学、政治学、社会学和组织分析诸学科中的兴起,构成当代社会科学发展的一个极为重要的趋势。它不仅表现在学者从不同的视角对制度进行全方位的研究(包括制度的含义、构成、起源、变迁、行为与制度的关系、制度与文化的关系等主题),还表现在新制度主义理论在经济学、政治学、公共管理、国际关系等领域的研究中。近年来,学术界对源于国外的制度主义分析范式的框架、途径和流派进行了比较系统的梳理。同时,也有学者开始运用制度主义来分析现实社会中的公共服务问题,如顾昕从新制度主义的角度研究"下岗问题。"③

　　交易成本(transaction cost),又称为交易费用,是新制度经济学中的重要概念。以威廉姆森为代表的交易成本理论,重点在于研究各种交易类型的治理结构,认为必须根据交易的具体特征(如资产专用性程度、交易频率程度和不确定性程度等),选取特定的治理模式(如企业、政府管制、官僚机构和非营利组织等)以降低交易双方事后的机会主义行为。从 20 世纪 80 年代开始,交易费用经济学开始被运用来研究政治领域的许多问题。对于交易费用政治学的研究现状和前景,我国学者马骏进行了比较详细的梳理。④ 近年来,交易成本经济学被越来越多的学者应用到公共服务领域。如有学者应用资产专用性、交易频率和不确定性来分析公共服务的市场化问题,也有学者从合同设计、预算乃至宪政体制的角度进行

---

① 丁煌:《政府的职责:"服务"而非"掌舵"——〈新公共服务:服务,而不是掌舵〉评介》,《中国人民大学学报》2004 年第 6 期。

② 彭未名、王乐夫:《新公共服务理论对构建和谐社会的启示》,《中国行政管理》2007 年第 3 期。

③ 顾昕:《单位福利社会主义与中国的"制度性失业"——从新制度主义的角度看"下岗问题"》,《经济社会体制比较》1998 年第 4 期。

④ 马骏:《交易费用政治学:现状与前景经济研究》,《经济研究》2003 年第 6 期。

研究。①

　　——整体政府（治理）理论。"整体政府"（Holistic Government）是当代政府管理的一个新理念，也是当前国家政府改革的热门话题之一。周志忍指出，所谓的整体政府是一个大概念，相关词汇包括"网络化治理"（Government by Network）、"协同政府"（Joined-up Government）、"水平化管理"（Horizontal Management）、"跨部门协作"（Cross - agency Collaboration），等等。这些概念的共同点是强调制度化、经常化和有效的"跨界"合作以增进公共价值。② 竺乾威则认为，整体性治理的思想是在对新公共管理的实践进行反思的基础上提出来的。整体性治理着眼于政府内部机构和部门的整体性运作，主张管理从分散走向集中，从部分走向整体，从破碎走向整合。③ 胡象明、唐波勇则介绍了整体治理的结构和机制，认为在数字化时代即将来临的 21 世纪，整体性治理的思想正在产生越来越大的影响力，公共管理的整体性治理范式日益凸显。④ 此外，李瑞昌等分别也对整体治理之于公共治理转型、对中国改革的适应性和启示进行了分析。⑤

　　——公共服务动机研究。公共服务动机（Public Service Motivation）理论是当前国外公共管理研究的热点议题之一，其主要是测量公共雇员为公共利益而工作的动机。我国近年来也有学者对该理论进行了介绍，如李小华对公共服务动机的概念、结构、类型和测量方式进行了介绍，认为公共服务动机理论为公共部门员工积极性的调动提供了一种新思路，也有利于打破公共选择理论创造的官僚自利性迷思，揭示官僚行为动机的利他一面。⑥ 也有学者指出，公共服务动机理论在研究方法和结论上是否具有普遍性还需进一步完善，但已经显示出对公共服务行为解释的合理性，并可能为公共部门行为激励结构设计提供一种新的思想源泉⑦。刘帮成则于

　　① 陈天祥：《政府绩效合同的设计与实施：交易费用理论的视角》，《公共行政评论》2008 年第 3 期。

　　② 周志忍：《整体政府与跨部门协同》，《中国行政管理》2008 年第 9 期。

　　③ 竺乾威：《从新公共管理到整体性治理》，《中国行政管理》2008 年第 10 期。

　　④ 胡象明、唐波勇：《整体性治理：公共管理的新范式》，《华中师范大学学报》2010 年第 1 期。

　　⑤ 李瑞昌：《公共治理转型：整体主义复兴》，《江苏行政学院学报》2009 年第 4 期。

　　⑥ 李小华：《公共服务动机的结构及测量》，《武汉大学学报》（哲学社会科学版）2008 年第 6 期。

　　⑦ 叶先宝、李纾：《公共服务动机：内涵、检验途径与展望》，《公共管理学报》2008 年第 1 期。

2009 年在《国际行政科学评论》（*International Review of Administrative Review*）杂志发表了题为《中国社会工作者公共服务动机的证据》的文章，运用公共服务动机理论对中国东部某城市的社会工作者进行测量，指出公共服务动机理论为认识中国社会工作者乃至公共部门的服务动机提供了重要的激励观点。2010 年 7 月，华中科技大学公共管理学院召开了"全球化视野下的公共服务动机及公共绩效"国际研讨会，包括公共服务动机理论创始者之一的佩里（James Perry）教授等人出席了会议，该次会议是我国首次以公共服务动机为主题召开的研讨会。此外，目前西安交通大学公共政策与管理学院研究中心完成了关于社会认同、公共服务动机与合作行为的实验研究，首次检验了公共服务动机对人际合作的影响。

（四）公共服务的改革学说

1. 公共服务市场化改革。英国于 20 世纪 70 年代末开始改革公共服务领域，这既包括对官僚组织进行改革，从而改革官僚服务的供给模式；也包括对教育、卫生服务领域进行改革，从而改革公共组织服务的供给模式。这些改革模式都体现了市场化的主题：一是强调对公共服务支出的严格限制；二是强调分权化管理，让管理者承担责任；三是奉行的管理哲学是新泰勒主义。此后，公共服务的市场化改革迅速扩展到欧洲其他国家、澳大利亚、新西兰、美国以及其他发展中国家。关于市场化改革方面的研究，可以统一到"新公共管理"的大旗下。学者们指出，在"新公共管理"的号召下，各国采取了不同形式的市场化改革。有学者认为，市场化改革可以提高公共服务供给效率，促使政府更好地回应来自经济、制度、政治乃至意识形态方面的变迁；① 也有学者持不同意见，认为市场化改革可能"威胁那些引导公共行政的民主原则"，② 甚至这些改革都可以追溯到公共行政改革的早期阶段，其不过是新瓶装旧酒而已。③

2. 公共服务与社会化改革。20 世纪 80 年代以来，无论是在发达国家还是发展中国家，由这些组织构成的"第三部门"所提供的公共服务已经呈现出加速增长的态势，在现代社会中占据着十分重要的地位。甚至有学者把第三部门输送公共服务的现象称为"影子国"现象，认为社会与

---

① Kamensky, J., "Role of the 'Reinventing Government Movement' in federal management reform", *Public Administration Review*, 1996, 56 (3): 247–55.

② Box, R. C., Marshall, G. S., Reed, B. J. & Reed, C. M., "New Public Management and Substantive Democracy", *Public Administration Review*, 2001, 61 (5): 608–619.

③ Rosenbloom, D. H., "History Lessons for Reinventors", *Public Administration Review*, 2001, 61 (2): 161–165.

政府部门其实已经形成高度互相依赖的格局。① 著名学者莱斯特·赛拉蒙曾以肯定的口吻指出：一场有组织的志愿运动和创建各种私人的及非政府的组织的运动，正成为席卷全球的最引人注目的运动。民众正在创建各种团体、基金会和类似组织，去提供人道服务，促进基层社会经济发展，防止环境退化，保障公民权利，以及成千上万先前无人关注的或由国家承担的种种目标。他称这些因素为介于公域（部门）与私域（部门）之间的"第三域（部门）"（The Third Sector），认为是四场危机（福利国家危机、发展危机、全球环境危机、传统社会主义危机）和两次革命性变革（通讯革命、市民革命）一道导致了国家地位的衰落，并为有组织的志愿行动的发展开辟了道路。② 对此，托尼·马歇尔（Tonyu Marshall）进一步解释道，如果说私域（部门）建立了一个商讨物品价格的市场；那么志愿域（部门）（The Voluntary Sector）提供了一个市场来商讨社会价值和人际关系；相应地，公域（部门）可以视为一个商讨合法权利的市场。③ 总的来说，学者们指出，在西方国家里，政府部门与非营利组织合作提供公共服务已经成为一种崭新而活跃的途径：①在英国，政府与非营利组织的伙伴关系不再局限于布莱尔政府所提倡的股份社会（stockholder society），而是发展为执行重要社会政策——都市发展和提高青年失业率——的一项根本工具；②在匈牙利，政府与非营利组织的伙伴关系是后共产时期，政府提供社会需求的公共服务和发展市民社会的一种办法；③在欧盟，政府与非营利组织的伙伴关系是对抗社会疏离（social exclusion），增进地方社区福利的整合性机制。

3. 公共服务、经济增长与政治发展。这方面的研究主要是从宏观的角度研究公共服务、经济增长与政治发展之间的互动关系。在早期的经济增长理论中，经济增长的解释主要依赖于资本、劳动力和科技等外生变量，很少讨论公共物品对经济增长的贡献问题。二战后，随着内生经济增长理论的兴起和新制度经济学的发展，经济学家开始关注"知识""教育""制度"等公共物品与经济增长的关系。较早开始关注公共物品的是阿罗，他用技术或者知识等公共物品的外部效应来解释经济增长。其后，

---

① Kramer，R. M. & Grossman B.，"Contracting for Social Services：Process Management and Resource Dependencies"，*Social Service Review*，1987，61（1）：33 – 55.
② ［美］莱斯特·赛拉蒙：《第三域的兴起》，载李亚平、于海编选《第三域的兴起——西方志愿工作及志愿组织理论文选》，复旦大学出版社1998年版。
③ ［英］托尼·马歇尔：《我们能界定志愿域吗》，载李亚平、于海编选《第三域的兴起——西方志愿工作及志愿组织理论文选》，复旦大学出版社1998年版。

楼玛（Romer）沿着这个思路，内生了技术进步，建立了 Arrow-Romer 模型。卢卡斯则用人力资本来解释经济增长，强调教育等公共物品对解释经济增长的贡献。[1] 上述学者主要是强调私人技术和知识的外部性引致经济增长，而真正描述政府支出对经济增长贡献的理论研究是巴罗，他认为政府的支出活动对私人厂商来说具有外部性，为了达到最优的经济增长率，政府的干预是不可或缺的。[2] 诺斯等曾证明连续下降的海洋货运资费率是欧洲早期经济发展的主要原因。这时交易效率没有因为海外贸易的发生而大规模下降，反而因为航海技术革新、教育、基础科学研究、国际商法等公共物品的提供而维持在一定水平上。而后英国在光荣革命（1688）以后由政府提供的新制度、宪法、专利法等新公共物品大幅度降低了因追求特权、腐败、国家机会主义而引起的内生交易成本。[3]

从公共服务与政治发展的角度看，公共物品与服务本身是一项公共权利，也是民主的重要内容。公共物品消费的非竞争性反映了民主对政治平等的要求，而公共物品需求的表达，也是培养现代的公民精神——政治参与意识的重要途径。有学者指出，从政治本质上看，以公民为中心的公共服务提供体现了"社会公民权"的形态与实践发展。公共服务不再是政府"可有可无"的恩赐，获得足以维持生计的收入、拥有工作、获得健康服务、拥有能够满足基本需求的住房等都是个体所应该拥有的积极权利。[4] 根据新公共服务理论，政府"应该更加关注公民的需要和利益，鼓励越来越多的人去履行他们作为公民的责任，进而特别关注他们的声音"[5]。

二　公共服务的供给机制

在我国，公共服务供给体制滞后于社会需求的事实，要求我们合理选择和创新公共服务的提供机制和方式，推进对多样化公共服务的分类管

---

① Lucas, R., Jr., "On the Mechanics of Economic Development", *Journal of Monetary Economics*, 1988, 22（1）: 3 – 42.

② Barro, Robert J., "Government Spending in a Simple Model of Endogeneous Growth", *The Journal of Political Economy*, 1990, Vol. 98, No. 5.

③ North, D. C., *Institutions, Institutional Change and Economic Performance*, Cambridge: UK. Cambridge University Press, 1990.

④ ［英］莫里斯·罗奇:《重新思考公民身份:现代社会中的福利、意识形态和变迁》,郭忠华、黄冬娅、郭韵等译,吉林出版集团有限责任公司 2010 年版。

⑤ Denhardt, R. B. & Denhardt, J. V., "The New Public Service: Serving Rather than Steering", *Public Administration Review*, 2000, 60（6）: 549 – 559.

理，构建高效、公平和权责对称的公共服务提供模式。而当前政府工具以及管理方式改进研究的焦点之一，就是公共服务的提供机制及方式的选择与评估问题。① 近年来，国内外对公共服务供给模式与机制的研究不断涌现，具体表现为以下两个方面。

第一，服务供给模式与组织安排研究。在供给模式方面，国外较为有代表性的有民营化模式、多中心和自主治理模式，分别代表了从市场和社会两个不同维度出发的制度设计思路。萨瓦斯指出，民营化是一种旨在改善政府作为服务提供者绩效的更为专门的形式，这包括打破不必要的政府垄断，在自来水供应、街道清扫、垃圾收集处理、公园和树木维护等公共领域供给中引进竞争。制度分析学家埃莉诺·奥斯特罗姆通过对警察服务和水资源等公共池塘资源的研究表明，表面上看来杂乱无序的公共服务领域（公共物品的具体表现形式）实际上是有章可循的，这就是公共物品不是完全相同的，不同种类的公共物品不仅可以而且完全应该通过不同的方式提供。埃莉诺·奥斯特罗姆为公共服务经济的研究提供了一套概念框架，发展了公共选择与制度分析的理论和方法，提出了以多样化的公共物品提供方式取代单一的政府提供公共物品的方式。这种多样化既包括通过政府以外的其他主体提供，也包括政府可根据公共物品的不同属性，采取多种不同方式提供的可能性。②

在国内研究方面，近年来学者主要对多元供给、合作生产等展开了大量研究，认为我国的公共服务供给必须从传统的政府垄断格局中走出，重视市场、社会的参与。例如，邓国胜认为，公共服务提供是政府的责任，但政府可以通过不同的组织形态来提供。③ 张昕等则根据西方国家的经验指出，有效的公共服务供给不仅需要对服务输送机制进行创新和整合，还需要对公共服务的分类结构以及政府与市场之间的可抉择政策工具等深层次内容做出正确回应。④ 郁建兴、吴玉霞指出，针对公共服务的混合性和复杂性，有必要设计公共服务供给的复合模型。所谓

① 陈振明、薛澜：《中国公共管理理论研究的重点领域和主题》，《中国社会科学》2007 年第 3 期。
② ［美］埃莉诺·奥斯特罗姆：《公共事物的治理之道：集体行动制度的演进》，余逊达、陈旭东译，上海三联书店 2000 年版。
③ 邓国胜：《公共服务提供的组织形态及其选择》，《中国行政管理》2009 年第 9 期。
④ 张昕：《走向公共物品和服务的可抉择供给体制——当代政府再造运动述评》，《中国人民大学学报》2005 年第 5 期。

复合供给模型,是指在公共服务的供给参与方之间进行两次分工。① 涂晓芳将公共服务的供给模式分为权威型供给(政府供给)、商业型供给(私人供给)和自主供给三大类。② 也有学者认为,有必要从决策、执行与监督以及提供与生产相分离角度来创新公共服务供给模式。③ 此外,有学者从在特大城市的视野出发,认为特大城市应实现政府主导供给、社会自主供给和市场自发供给三种模式相结合,构建一种综合联动型的公共服务制度供给模式。④

第二,公共服务的供给机制研究。加拿大学者霍莱特和拉梅什曾将政府工具分为强制性工具、志愿性工具和混合工具三大类。强制性工具又叫指导性工具(directive tools)或规制性工具(regulatory tools)。它的特点是用规制和直接行动的方式对市场组织和社会个体施加影响,以实现期望的政策目标。这种工具在人类历史上有着最久的历史,且很早就被人的理性所识别。志愿性工具是指在所期望实现的任务(desired tasks)上,较少政府的介入,而由民间力量或市场自主运作。混合性工具(mixed tools)是指强制性介于强制工具和志愿工具之间的那部分政府工具,很多本身就是具体的市场化手段,因而混合工具选择的情境最为广泛。这包括信息和劝导(information and exhortation)、政府补贴(subsidy)、产权拍卖、税收和用者付费(taxes and user charge)等(howlett & Ramesh,1995)。奥斯本和盖布勒曾经用"政府箭袋里的36支箭"来形容公共服务的主要提供机制,他们又将这些机制分为传统类、创新类和先锋派三类(如表1—3所示)。美国学者朗蒂内利也对若干国家政府与民营机构最经常的合作方式进行了研究这种公私协力提供公共服务的方式包括:服务与设施运营的承包合同、项目的共同拥有或共同融资、BOT、政府与民营机构间非正式和志愿式合作等。而合同方式是政府引导有实力的民营机构参与公共服务和基础设施提供的常用方法。通常,政府通过三种机制来与私人机构签订合同:服务、经营和租赁安排。

---

① 郁建兴、吴玉霞:《公共服务供给机制创新:一个新的分析框架》,《学术月刊》2009年第12期。
② 涂晓芳:《公共物品的多元化供给》,《中国行政管理》2004年第2期。
③ 贾凌民、吕旭:《创新公共服务供给模式的研究》,《中国行政管理》2007年第4期。
④ 陈奇星、胡德平:《我国特大城市政府公共服务制度供给的模式构》,《国家行政学院学报》2009年第3期。

表1—3 公共服务的供给机制

传统类	建立法律规章和制裁手段、管制和放松管制、进行监督和调查、颁发许可证、税收政策、拨款、补助、贷款、贷款担保、合同承包
创新类	特许经营、公私伙伴关系、公共部门之间的伙伴关系、半公半私的公司、公营企业、采购、保险、奖励、改变公共投资政策、技术支持、信息、介绍、志愿服务者、有价证券、影响费、催化非政府行动、召集非政府领导人开会、政府施加压力
先锋派	种子资金、股权投资、志愿者协会、共同生产或自力更生、回报性安排、需求管理、财产的出售交换、重新构造市场

资料来源：［美］戴维·奥斯本、特德·盖布勒：《改革政府》，周敦仁等译，上海译文出版社2006年版，第8—9页。

此外，在早期公共治理的制度安排中，公共服务的提供方式主要由政府部门垄断，而私人部门在人力、技术、组织和财力等方面尚未充分发展成熟，只能扮演补充性的角色。这种制度设计的理论基础在于：一是把政府部门看作"外在独立的控制者"和社会公共利益的代表者，提供公共服务是它客观的规定性；二是公共服务如果采取私部门提供方式，则难以解决消费中的"搭便车"行为以及供给不足等问题，客观上需要求助于政府。但是，随着社会事务复杂性的增加以及政府失灵、市场失灵现象的存在，人们对第三部门的公共服务供给角色有了新的认识。正如萨拉蒙所说的，世界范围内的第三部门的崛起不仅意味着向市民社会（直接民主）的回归，而且意味着市民社会（公民参与和自主治理）正在进入市场失灵和政府失灵的大多数领域——教育领域、医疗卫生领域、社会保障领域、扶贫领域和环境保护领域。[①]

在国内，不少学者认为，市场机制的基本理念是在公共服务领域引入竞争机制，实现公共服务的最佳供给和公共资源的有效配置。在这方面，句华在其《公共服务中的市场机制——理论、方式与技术》一书中有比较详细的阐述。她根据物品分类理论及政府与市场的功能特性，分析了不同类型服务与市场机制不同的引入方式之间的关联性，并主要探讨了合同外包、特许经营、用者付费和内部市场四种不同的制度安排。宋世明认为，带有普遍性的公共服务市场化制度设计方式主要有三种：商业化的制度设计（如公司化和合同化）、市场化竞争性的制度设计（如电信业务分

① ［美］莱斯特·M. 萨拉蒙等：《全球公民社会》，贾西津等译，社会科学文献出版社2002年版。

解）、分权化的参与制度设计。① 有学者对我国的公共服务市场化的成效与方式进行了总结，也有学者针对当前人们对公共服务市场化的质疑提出了不同的看法，认为"当怀疑和否定论日益成为舆论主流的时候，我们正面临着'倒脏水把婴儿一起倒掉'的风险"，实际上，公共服务市场化具有多样化的内涵和表现方式，其中最主要的是"政府责任"的市场化和服务"提供机制"的市场化。② 有学者从合同的角度对公共服务市场化进行了解读，认为合约制有助于体现公共服务的成本内容，使政府能够迅速了解社会对公共产品和服务的需求；公共服务的市场化供给，实质上是一种契约供给模式，而契约的不完全性与潜在的机会主义行为，降低了契约供给模式预设的效率假设。③

　　在公共服务的志愿工具方面，国内研究主要探讨民间组织、非营利组织（第三部门）在公共服务供给中的角色和作用。丁元竹在其《非政府公共部门与公共服务：中国非政府公共部门服务状况研究》一书中指出，中国非政府公共部门以政府、企业、各类特定人群、会员、一般公众等为服务对象，实际上它们在很大程度上承担着公共服务职能，超出这个范围从事其他活动的很少。当然，还有学者从法团主义的视角提出"能促型国家角色"，探讨事业单位的改革和非营利部门的转型，从而提高他们在公共服务中的效率和质量。④ 汪锦军对公共服务中的政府与非政府组织合作的关系模式划分为三种：协同增效、服务替代和拾遗补阙，而这三种合作模式又包含了八种具体的合作关系。⑤ 唐兴霖、刘国臻比较详细地论述了民间组织在公共服务中的作用领域，包括社会领域、政治领域、经济领域等。⑥ 总的来说，学者们普遍认为政府与非营利组织在公共服务提供领域的合作，既增加了政府提供公共物品和服务的不同方式和多种渠道，又促进了政府公共物品和服务提供数量和质量的改善。

---

① 宋世明：《工业化国家公共服务市场化对中国行政改革的启示》，《政治学研究》2000 年第 2 期。

② 周志忍：《认识市场化改革的新视角》，《中国行政管理》2009 年第 3 期。

③ 李学：《不完全契约、交易费用与治理绩效——兼论公共服务市场化供给模式》，《中国行政管理》2009 年第 1 期。

④ 顾昕：《能促型国家的角色：事业单位的改革与非营利部门的转型》，《河北学刊》2005 年第 1 期。

⑤ 汪锦军：《公共服务中的政府与非营利组织合作：三种模式的分析》，《中国行政管理》2009 年第 10 期。

⑥ 唐兴霖、刘国臻：《论民间组织在公共服务中的作用领域及权利保障》，《经济社会体制比较》2007 年第 6 期。

三　已有研究的进展与不足

在国内研究方面，从 20 世纪 90 年代后半期学界对源于西方的"新公共管理"理论与实践进行介绍与探讨起，到 21 世纪初我国正式提出建设服务型政府，我国公共服务的相关理论不断丰富，其对政府改革实践的指导性也不断增强。这主要表现在三个方面。

第一，一门可称为"公共服务学"或"公共服务管理"的研究学科正逐渐发展起来。随着对公共服务基本理论、相关实践探讨的深入，公共服务已经渐成完整的体系，包括了"内涵"（核心概念）和"保护带"（支持理论）等要素。"公共服务学"已经成为公共管理学科的重要研究方向，是加强公共管理学科应用性和实践性的重要一环。

第二，具有中国特色的公共服务供给理论模式正在出现。对于公共服务研究不断深入，学界结合中国实践提出了具有社会主义特色的治理模式。随着我国进入公共服务体制深化发展阶段，学界提出了建构服务型政府、注重公共服务均等化、探索大部门体制的供给模式、倡导社会网络治理模式等具有中国特色的公共服务供给模型。

第三，公共服务理论指导实践的作用正在不断增强。对于公共服务的理论研究，为我国加快服务型政府建设起到了很大的促进作用。一批具有深厚理论基础和深厚实践经验的学者，以及部分研究公共服务的学术机构，如中国（海南）改革发展研究院，成为政府改革的"智囊团"，而实践领域的公共服务创新也在不断涌现，如海淀区成立"公共服务委员会"，杭州市、青岛市推进公共服务标准化建设等。

在国外研究方面，公共服务供给方面的研究可谓理论纷呈。早期主要是公共选择学的政治分析或公共经济学分析，强调区域分散化治理；随着新公共管理时代的来临，人们对公共服务的私有化、合同外包、志愿供给等进行了大量的探讨，对公共服务的内涵、边界、类别进行了细致而详尽的描绘，勾画出生产机制创新和合作框架扩展的多种可能性图景。而公共服务的研究成果也力图贴近现实，具有强烈的问题意识和政策导向，注重现实的案例观察和实验，以评估每一种供给机制的优缺点。

一般来说，国外的研究注重对现实问题的分析与评估，并注重从不同的理论视角（公共选择、制度主义等、规范价值）等分析服务供给的机制选择问题，同时提出了大量新型的服务供给或治理模式。当然，这些如雨后春笋般涌现的理论模式也带来了一定的问题。正如盖伊·彼得斯所说的，"问题不在于这些有关如何使政府运作得更好的理念本身存在缺陷，而在于理念太多了；而且也没有对哪种理念比较适合哪种情景以及理念之间是否相互兼容进行系统分析"①。

当然，我国对公共服务供给的研究也存在一些缺陷，这主要表现在以下四点。

第一，研究的方法不够科学。较多的研究仍然停留在描述性、介绍性的阶段上，较少运用定量研究方法来深入地揭露公共服务供给的影响变量及变量之间的关系。

第二，研究的理论深度仍有待加深。尽管新公共管理、新公共服务、治理、制度主义等一系列研究理论已经得到广泛的介绍，但更深层次的分析仍然较少，如公共服务供给是否或如何受交易成本制约、供给制度与供给绩效有什么关系等。

第三，研究的视野存在一定的片面性。尽管许多研究对国外的一些经验进行了介绍和总结，但仍存在一定的片面性。如关注到合同外包的绩效，却没有注意合同外包过程中的能力建设问题或可能出现的机会主义行为；关注到市场化不断加深的现象，却没有注意到公共服务责任和参与性不断强化的过程。

第四，研究的前沿性还需要加强。尤其是对当前国外公共服务供给的新趋势，如协作管理、技术整合、地区共享、民主参与等只有比较零散的介绍，对其适应性、可行性以及实践仍缺乏深入的研究。

---

① ［美］B. 盖伊·彼得斯:《政府未来的治理模式》，吴爱明、夏宏图译，中国人民大学出版社 2001 年版，第 152 页。

第二章　交易成本约束与服务供给：
对合同外包的考察

第一节　合同外包

在 20 世纪 80 年代政府改革运动中，合同外包被广泛视为一种重要的公共服务生产机制来减少政府成本，提升效率。在当代西方发达国家，几乎所有的公共服务都可以通过合同提供，或是通过承包由外部的私营部门或志愿部门提供，或是通过承包由政府内部的其他部门来提供。

从理论渊源看，讨论合同外包，就必须回到 20 世纪 70 年代以来深受公共选择学派影响的私有化（privatization）实践。在这一股私有化潮流兴起之际，众多的学者乃至政府官员都认为私人部门应该在公共服务供给中扮演更为重要的角色，或者说公共服务供给应该更多地遵从私有化的逻辑。从广义的角度看，私有化并不是单一的工具，而是具有非常宽泛的形式，包括了国有资产出售（the sale of state assets）、合同外包（contracting out）、公私伙伴关系（public-private partnership）、解除规制（deregulation）、特许经营（franchises）、补助与补贴（grants and subsidies）、私人捐献（private donations）、服务放弃（service shedding）、志愿主义（volunteerism）、凭单（vouchers）、自我服务（self-service）以及用者付费（user fees）等。

尽管私有化具有宽泛、异质的含义，但是，在美国的语境中，人们往往把私有化视为"合同外包"，或者一种更温和的表达——"外包"（outsourcing）。在这种形式下，尽管服务供给工作是通过营利组织（for profit firm）、非营利组织或其他政府来完成的，但服务仍然保持了公共性——其资源支持来源于税收，而关于服务质量、数量、分布等决定权仍然掌握在公共决策者手中。① 它并不改变通过合同的方式创造一个竞争的环境，让相关的营利组织、非营利组织乃至其他公共组织通过竞标获得某项公共物品或服务的生产权。

在涉及新公共管理运动的西方国家中，美国不像英国、加拿大、澳大利亚、新西兰等国家那样拥有大量的国有企业（State-Owned Enterprises，SOEs）或者政府资助企业（Government-Sponsored Enterprises，GSEs）②，较少遇到将国有资产转移或出售的情况。因此，合同外包可以说是美国私有化实践的最普遍形式。③

1987 年由杜罗司公司（Touche Ross）、国际城市管理协会（International City Management Association）和私有化委员会（Privatization Council）实施的一项调查表明，在 1086 个被调查的市或县（county）中，节约成本（cost savings）是管理者运用私有化的最主要原因，其中，74% 的被调查者认为外包是最为广泛使用的方法。

在州层面上，1993 年由美国州政府委员会（Council of State Governments）实施的一项调查表明，州政府机构所涉及的私有化活动中，78% 是通过合同外包形式进行的，成为州政府最广泛使用的政策工具。其中，位居第二的政策工具是补助（Grants），仅占了 8.5%。④ 1997 年，由美国州政府委员会实施的后续调查继续证实了这一调查结果，该调查表明

① Ferris, J. M., "The Decision to Contract out: An Empirical Analysis", *Urban Affairs Quarterly*, 1986, 22 (2): 289 – 311.

② 一般来说，美国的国有企业或者政府资助企业是指"受益于联邦财政保证，由政府特许（government-chartered）和私人拥有（privately owned）的企业"[参见 Moe, R. C., and Thomas H. Stanton., "Government-Sponsored Enterprises as Federal Instrumentalities: Reconciling Private Management with Public Accountability", *Public Administration Review*, 1989, 49 (4): 321 – 329]。目前美国主要有五家这样的企业，包括美国联邦国民抵押协会（Federal National Mortgage Association），简称房利美（Fannie Mae）；美国联邦住房贷款抵押公司（Federal Home Loan Mortgage Corporation），简称房地美（Freddie Mac）；联邦家庭贷款银行系统（the Federal Home Loan Bank System）；农场信用系统（the Farm Credit System）以及一家比较小型的联邦农业抵押贷款公司（Federal Agricultural Mortgage Corporation, Farmer Mac）。还有一家主要从事学生信贷的公司——学生贷款市场协会（Student Loan Marketing Association, Sallie Mae），但它已经放弃了政府支持，转变为一家完全由私人拥有和投资的企业[参见 Stanton, T. H., "Government-Sponsored Enterprises: Reality Catches up to Public Administration Theory", *Public Administration Review*, 2009, 69 (4): 632 – 639]。

③ Kettl, D. F., *The Global Public Management Revolution: A Report on the Transformation of Governance*, Washington, D. C.: Brookings Institution, 2000.

④ Chi, K. S., "Privatization in State Government: Options for the Future", *State Trends and Forecasts*, 1993, 2 (2): 2 – 38.

80%的私有化活动仍然是通过合同外包进行的，而在其后2002年的调查中，这一比例上升至87%。

在地方层面上，国际城市管理协会（International City Management Association，ICMA）的研究发现，合同外包依然是最广泛使用的私有化安排（privatization arrangement），地方政府使用合同外包供给公共服务最为明显的时期是1982—1992年的10年间；从1992年至1997年，合同外包的使用仍然继续增长；地方政府对凭单、特许、补助的使用仍然维持在较小规模内。

从上可见，合同外包作为一种具有美国特色的"私有化"形式，在20世纪70年代以来的政府改革浪潮中扮演着十分重要的角色。那么，合同外包主要发生在那些公共服务领域呢？到底哪些公共物品和服务需要引入合同外包呢？根据美国州政府委员会的调查，在州这一层面上，通过合同外包等形式进行私有化的公共服务领域主要包括了犯罪矫正项目与服务（Corrections Programs and Services）、教育项目与服务（Education Programs and Services）、健康与人类服务项目（Health & Human Services Programs）、交通项目与服务（Transportation Programs and Services）（参见表2—1）。

总的来说，从20世纪70年代至90年代，美国公共服务的私有化处于不断增长的阶段。以监狱私有化为例，1979年美国国会（U. S. Congress）颁布《培西修正案》（Percy Amendment）[1]为监狱私有化扫除法律障碍后，得克萨斯州（Texas）成为第一个"吃螃蟹者"——对监狱设施进行私有化的州。1985年，佛罗里达州（Florida）和田纳西州（Tennessee）先后加入这一队伍中来，至2001年，在美国30个州、波多黎各（Puerto Rico）[2]、哥伦比亚特区（District of Columbia）中，已经有151个私人矫正性设施（correctional facilities）投入运营（Bureau of Justice Assistance，2000）。从20世纪90年代初至21世纪初的10年间，

---

① 《培西修正案》的核心主要是国会修正了原来联邦对监狱制造的物品（prison-made goods）进行跨州运输的禁令，允许监狱产业在有限范围内进行私有化试验。该修正案由伊利诺伊州参议员培西（Senator Percy of Illinois）引出。参见 Miller, N. & Jensen, W. , "Reform of Federal Prison Industries", *Justice System Journal*, 1974, 1（1）: 1 – 27.

② 波多黎各（Puerto Rico）是美国在加勒比海地区的一个自治（self-governing）但没有并入的领地（unincorporated territory），正式名称是波多黎各自治邦（The Commonwealth of Puerto Rico）。1997年，美国在波多黎各举行全民公决，宣布波多黎各否决了作为美国第51州加入联邦的议案。

私人监狱的容量增长了 2 万人以上,几乎达到了 14.3 万人。①

表 2—1　　　　　　　　美国公共服务私有化的主要领域和州

	公共服务项目	采取合同外包等形式进行私有化的州
犯罪矫正项目与服务	医疗与健康照护服务（Medical/ health care services）	AL, AK, AR, DE, FL, IN, KS, ME, MD, MA, MN, MS, NE, NV, NJ, NM, NY, NC, ND, OH, PA, SD, TN, VA, WV, WY
	食品服务（Food services）	AZ, FL, IN, KS, MD, MA, MN, MS, NE, NM, OH, PA, RI, SD, TN, VA, WV
	药物滥用治疗（Substance abuse treatment）	AZ, DE, FL, ID, MA, NM, TX, UT
	精神健康服务 （Mental health services）	AK, ID, KS, MD, OH, TN, WV
	私人监狱（Private prisons）	IN, MS, MT, OK, TN, TX, WY
	收容所（Inmate housing）	AK, AZ, FL, HI, ID, KY, NM
教育项目与服务	信息技术（Information technology）	GA, LA, MD, MI, MO, NJ, ND, OH, OR, RI, SD, TN, TX, VT, WI, WY
	专业发展与培训（Professional development/training）	MI, NH, RI, SC, SD, TN, VT
	全州范围学生评估（Statewide student assessment）	MT, OR, TN, VT, WY
	物品与项目发展 （Product/program development）	IA, MD, MI, VT, WY
	特殊教育（Special education）	IA, MT, OR, RI, TN

---

① Chi, K. S., "Privatization in State Government", *Public Administration Review*, 1998, 58 (4): 374 – 375.

续表

	公共服务项目	采取合同外包等形式进行私有化的州
健康与人类服务项目	精神健康服务（Mental health services）	AK, AZ, DE, GA, ID, MD, OK, PA, UT, WV
	儿童照护服务（Child welfare services）	AK, GA, MO, NM, ND, OK, PA, UT
	药物滥用治疗/预防（Substance abuse treatment/prevention）	AK, AR, DE, FL, NJ, ND, PA
	儿童支持管理（Child support administration）	GA, ID, NE, NM, OH, OK
	健康服务与员工（Medical services/staff）	FL, KY, NE, RI, WV
交通项目与服务	工程设计与施工（General project design/engineering）	CO, CT, DE, HI, KS, LA, MI, MS, MT, NE, NC, OK, OR, PA, TN, TX, VT, WI, WY
	建设与维护（General construction/maintenance）	CT, HI, IA, KS, MI, MS, MT, NE, NJ, NC, OK, OR, PA, TN, WA, WI
	信息技术（Information technology）	IA, KS, MN, MT, OR, PA, TN, TX, WI
	监理（Inspections）	AR, CT, DE, KS, MN, MS, OK, RI
	除草（Grass mowing）	AR, DE, LA, MS, MT, SC, VT
	休息区运营与维护（Rest area operation/maintenance）	IN, LA, MN, MT, SC, WI, WY
	高速公路建设与运营（Highway construction/maintenance）	AZ, AR, CT, IA, KY, LA, TX

资料来源：整理自 Chi, K., et al., "Privatization in State Government: Trends and Issues", *Spectrum: Journal of State Government*, 2003, 76 (4): 12 - 21.

　　在教育服务方面，最为显著的变化就是特许学校（Charter School）的兴起——尽管上述美国州政府委员会的调查并没有指出。特许学校的产生，反映了美国自 20 世纪 50 年代通过增加"学校选择"（school choice）来促进中小学教育竞争力的呼声。早在 1955 年，经济学家米尔顿·弗里德曼（Milton Friedman）就提出要通过凭单制（voucher）来增加家长选择学校的机会，进而减少公立学校的垄断程度。但是，凭单制并没有在美国得到广泛的推行①，从 20 世纪 90 年代后，特许学校成为促进教育服务供给竞争性程度的重要工具。②

具体地说，特许学校是指通过合约（contract）运转的公共学校（public school）。特许学校必须满足合约的条件，否则就可能被其授权机构取消资格。这种合约是一种绩效合约（performance contract），它具体规定了特许学校的使命（mission）、项目（program）、目标（goals）、服务的学生（students served）和评估方法（methods of assessment）。同时，作为公共学校，它还必须满足联邦 1965 年颁布的《中小学教育法》（Elementary and Secondary Education Act，ESEA），以及 2001 年颁布的作为《中小学教育法》修正的《不让一个儿童落后法》（No Child Left Behind Act，NCLB）。在这种法律框架下，特许学校的经营主体既可能是营利机构，也可能是非营利组织。自从 1991 年明尼苏达州（State of Minnesota）通过美国首部特许学校法律，并于次年成功开创第一家特许学校后，特许学校的数量不断增长，在 1992—2003 年的十几年间尤为明显（参见图 2—1）。至 2005 年，美国大约拥有 3343 所特许学校，服务将近 100 万名学生。其中，超过 40 个州通过了特许学校法律。

在健康与人类服务方面，私人供给在美国并不是新鲜的事物。在"罗斯福新政"（The Roosevelt's New Deal）之前，美国大部分的社会服务是由私人的宗教性（religious）或世俗性（secular）组织供给的。这些组织偶尔会接到来自政府的公共资金赞助，但并不稳定，并具有较大差异性。③ 在大萧条（the Great Depression）之后，政府在社会服务供给中的作用逐渐增强。20 世纪 60—70 年代，联邦政府对社会服务的支出大幅增加，逐渐占据了主导地位。80 年代以来，政府与私人之间的关系出现了

---

① 学校凭单制在美国只有十分有限的案例。在 20 世纪 70 年代早期，加利福尼亚的阿林乐（Alum Rock）曾经在公立学校中推行，但中途被废止了（参见 Hatry, H. P., *A Review of Private Approaches for Delivery of Public Services.* Washington, D. C.: The Urban Institute, 1983）。1983 年，里根（Ronald Regan）总统曾经提议推行一项由联邦政府提供资金支持的凭单计划，但并没有取得国会的同意。布什（George W. Bush）也曾试图推出一项类似的计划，但同样被国会所扼杀（参见 Holzer, M. & Yi, S., *Public Productivity Handbook*, New York: M. Dekker, 2004, p. 124－126）。

② Zimmer, R. & Buddin, R., "Is Charter School Competition Incalifornia Improving the Performance of Traditional Public Schools?", *Public Administration Review*, 2009, 69 (5): 831－845.

③ Smith, S. R. & Lipsky, M., *Nonprofits for Hire: the Welfare State in the Gge of Contracting*, Cambridge, M. A.: Harvard University Press, 1993.

新的转变，政府越来越多地使用合同外包来购买社会服务。Eggers 和 Ng 的研究指出，在接受其调查的 29 个州和 15 个县中，94% 的州政府机构和 88% 的县政府机构证实了他们已经运用某种形式的合同外包来提供日间照护（day care）、药物和酒精治疗（drug and alcohol treatment）、儿童福利与领养（child welfare and adoption）、老年服务项目（programs for the elderly）以及就业培训（employment training）等社会服务。[①]

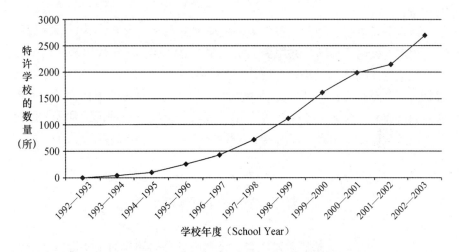

图 2—1　1992—2003 年美国特许学校的数量增长情况

资料来源：U. S. Department of Education，2004，Evaluation of the Public Charter Schools Program（Final Report），p. 4。

在公共工程（public works）方面，"固体垃圾收集"（solid waste collection）[②] 的合同外包是新公共管理提倡者所"引以为豪"的领域。1987 年，萨瓦斯就指出："对固体垃圾收集不同体制安排的研究是最为广泛

---

① Eggers，W. & Ng，R.，*Social and Health Service Privatization：A Survey of County and State Governments*，Los Angeles，C. A.：Reason Foundation，1993.

② 固体垃圾一般是指电气用具（appliances）、机动车轮胎（automobile tires）、报纸（newspapers），衣服（clothing）、盒子（boxes）、丢弃的餐具（disposable tableware）、办公和课堂纸张（office and classroom paper）、木质托盘（wood pallets）、咖啡垃圾（cafeteria wastes）等物品。固体垃圾收集是随着美国城市化的发展而逐渐变得重要的环境管理问题。在 1960 年，美国全年产生的固体大约是为 8810 万吨，至 1980 年，这一数字上升到 15160 万吨，2008 年则将近 25 亿吨。参见 U. S. Environmental Protection Agency（EPA），2008，Municipal Solid Waste Generation，Recycling，and Disposal in the United States：Facts and Figures for 2008，http：//www. epa. gov/osw/nonhaz/municipal/pubs/msw2008 rpt. pdf。

（extensively）和充分的（thoroughly）的。不可阻挡且十分清晰的事实是：
垃圾收集的合同外包比政府管理更为有效率。"他指出，在固体垃圾收集
方面，合同外包能够比政府管理节省大约35%的成本。合同外包的优势
不仅在于节约成本，还在于提高公民满意度。他引用一项全国性调查报告
指出，将近90%的居民对由私人机构承担的垃圾收集管理工作表示满意。
由此，固体垃圾收集的合同外包比例从1975年的21%上升至1982年
的35%。[1]

　　以上分析表明，合同外包作为一种典型的私有化形式，其发展无疑在
一定程度上表现了美国公共服务供给机制在20世纪70年代以来的转变趋
势。无论是在区域（州和地方政府）上、内容上（公共服务领域），还是在
层次上（涉及资金），合同外包的增长均体现新公共管理改革在公共服务领
域的积极成果。那么，经过30多年的探索后，合同外包是否达到了它原先
所宣称的目标呢？实践中又出现了哪些变化呢？下一小节将对此展开分析。

第二节　合同回撤

　　作为政府改革运动的重要内容，公共服务合同外包的主要诉求在于以
更低的成本提供更好的服务。在美国，它的出现是对20世纪70年代以来
的政府财政危机以及联邦政府将公共服务管理权利和责任更多地向州和地
方政府转移的回应。它的提倡者认为，合同外包或私有化是与减少成本、
改善服务、增加管理弹性和专家治理、减少公共垄断等是联系起来的。

　　尽管人们曾经对合同外包赋予了极高的期望，经过30多年的探索，许
多研究却表明，它所期望的目标并没有达成。"Meta分析"（Meta-analy-
sis）[2]表明，合同外包在减少成本方面的结果是十分混合的（mixed），公共
服务私人提供与节约成本之间并无系统性的关联[3]。巴塞罗那大学（Univer-
sitat de Barcelona）的贝尔教授（Germà Bel）和康奈尔大学的沃娜教授
（Mildred Warner）运用"Meta分析"方法研究了1965—2006年关于垃圾收
集成本（costs for waste collection）和水资源输送效率/生产力（efficiency/

---

①　Savas，E. S.，*Privatization：The Key to Better Government*. Chatham，N. J.：Chatham House，
　　1987，p. 124.

②　"Meta分析"是指对相近问题或领域的诸多研究结果进行系统的、定量的综合性分析。

③　Boyne，G. A.，Bureaucratic Theory Meets Reality：Public Choice and Service Contracting in
　　U. S. Local Government，*Public Administration Review*，1998，58（6）：474－84.

productivity for water distribution) 的 35 项研究的结果,发现大部分的研究都指出公共生产和私人生产之间的成本、效率/生产力并无显著差别(如表2—2 所示)。

表 2—2 1965—2006 年私有化和成本节约关系研究的 "Meta 分析"

	私人生产 更便宜/更有效率	公共生产 更便宜/更有效率	公共生产和私人生产的 成本和效率没有差别
水资源输送 (Water Distribution)	3 项研究	4 项研究	10 项研究
垃圾收集 (Waste Collection)	6 项研究	1 项研究	11 项研究

资料来源:Bel, G. & Warner, M. , "Challenging Issues in Local Privatization", *Environment and Planning C*: *Government and Policy*, 2008, 26 (1): 104 – 109.

有一部分研究发现合同外包在一些容易计量和测算的硬服务(hard services),如垃圾收集、街道维护、拖车(towing)、数据处理(data processing)等领域存在成功的案例,但在那些不容易计算的"软服务"(soft services)领域,如养育照护(foster care)、儿童福利(child welfare)、家庭暴力(domestic violence)、暴力照护(violence care)、物质滥用治疗(substance abuse treatment)、无家可归者和紧急庇护所(homeless and emergency shelters)、工作培训(job training)、艾滋病(病毒携带者)服务(HIV/AIDS services)、医疗补助个案管理(Medicaid case management)以及食品储藏(food pantries)等,因合同外包或私有化带来成本节约的成功案例可谓乏善可陈。可以说,合同外包能否取得成功极大地依赖于服务的类型、高度发展和竞争性的市场、合约的规格(specification)以及承担责任并评估项目绩效的能力。[1] 到目前为止,许多研究者均承认,合同外包只能在特定环境下对特定服务领域起作用。

例如,在监狱私有化方面,一些研究认为犯罪矫正设施(correctional facilities)的私有化能够显著地减少成本,实现更高效率的运营;[2] 但也

---

[1] Van Slyke, D. M. , "The Mythology of Privatization in Contracting for Social Services", *Public Administration Review*, 2003, 63 (3): 296 – 315.

[2] Calabrese, W. H. (1993), Low Cost, High Quality, Good Fit: Why not Privatization, In G. W. Bowman, S. Hakim & P. Seidenstat (eds.), *Privatizing Correctional Institutions* (p.176), New Brunswick, N. J. : Transaction Publishers.

有不少研究指出私有化根本不能实现成本节约的目标。美国政府责任署
（The United States Government Accountability Office，GAO）① 对涉及监狱运
营私有化的加利福尼亚州、田纳西州和华盛顿的研究表明，私人监狱设施
有些时候甚至比公立监狱更加成本高昂。② 类似地，美国 Abt 公司（Abt
Associates）③ 对 1997 年之前 84 个积极地运用合同外包来管理监狱的政府
机构研究的表明，只有很少的证据能够表明私有化导致了成本的节约。④

　　针对特许学校在促进教育竞争性方面的研究结论同样是十分混合的。
由于教育是一个多层级的服务，涉及对学生、一线教师、学校管理者、教
育机构等不同的主体，一些研究仅仅聚焦在某一方面，针对学生成绩、上
学距离等得出正面的结论；但是，更为全面的研究却展现出另外一副不同
的图景。齐默（Ron Zimmer）等针对加利福尼亚的特许学校和传统公立
学校（Traditional Public Schools，TPSs）的比较研究指出，没有证据能表
明特许学校对传统公立学校制造了竞争效果；特许学校在很大程度起到了
针对不断增长的学生带来"释放压力阀"（release valve）的作用，而不是
竞争效果。⑤ 欧图尔（Laurence J. O'Toole）等针对德州公共教育研究甚至
指出，合同外包与一个学区⑥的官僚机构或人员是正相关的，即合同外包

---

① 美国政府责任署（GAO）是为国会工作的独立、非党派（nonpartisan）机构。它的前身
　　为美国审计总办公室（General Accounting Office），2004 年后，为配合职能上的调整方更
　　名为美国政府责任署（a overnment Accountability Office）。GAO 成立后，更着重于调查联
　　邦政府拟定的各项计划、政策或项目是否符合社会大众的需求、原先所设定的目标，并
　　经常对联邦政府如何使用纳税人的钱展开调查，因此它也被人们视为"国会看门狗"
　　（congressional watchdog）。GAO 的最高负责人（the Comptroller General）是由总统在国会
　　提出的候选人名单中进行提名，由议会（Senate）确认同意后方能正式到任，并具有 15
　　年的任期。根据美国法律规定，GAO 无权对行政机构进行强制性的惩罚，只能够就所发
　　现的问题提出建议措施。不过，相关单位在收到 GAO 的建议后，有义务采取行动，否
　　则国会将可能举办听证会，对相关单位施加压力。参见 U. S. Government Accountability
　　Office，http：//www. gao. gov/about/index. html。
② U. S. General Accounting Office（GAO），1997，Privatization：Lessons Learned by State and
　　Local Governments，GAO Report GGD-97-48（March），Washington，D. C.：GAO.
③ Abt 公司（Abt Associates）建立于 1965 年，是当前世界上最大的商业性研究和咨询公司
　　之一。
④ House of Representatives Abt Associates，1998，Private Prisons in the United States，http：//
　　www. abtassociates. com/reports/ES-priv-report. pdf.
⑤ Zimmer，R. & Buddin，R.，"Is Charter School Competition Incalifornia Improving the Performance
　　of Traditional Public Schools？"，*Public Administration Review*，2009，69（5）：831 – 845.
⑥ 在美国，学区是独立的、具有特别目的（special-purpose）的政府机构，一般受到州或地
　　方政府的管理。但是，学区同样是一个地方政府，独立于县政府（county government）和
　　市政府（city government），并具有教育行政权和征收教育税的权力。

数量的上升创造了更为庞大的官僚机构，形成了帕金森定律（Parkinson's Law）——行政机构会像金字塔一样不断增多，行政人员不断膨胀，但组织效率越来越低下。[①]

也许正是出于对合同外包的效果不确定性的担忧，美国公共服务合同外包的增长一直十分平缓。从 1982 年开始，ICMA 平均每 5 年对地方政府层面的合同外包展开系统调查。1997 年的调查结果显示，从 1982 年至 2007 年的 25 年间，公共服务合同外包的比例维持在 20% 左右，而政府直接供给仍然维持了主要地位（参见图 2—2）。

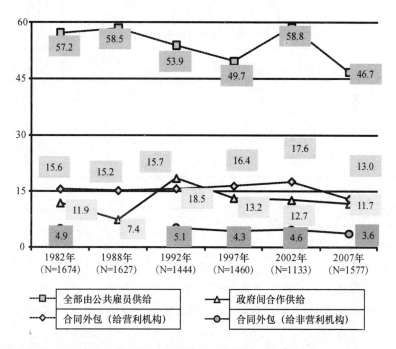

图 2—2　1982—2007 年美国公共服务供给不同方式的比例变化（单位：%）

资料来源：International City/ County Management Association，*Profile of Alternative Service Delivery Approaches*，Survey Data，1982，1988，1992，1997，2002，2007。

不仅如此，ICMA 的研究还表明，大部分曾经将公共服务合同外包的地方政府中还出现了合同回撤（contract back in）行为——把合同外包的

---

① O'Toole J.，Laurence J. and Meier，Kenneth J.，"Parkinson's Law and the New Public Managment? Contracting Determinants and Service Quality Consequences in Public Education"，*Public Administration Review*，2004，64（3），pp. 342–352.

服务重新收归政府直接管理。从1992年至1997年,尽管95%的地方政府实施了一次以上的合同外包,但仍有88%的地方政府至少有过一次以上的合同回撤行为。同时,公共服务合同外包的种类仍然比较有限,在IC-MA所统计的约60种由地方政府承担的公共服务中,每个地方政府中只有平均不超过10%的服务实施了合同外包。显而易见的是,直接供给公共服务仍然是地方政府相当稳定的主要职能,而合同外包则呈现出了一些变化,尤其是合同回撤的出现在一定程度上减慢了合同外包的进程(参见表2—3)。

表2—3　　　　美国地方政府中新合同外包和合同回撤的变化趋势

年份	新合同外包(new contracting out)			合同回撤(contracting back in)		
	1982—1988	1988—1992	1992—1997	1982—1988	1988—1992	1992—1997
地方政府的比例(%)	93	97	95	97	92	88
	(n=749)	(n=638)	(n=628)	(n=749)	(n=638)	(n=628)
服务的平均数量	5.7	7.7	7.9	7.1	5.3	4.6
	(n=62)	(n=65)	(n=64)	(n=62)	(n=65)	(n=64)

资料来源:Warner, M. E., Ballard, M. & Hefetz, A., "Contracting back in: When privatization fails", In the *Municipal Year Book 2003*, Washington, D. C.: International City County Management Association, Chapter 4, 2003, pp. 30 – 36.

以上研究表明,即使经过20世纪70年代以来新公共管理运动的洗礼,公共服务供给机制的变化并不激烈。市场缺陷、合同管理能力、法律条件等因素影响了"替代性服务供给机制"向市场靠近的发展趋势,而合同回撤,或者是合同逆转(contracting reverse)的出现则表明了公共部门在整合公共与私人力量方面更加成熟的思考,不再盲目相信市场,而是理性地看待市场本身的缺点。

第三节　合同外包的局限:供给并非总是有效

自第二次世界大战结束以来的70多年间,合同外包被经济学家广泛地视为消除公共部门低效病症的解毒剂。在20世纪40年代末,哈耶克就根据其知识分散理论(knowledge dispersed theory)指出合理的决策制度安排应当是分散式或分权式的,因为只有非集权化的方法才能保证及时利用有关特定时间和地点之具体情况的知识①。制度经济学也指出,以私人部门竞争为基础的市场机制则具有减少无知、扩散知识和抑制错误的功能②。此后,公共选择学派更是打破了公共部门的传统想象,认为官僚不过是追求自身效用最大化的理性主义者,广泛地呼吁政府的服务应该通过竞争的方式进行提供。在一波又一波的新自由主义浪潮的攻击下,"几乎所有的东西都可以,或者都已经合同外包了"③。

在支持者看来,合同外包有助于政府以更低的成本提供更好的服务,增加管理弹性和专家治理,减少公共垄断④。这是因为,竞争性市场提供了内在的激励,并使服务生产变得更为有效和节约。同时,竞争为政府提供了更多的机会选择——当竞标价过高或服务无效率时,能够选择其他生产者。而在整个90年代,通过政府服务的合同外包来改善供给机制并减少成本,或者说利用私人部门达成公共目标,在美国的中央和地方政府层面均有众多的例子。

不过,尽管人们曾经对合同外包赋予了极高的期望,经过30多年的探索,合同外包依然十分缓慢。特别是,美国不少地方政府终结了一些与私人部门签订的合约,更多地通过内部改善和公共创新的途径来提高公共服务的质量。可以说,合同回撤并非纯粹的偶然或自发行为,它是对公共部门经济理性之应用的一种纠错。这种纠错的行为之所以出现,与合同外包的局限性有着密切的关系。越来越多的研究表明,许多合同外包原本期望的目标并没有达成,它在服务供给领域的局限性也越来越明显。这主要表现在四个方面。

第一,从现实效果的角度看,合同外包并没有实现改善质量和减少成本的预期目标。对于地方政府来说,启动合同外包的最直接原因就是节约成本,扩大服务规模,并改善服务质量。然而,这个目标却难以实现。ICMA 针对美国地方政府官员的研究表明,约有六成的被调查者认为合同回撤的主要原因是服务质量不理想,有五成的被调查者则认为原因在于成

---

① [美] 哈耶克:《个人主义与经济秩序》,贾湛等译,北京经济学院出版社1989年版,第79—80页。

② [德] 柯武刚、史漫飞:《制度经济学:社会秩序与公共政策》,韩朝华译,商务印书馆2004年版,第274—276页。

③ D. F. Kettl, *Sharing Power: Public Governance and Private Markets.* Washington, D. C.: Brookings Institution, 1993, pp. 157–158.

④ J. T. Bennett & M. H. Johnson, *Better Government at Half the Price*, Ottawa, I. L.: Carolina House, 1981.

本节约不足①。"Meta 分析"表明,合同外包在减少成本方面的结果是十分混合的,公共服务私人提供与节约成本之间并无系统性的关联②。贝尔和沃娜研究了 1965—2006 年关于垃圾收集成本和水资源输送效率/生产力的 35 项研究的结果,发现大部分的研究都指出公共和私人生产之间的成本、效率/生产力并无显著差别③。

　　第二,合同外包并不能真正地创立一个竞争性市场来供给公共服务。服务供给过程中的竞争往往是缺失的,从而导致更大的垄断和效率损失,并削减合同外包所获得的好处。在公共服务竞标的过程中,那些达成充分竞争的要素,如充足的竞争者、完全信息、同质物品、较低的市场进入门槛等,往往难以满足要求。特别是在地区性的公共服务市场中,能满足条件的私人供应者往往少之又少,这就使合同外包难以真正提升公共服务效率。在这种情况下,合同外包所能创造的竞争效果就大打折扣。例如,齐默等针对加利福尼亚的特许学校和传统公立学校(Traditional Public Schools, TPSs)的比较研究指出,没有证据能表明特许学校对传统公立学校制造了竞争效果;特许学校在很大程度起到了针对不断增长的学生带来"释放压力阀"的作用,而不是竞争效果。不仅如此,合同外包甚至还可能创造一个更加低效率的官僚结构。欧图尔等针对德州公共教育研究甚至指出,合同外包与一个学区的官僚机构或人员是正相关的,即合同外包数量的上升创造了更为庞大的官僚机构,形成了帕金森定律——行政机构会像金字塔一样不断增多,行政人员不断膨胀,但组织效率越来越低下④。

　　第三,合同外包只能在特定环境下对特定服务领域起作用,它能否取得成功极大地依赖于服务的特点和类型、合同的规格以及承担责任并评估项目绩效的能力。合同外包在一些容易计量和测算的硬服务,如垃圾收集、街道维护、拖车、数据处理等领域存在成功的案例,但在那些不容易计算的"软服务"领域,如养育照护、儿童福利、家庭暴力、暴力照护、物质滥用治疗、无家可归者和紧急庇护所、工作培训、艾滋病(病毒携

① International City/ County Management Association, Profile of Alternative Service Delivery Approaches, Survey Data, 2007.

② G. A. Boynei, "The Determinants of Variations in Local Service Contracting: Garbage in, Garbage out", *Urban Affairs Review*, 1998, 34 (1): 150 – 163.

③ G. Bel & M. Warner, "Challenging Issues in Local Privatization", *Environment and Planning C: Government and Policy*, 2008, 26 (1): 104 – 109.

④ L. J. O'Toole, Jr. & K. J. Meier, "Parkinson's Law and the New Public Management? Contracting Determinants and Service Quality Consequences in Public Education", *Public Administration Review*, 2004, 64 (3): 342 – 352.

带者）服务、医疗补助个案管理等，合同外包的成功案例乏善可陈。这种区别性意味着，不同公共服务的特性（characteristics），尤其是资产专用性（asset specificity）和测量难度（measurement difficulty），会影响合同外包的成败。例如，假设一项服务的资产专用性较高，本来可以进行连续性交易的合作就可能变成备选数目极小的交换关系或双边垄断关系。在机会主义的威胁下，备选数目极小的交换过程将会产生"敲竹杠"问题（hold-up）问题，即参与交易的一方可能借机敲诈或剥削另一方的利益。又如，测量难度可能导致操控合约或者搭便车问题，因为服务的绩效难以得到准确的评估，从而产生扯皮问题。这正是一些资产专业性低、容易测量的服务，如垃圾收集、街道维护等容易获得成功的原因；相反，另一些服务由于不确定性高、无法对合约进行完全的具体化（specification），就很容易出现机会主义行为进而导致合同的失败。

　　第四，合同外包导致了公共价值与责任的流失，使国家空洞化（hollow state）有成为现实的可能①。盛行于全球的新公共管理运动，更是提高了公共服务供给对市场的依赖程度，也使"国家"似乎离公共服务供给渐行渐远。但是，正如彼得斯所指出的，尽管公共服务供给远离国家（政府）的潮流在一定程度上获得了效率或者（可能是）某种类型的民主化，但它同样创造了大量的治理问题，如国家去中心化后所形成的大量机构如何协调等，这就使改革的成本可能高过了收益②。同时，合同外包创造了大量的"影子雇员"（shadow workforce），即不在正式的行政雇员之列，却从事公共服务供给的员工。据莱特（Light）的估算，美国约有1270万名"影子雇员"，其数字远远大于美国联邦政府公务员、美国邮政局雇员和军队职员的总和（约425万）。诚然，"影子雇员"在解决某些技术性问题上（如90年代末的千年虫问题）上具有优势，但他们也被大量用于逃避公共部门的内部雇佣法律、降低用工成本、掩盖失责，甚至充当替罪羊③。也正因为如此，合同外包也招致了许多公共部门一线员工以及劳工组织的指责。尤其是这些"影子雇员"往往不受公共精神或公共

① H. B. Milward & K. G. Provan, "Governing the Hollow State", *Journal of Public Administration Research and Theory*, 2000, 10（2）：359 – 379.

② G. B. Peters, "The role of the State in Governing：Governance and Metagovernance", In M. Ramesh et al.（ed.）, *Reasserting the Public in Public Services：New Public Management Reforms*, New York：Routledge, 2010.

③ P. C. Light, *The True Size of Government*, Washington, D. C.：Brookings Institution Press, 1999.

责任标准的约束, 这就加剧了公共性流失的问题。

第四节　交易成本与服务供给: 一个理论解释

交易成本经济学为政府如何选择公共服务供给机制提供了富有解释力的概念框架, 因为它能够对公共服务内部生产 (internal production) 和外部生产 (external production) 的财政和管理成本进行比较。[1] 威廉姆森 (Williamson) 的理论指出, 公共组织对于公共服务内部生产 (to make it) 或外部购买 (to buy it) 的选择, 既反映了传统的生产因素, 如固定资产、劳动力和资本, 还反映了交易成本因素, 即 "不同治理结构下规划 (planning)、调整 (adapting)、监督任务完成 (monitor task completion) 的比较成本"[2]。在市场经济中, 组织在考虑自己制造 (make) 还是向外购买 (buy) 时, 会对这两种不同类型的机制进行成本上的考虑, 而这种逻辑同样可以适用于政府决策。

近年来, 已经有不少研究指出, 政府在选择自己生产一种服务, 还是进行合同外包时, 会对相关的管理成本和交易成本进行权衡。这是因为, 不同服务供给机制的成本, 因该服务或物品的特殊属性 (specific characteristics)、政府与外部潜在生产者的目标融合 (congruence) 程度、市场竞争程度等内外部因素而具有较大差异, 政府在进行决策时必须考虑上述因素。在交易成本低时, 例如服务能够较容易测算绩效、不容易导致垄断供给、政府与供应商 (vendor) 之间能够较好地合作时, 竞争性合约就能够减轻直接服务供给所引起的官僚无效率 (bureaucratic inefficiencies)。

导致交易成本增高的因素还有有限信息 (limited information) 和不确定性 (uncertainty) 等, 因为涉及交易的成员很难预测到未来可能发生的所有情形, 从而无法对合约进行完全的具体化 (specification)。在这种情况下, 进行合约外包的成员就必须非常警惕或承担供应商可能发生的机会主义行为的风险。例如, 在信息不对称的情况下, 当供应商对他们自己的活动与绩效的信息掌握得比进行合约外包的组织更多时, 他们就可能偏高

---

[1]　Brown, T. & Potoski, M., "Contracting for Management: Assessing Management Capacity Under Alternative Service Delivery Arrangements", *Journal of Policy Analysis and Management*, 2006, 25 (2): 323–346.

[2]　Williamson, O. E., "The Economics of Organization", *American Journal of Sociology*, 1981, 87 (3): 548–577.

地报告其绩效。根据交易成本经济学的一个核心假设——委托者与代理者关系，代理者是追求自身利益最大化的机会主义者，因此，当供应商的机会主义风险相当高时，合约外包的组织就需要进行更多合约前的准备和合约后的监督——更高的交易成本——来减少供应商的机会主义并增加其服从性（compliance）。

交易成本经济学不仅能够解释政府选择内部生产还是外部购买的决策过程，还可以为政府间的合作提供理论框架。根据交易成本经济学，当市场或层级制度（hierarchy）的交易成本都相当高时，政府就会选择地方间的交换（interlocal exchange）来供给公共服务。这意味着，当地方政府能够从交换中获利时，他们就有足够的激励进入合作网络。例如，小型的地方政府可以通过和地方政府的合作来减少独立生产/供给公共服务的规模无效率（size inefficiency）。而大型的地方政府也可以通过合作来充分利用其的可能过剩的资产、设备和设施，并从中获取收益。

从外部性的角度看，地方交换为特定区域将其所生产的正外部性进行内部化提供了机会，因为它能够从分享了这种正外部性的其他区域中获取补偿。反过来，如果一个区域为另外一个区域所生产的负外部性所影响时，被影响的区域也会希望通过合作来解决这种问题。当然，生产负外部性的区域可能不愿意进行合作，因为合作意味着增加居民的额外财政负担。但是，当被影响的区域愿意承担一定成本，或者更高层级的管理机构介入时，生产负外部性的区域就可能愿意进行合作。

总的来说，根据交易成本经济学，无论地方政府选择层级机构（内部生产）、合约外包（外部购买）还是地方交换（区域合作），它们均受到事前和事后的交易成本制约。事前的交易成本由信息不对称、谈判、签约等成本构成，事后的交易成本即包括执行（implementation）、监督（monitoring）和强制（enforcing）的成本构成。参与交易成员的不同特性以及特定公共产品和服务的特性，都可能影响事前和事后交易成本的高低。例如，参与交易成员的规模、财政条件、人口和时间偏好的不同，都可能导致其讨价还价的谈判能力的不同。财政力量薄弱的交易成员的谈判能力就可能要低于财政力量雄厚的成员。而服务特性，尤其是资产专用性（asset specificity）和测量难度（measurement difficulty），更是影响交易过程。当一项公共资源在用于特定用途以后很难再移作他用的时候，资产专用性问题就发生了。假如一项服务的资产专用性较高，本来可以连续性交易的合作就可能变成了备选数目极小的交换关系或双边垄断关系。在机会主义的威胁下，备选数目极小的交换过程将会产生"敲竹杠"问题，即参与交易的一方可能借机敲诈或剥削另一方的利益。又如，测量难度可能导致操控合约或者搭便车问题，因为服务的绩效难以得到准确的评估，从而产生扯皮问题。上述分析意味着，地方政府在层级、市场和地方合作之间进行选择时，倾向于选择交易成本较低并具有相对效率优势的机制。

从交易成本经济学的角度看，资产专用性、测量难度等服务特性将影响公共服务供给机制的选择，这是关于公共服务供给科学的一个核心问题。威廉姆森发展曾运用交易成本经济学的途径来解释政府结构的选择，其基本观点建立在西蒙（Simon，1947）所提出的两个人类行动的行为假设基础上，即"有限理性"（bounded rationality）和"机会主义"（opportunism）。首先，"有限理性"意味着所有的合约都很可能是不完全的，因为人类无法完全预期并有效处理合约过程中的复杂性；其次，合约不能自动执行（self-enforced），也不意味着可信承诺（credible commitments），因为参加合约的都是寻求自身利益最大化的机会主义者。根据这些限制，每个组织都从不同的替代性组织模型——市场（market）、混合（hybrid）和科层（hierarchy）——中选择最能够减少交易成本的类型。

根据上述逻辑，公共服务与物品的不同交易特性将影响供给机制的选择。当管理交易成本比较低时，政府就倾向于利用合同外包来输送公共服务。相反，如果一项服务具有不适宜私有化的特性，内部供给（in-house provision）就比合同外包给其他主体更受到欢迎。根据美国学者布朗和波多斯基的研究，我们可以把公共服务的交易成本特性主要分为三项：资产专用性、测量难度和竞争市场。[①]

（1）资产专用性与公共服务。根据威廉姆森的定义，资产专用性是指"特定的投入是否专门用于特定的交易"[②]（Williamson，1981：555）。较高的资产专用性意味着较高的特殊投入（customized investment），也意味着交易双方的依赖度相当高。当资产专用性为零时，市场或私有化模型就更有成本优势。随着资产专用性的上升，特殊投入的要求也越高，市场交易模式的成本也就相应提高，采用混合模型或直接由政府生产就更有优势。如图 2—3 所示，如果用表示资产专用性的最佳值（optimal value），那么有效服务供给的逻辑应该是：当 $k^* < k_1$ 时，采用市场机制；当 $k_1 < k^* <$

---

① Brown, T. L. & Potoski, M., "Contract Management Capacity in Municipal and County Governments", *Public Administration Review*, 2003, 63（2）：136－147.

② 英文原文为"whether specific investments are specialized to a particular transaction"。

k_2时，采用混合机制；当$k^* > k_2$时，采用科层机制。①

公共服务的资产专用性涉及生产某项服务是否需要特定的投入。如果具有高资产专用性的服务进行了合同外包，独占性的供应商（monopolistic vendor）就可能利用该机会进行"敲竹杠"。换言之，公共服务的资产专用性越高，越容易形成自然垄断，增加了供应商的机会主义行为，在这种情况下，决策者也就更倾向于使用内部生产，而不是引入合同外包。

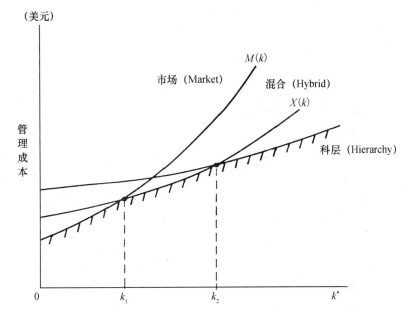

图2—3 资产专用性与管理成本

资料来源：Williamson, O. E., "Comparative economic organization: The analysis of discrete structural alternatives", *Administrative Science Quarterly*, 1991, 36 (2): 269 – 296.

---

① 根据威廉姆森的研究，市场机制、混合机制和科层体制是从合同法的角度进行区分的，其中：市场机制的支持性法律是古典合同法（classical contract law），它对应的是那些"内部协议清晰（sharp in by clear agreement）、外部绩效明确（sharp out by clear performance）"的自发、匿名、即时或标准的交易；混合机制的支持性法律是新古典合同法（neoclassical contract law），对应的那些仍属于自发交易，但其灵活性和规制性介于市场和科层之间的交易；科层则对应于"自制合同法"（forbearance contact law），应对那些法庭通常不干预、由组织通过"命令"（fiat）来处理的内部交易。相对来说，威廉姆森更为重视处于市场和科层两极之间的科层机制，因为它融合两者的优势，包含了各种类型的长期契约、互惠性交易、管制、特许等兼具灵活性和规制性的交易类型［参见 Williamson, O. E., "Comparative Economic Organization: The Analysis of Discrete Structural Alternatives", *Administrative Science Quarterly*, 1991, 36 (2): 269 – 296］。

（2）测量难度与公共服务。根据巴泽尔（Barzel）、阿尔奇安（Al-chain）和德姆塞茨（Demsetz）等产权学者的观点，经济交换同样受到测量难度的影响。威廉姆森也指出，测量难度是影响服务机制选择的重要因素。[1] 具体地，公共服务的测量难度是指"进行合同外包的组织测量服务供给的效果、监督服务供给的活动的难度"[2]。这种测量难度性根据不同服务种类而有所不同，例如，下水道处理（sewer treatment）、水资源供给（water supply）、垃圾收集（refuse collection）就比防火（fire protection）、紧急管理服务（emergency management services）等服务容易测量。不明确、含糊的服务绩效对于合同交换或者地方交换都是重要阻碍。如果一项服务的效果难以测量，那么政府就难以建立有效的监督机制，服务供应商的机会主义行为风险也随之增高。在这种情况下，城市就可能通过内部（全部供给或参与供给）机制，而不是市场或地方交换来供给服务。当然，在服务的测量难度很高的时候，城市也可能选择不供给，因为它无法了解市民对于该项服务的满意度。因此，服务测量难度对于地方公共服务供给机制选择的影响也可能是非线性的。

（3）竞争市场与公共服务。竞争市场属于与交易成本经济学密切相关的"委托—代理"问题（principal-agent problems）的讨论范畴[3]。根据委托—代理理论，进行合同外包的政府可以视为委托者，潜在的供应商则可以视为代理者。在这种委托关系中，委托人和代理人的目标函数可能是不一致的。这样，当委托人了解的信息有限时，代理人就有可能利用信息不对称关系中的优势地位谋求自身利益的最大化。在这种情况下，如果市场的竞争程度比较高，潜在的供应商比较多，那么市场就可以提供更多关于服务质量和价格的信息，从而使委托人可以剔除那些不符合合同标准的

---

① Williamson, O. E., "Reflections on the New Institutional Economics", *Journal of Institutional and Theoretical Economics*, 1985, 11（1）: 187–195.

② Brown, T. L. & Potoski, M., "Contract Management Capacity in Municipal and County Governments", *Public Administration Review*, 2003, 63（2）: 136–147.

③ 根据威廉姆森的研究，交易成本理论和委托代理理论既有共同点，也有一定的差异。其共同点表现为：交易成本理论关于人的行为特性假设——有限理性和机会主义——与委托代理理论使用的"道德风险"和"代理成本"假设基本相同；都强调对"不完全合同"的研究；都认为董事会是一种内生的工具。其最根本的区别在于两者的分析单位、成本结构和组织因素不同。关于两者的共同点和差异，国内学者费方域进行了详细的阐述。请参考费方域《交易成本理论和委托代理理论之比较——威廉姆森交易成本经济学述评之四》，《外国经济管理》1996年第8期，第38—41页。

供应商。① 理论上说，一个竞争充分的市场需要严格的条件，如存在大量的买家和卖家，参与者对于产品和各方的偏好都有着充分的了解，行动者必须能够自由进入和退出市场。但是，由于交易成本较高、信息有限、未来的不确定性以及个人或组织的机会主义风险等因素的存在，市场也可能会失败。

---

① Hart, O. and Moore, J., "Foundations of Incomplete Contracts", *Review of Economic Studies*, 1999, 66: 115-38.

第三章　公共属性约束与服务供给：
从公共选择走向社会选择

第一节　基于公共选择的供给机制

正如英国行政学者胡德（Hood）所说："全球社会的公共服务都正在踏上一条单行道，从过时的传统走向具有管理化特征的'现代性'。"[1] 在这个急速的转变过程中，如何设计与提供公共服务，传统主义分子、现代化论者以及其他各种不同学派，提供了种种时髦、流行却又相互冲突的概念、思想和学说，这种热潮至今依旧不衰。在合同外包遭遇交易成本的阻击之下，合同外包的影响力已经有所消退，越来越多的改革实践将重心从公共选择转向了社会选择。换言之，公共服务供给科学发生了转向，这可以从两个层次来解释。第一个层次是"方法论"意义上的，即应用方法论上的个人主义来解构传统的服务供给组织——官僚制，它不再是从国家的顶端，而是从下往上地解决集体行动中的实际问题；第二个层次是"本体论"意义上的，认为公共服务不能化约为个体动机，不能与社会位置、社会性以及权力分开来，而必须理解为一种更广泛的社会结构、政治规则与社会行动。通过对第二次世界大战以来公共服务供给理论与实践的理论性回顾与梳理，我们可以看出从基于个人主义的理性制度设计，走向基于信任、合作的社会性制度设计，正是当前公共服务供给科学的重要制度转向。

在公共选择学派看来，无论是在集体活动还是在私人活动中、在市场过程还是政治过程中，个人是最终的决策者、选择者与行动者，他总会优先排列自己的选择和偏好，并在任何决策中追求最高的净收益，而不管产生总体结果的过程与结构有多复杂。这就是奥斯特罗姆所称的"方法论

---

① ［英］克里斯托弗·胡德：《国家的艺术：文化、修辞与公共管理》，彭勃、邵春霞译，上海世纪出版集团、上海人民出版社 2004 年版，第 4 页。

个人主义"①。从这个观点出发，正统的国家官僚机构并不必然就是公共管理的核心主旨，因为它只是不同公共服务组织类型的一种……即使那些不能由正统的市场来提供的公共服务，个人主义者也会建议采用竞争方式或者某种类似市场的形式。②

公共选择的"方法论个人主义"对于公共服务供给的最早分析和应用，是蒂伯特（Charles Tiebout）的"用脚投票"理论。在他看来，地方居民（residents of localities）与消费者（consumers）并无二致，因为居民也是在不同的地方中选择合适的税收和公共服务组合（right mix of taxes and public services）；居民选择的能力使地方社区之间相互竞争，而竞争则意味着社区必须更好地发现并满足居民的服务需求。③ 1961 年，奥斯特罗姆、蒂伯特和瓦伦进一步阐述了"用脚投票"在政治体制运作上的结果——地方管辖单位的多样化在实践中构成了一种富有活力的"多中心政治体制"（polycentric political systems）。在他们看来，"'多中心'意味着有许多在形式上相互独立的决策中心……它们在竞争性关系中相互重视对方的存在，相互签订各种各样的合约，并从事合作性的活动，或者利用核心机制来解决冲突，在这一意义上大城市地区各种各样的政治管辖单位可以以连续的、可预见的互动行为模式前后一致地运作。也在这一意义上，可以说它们是作为一个体制运作的"④。

此后，文森特·奥斯特罗姆与埃莉诺·奥斯特罗姆完整地提出了"多中心"的公共经济理论，认为可以将公共服务的提供和生产分开，提供主要是一种集体消费过程，而生产则是一种集体生产过程。集体消费单位和集体生产单位共同构成了公共经济的两个组织部分，公共经济的组织不仅涉及集体消费单位和集体生产单位，而且涉及两者之间的关系。⑤

实际上，无论是蒂伯特所说的"用脚投票"还是奥斯特罗姆夫妇所

① Ostrom, E., "Review: Rational Choice Theory and Institutional Analysis: Toward Complementarity", *The American Political Science Review*, 1991, 85（1）: 237 – 243.

② ［英］克里斯托弗·胡德：《国家的艺术：文化、修辞与公共管理》，彭勃、邵春霞译，上海世纪出版集团、上海人民出版社 2004 年版，第 104—105 页。

③ Tiebout, C., "A Pure Theory of Local Expenditures", *Journal of Political Economy*, 1956, 64（5）: 416 – 424.

④ Orstrom, V., Tiebout, C. & Warren, R., "The Organization of Government in Metropolitan Areas: A Theoretical Inquiry", *The American Political Science Reivew*, 1961, 55（4）: 831 – 842.

⑤ ［美］文森特·奥斯特罗姆、埃莉诺·奥斯特罗姆：《公益物品与公共选择》，载迈克尔·麦金尼斯主编《多中心体制与地方公共经济》，上海三联书店 2000 年版，第 11 页。

主张的"多中心体制",其都隐含着"去中心"(decentralization)与"授权"(devolution)的思想,认为分散化或分权在公共服务供给中更具有比较优势。正如经济学家奥茨(Wallace E. Oates)在《财政联邦主义》一书中通过一系列假定所提出的奥茨"分权定理"一样——对于某种公共产品来说,让地方政府将一个帕累托有效的产出量提供给它们各自的选民,则总是要比中央政府向全体选民提供任何特定的并且一致的产出量有效得多。① 个中原因,就是地方政府(广义)比中央政府能更有效地根据公众的偏好提供公共服务,以满足公众的需求。②

正如康奈尔大学的沃娜(2009)所指出的,在过去几十年中,公共选择理论和财政联邦主义构成了全球范围内政府改革的理论基础。而无论是公共选择理论还是财政联邦主义,都指向了地方分权。关于分权的形式,可以从以下两个角度来理解。其一,在民族国家层面,分权可以分为政治分权和行政分权。前者指权力被授予较低层级的政府;后者则是指权力被授予职业的管理者(如市政经理)或其他指定机构。其二,在体制机构方面,分权可以分为内部分权和外部分权。前者指权力被授予已经存在的官僚体系层级中;后者指权力被授予新成立的单位(units)中(如创立一个执行局)。

当然,分权并不局限于中央向地方分权,另外一个思路则是政府向市场分权。本尼特(Robert Bennett)在其主编的《分权、地方政府和市场:走向一个后福利时代》(*Decentralization*,*Local Government and Markets*:*Towards a Post-Welfare Agenda*)一书中指出,世界范围内正在掀起从"福利政策"(welfarist policy)向"后福利政策"(post-welfare policy)转变的潮流。在后福利时代,分权呈现出两条路径:一条是如新联邦主义哲学(new federalist philosophy)所提倡的,公共服务的权力和责任从某一层级政府转移至另一层级(如从联邦到州,从州到地方);另外一条则是从政府向市场或非政府组织的分权。在本尼特看来,美国已经成为后福利时代中通过市场提供来供给服务的创新翘楚。③ 可以说,向市场分权,构成了20世纪90年代新公共管理理论、重塑政府运动的重要主题,成为主导这

---

① Oates, W. E., *Fiscal Federalism*, New York: Harcourt, Brace, Jovanovich, 1972.

② [美] G. J. 斯蒂格勒:《产业组织与政府管制》,潘振民译,上海人民出版社1996年版,第210—241页。

③ Bennett, R., "Decentralization, Intergovernmental Relations and Markets: Towards a Post-welfare Agenda?", In Robert Bennett, *Decentralization*, *Local Government and Markets*: *Towards a Post-welfare Agenda*, Oxford: Clarendon Press, 1990, pp. 1–26.

个时期政府改革理论与实践的重要力量。

1987 年，延续着公共选择理论所主张的分权与竞争理论，萨瓦斯在其《私有化：通向更佳政府的钥匙》（*Privatization*：*The Key to Better Government*）一书中指出，私有化是持续改善政府管理绩效的战略。他从安排（arrangement）和生产（production）分离的角度，提出了九个可抉择的服务供给机制：政府服务、地方政府间协议、合约、特许经营、补助凭单、市场、志愿、自我服务和政府出卖（government vending）。1992 年，奥斯本和盖布勒（David Osborne & Ted Gaebler）在其堪称 20 世纪 90 年代美国联邦政府改革蓝图的《改革政府：企业精神如何改革着公营部门》一书中，提出了以企业精神改造公营部门和塑造新政府的十条原则。对于美国来说，这本书可谓掀开"新公共管理"时代的序幕。其后，克林顿总统推动的重塑政府运动，也在一定程度上受到了该书的影响。正如蓝志勇和罗森布罗姆指出的，美国在 20 世纪 80—90 年代，"市场基础的公共行政"不仅主导了公共管理的话语权，还成了"重塑政府"运动或者说"新公共管理"运动的核心特征。①

新公共管理的理论林林总总，涉及体制、流程、绩效等多个维度。而从公共服务供给的角度，最主要的主张以及实践方式就是私有化和合同外包。私有化（privatization），又可以比较温和地称为民营化，是新公共管理运动的重要特征之一。作为一个"既不优美，也不精确"（not only an inelegantterm；it is also lamentably imprecise）的术语②，私有化既可能是一般意义上的政府改革潮流，也可能是某种特定类型的公共部门重构活动。

从实践上看，私有化主要以英国为代表，肇始于 1979 年撒切尔夫人执政后所推行的一系列公共事业（企业）私有化措施。在撒切尔执政时期，包括英国机场管理局（British Airports Authority，BAA）、英国天然气（British Gas，BG）、英国石油（British Petroleum，BP）、英国电信（British Telecom，BT）等在内的诸多国有企业或公共事业机构，先后通过股票出售等方式转为私有企业。不过，私有化并不一定是在竞争性的环境下进行的，也不一定会促进竞争。私有化能带来多大的竞争取决于产业

---

① Zhiyong, Lan & Rosenbloom, D. H., "Public Administration in Transition?", *Public Administration Review*, 1992, 52（6）：535 – 537.

② Donahue, J. D., *The Privatization Decision*：*Public Ends*, *Private Means*, N. Y.：Basic Books, 1989, p. 5.

的结构和政府的政策。①

合同外包，又可以为合约外包或者合约制（contracting）。近年来又有语义更为温和的说法——资源外包（out sourcing），其含义实际上是一样的。与私有化不同，合同外包一般不涉及公共所有资产的出卖，它主要是指通过合同的方式创造一个竞争的环境，让相关的营利组织、非营利组织乃至其他公共组织来竞标获得某项公共物品或服务的生产权。② 合同外包最显著的特征是事前竞争（ex-ante competition）——为市场而竞争（competition for the market），而不是在市场中的竞争（competition in the market）。这里所指的市场，是由合同事项（contract specification）以及效仿拍卖机制的竞标程序（bidding process）所定义的。通过合同外包，一般是出价低者获得公共服务生产权，而政府即对中标者进行监督或管制③。对于美国来说，"合同外包是最普遍的私有化形式"④。

可以说，在整个 20 世纪 80—90 年代，新公共管理的"幽灵"徘徊在整个欧美大陆，并被认为是公共管理的一次"范式转移"（paradigm shift）。尽管如此，新公共管理仍不是一个完整的理论框架。例如，胡德于 1991 年率先提出"新公共管理"的基本框架，并界定了其七个"原则要素"（doctrinal components）（如职业化管理、绩效评估、结果控制等），但他并没有指出这些要素之间的互动关系和分类顺序。⑤ 同时，胡德也提到了新公共管理的理论基础（如公共选择理论）和规范价值（如节约和效率），但这些并没有体现到他所界定的七个"原则要素"中。不过，尽管新公共管理在理论框架上存在松散性的缺点，但这并不妨碍它成为全球性的政府改革模型以及塑造后续公共行政研究的主导性准绳。⑥

① Vickers, J. & Yarrow, G., *Privatisation: An Economic Analysis*, Cambridge, M. A., MIT Press, 1988.

② 当然，对于合同外包和私有化之间的关系认定，还取决于对私有化的定义。如果从广义的角度来定义私有化（如萨瓦斯所说），那么合同外包可以看作实现私有化的一种途径。

③ Domberger, S. & Jensen, P., "Contracting out by the Public Sector: Theory, Evidence, Prospects", *Oxford Review of Economic Policy*, 1997, (13) 4: 67-78.

④ Becker, F. W., *Problems in Privatization Theory and Practice in State and Local Governments*, Lewiston, N. Y.: Edwin Mellen Press, 2001.

⑤ Hood, C. A., "Public Management for all Seasons?", *Public Administration*, 1991, 69 (1): 3-19.

⑥ Haque, M. S., "Revisiting the New Public Management", *Public Administration Review*, 2007, 67 (1): 179-182.

第二节　基于社会选择的供给机制

如布鲁·伍德瑞哲等指出的，"许多实干家和私有化的倡导者并没有认识到，或者他们不愿意考虑，即私有化的理论基础是公共选择理论，是市场理论在非市场决策中的运用"。① 尽管人们相信竞争性的公共服务提供能够以更低的成本比政府提供更好的服务，因为竞争性市场提供了内在的激励，并使服务生产变得更为有效和节约②。实际上，公共选择理论应用于实践，面临着一系列苛刻的条件，这包括衡量产品产出和效率的充分信息、为数众多的供应商和消费者、严格的绩效标准和控制等。受限于这些条件，服务供给过程中的竞争往往是缺失的，从而导致更大的垄断和效率损失，并削减合同外包所获得的好处③。这意味着，基于个人主义的理性制度设计要取得成功，还必须增加额外的公共管理成本，这包括形成绩效评估方法和工具的成本、监督合约者的成本、发展竞争性市场的成本④。更为重要的是，方法论个人主义使居民被视为"消费客体"（objects of consumption），这可能会伤害到正义、安全和公民权等政治价值。⑤

近年来，对公共服务"市场选择"的理性反思，促使公共服务供给的制度设计路径再次发生了转向。正如沃娜等所指出的，要理解公共服务市场供给的潜力，我们也必须充分了解公共服务的"公共基础"（civic foundations）。这是因为，市场在供给公共服务上的缺陷，是可以通过对"公共基础"的投资——如公共教育、规制标准和反托拉斯法（anti-trust laws）等——来加以解决的。⑥

---

① ［美］布鲁·伍德瑞哲等：《私有化前景：公共选择理论视角》，孙晓莉译，《北京行政学院学报》2004 年第 1 期。

② Moore, M. H., "Public Values in an Era of Privatization", *Harvard Law Review*, 2007, 116: 1212 – 1223.

③ Prager, J. & Desai. S., "Privatizing Local Government Operations", *Public Productivity and Management Review*, 1996, 20 (2): 185 – 203.

④ Kettl, D. F., *Sharing Power: Public Governance and Private Markets*, Washington, D. C.: Brookings Institution, 1993.

⑤ Starr, P., *The Limits of Privatization.* Washington, D. C.: Economic Policy Institute, 1987.

⑥ Warner, M. E., "Reversing Privatization, Rebalancing Government Reform: Markets, Deliberation and Planning", *Policy and Society*, 2008, 27 (2): 163 – 174.

已经有研究指出，通过审议（deliberation），公民可以将他们的个体偏好（individual preferences）转向集体福利（collective well being）①。弗鲁克（Frug）认为，社区建设是终极的公共物品（ultimate public good）。民主社会中的公民必须发展一种能力来整合差异，发现共同问题并设计社会最优的解决方案②。丹哈特夫妇也认为，政府要做的比简单地对市场导航多得多，它还需要更好地服务于公民③。可以说，新的理论主张更多地强调竞争机制和民主协商的重新平衡。它不是简单地拒绝市场，而是创造一个具有公共性的公共服务市场；它不再是以市场为中心，而是以社会为中心，将公共利益、参与和合作等公共性导入服务供给过程。对于这一波理论主张，我们可以归纳如下。

（1）新公共服务与公共价值。新公共服务是由美国亚利桑那州立大学丹哈特夫妇最早于 2000 年在《公共行政评论》（*Public Administration Review*）上针对新公共管理提出的理论。新公共服务并不是反对传统公共行政、新公共行政和新公共管理，而是认为除了强调生产力、效率外，还需要关注公民精神、公共利益、人文主义等，特别是认为政府的角色不应是导航，而是服务。丹哈特夫妇认为，新公共服务作为一种规范模型，它与美国的民主基础和传统是最为一致的（Robert Denhardt & Janet Denhardt, 2000）。

哈佛大学的穆尔（Mark Harrison Moore）于 1995 年在其《创造公共价值：政府中的战略管理》（*Creating Public Value：Strategic Management in Government*）一书中提出了"公共价值"（public value）模型。穆尔认为，公共行政者的角色必须深深地植根于一个清晰的伦理意识和公共使命，即"公共价值"当中；市民必须有充足的机会在政治选举过程中表达自己的声音。因此，这就需要取决于公共行政者运用自己的职业伦理和使命意识，判断哪些意见是有价值和起作用的。④

（2）社会资本与公民治理。在公共物品提供的政府绩效及其差异方面，现有的解释主要集中在民主和官僚制度所发挥的作用上，即制度设计

---

① Sager, T., "Deliberative Planning and Decision Making：An Impossibility Result", *Journal of Planning Education and Research*, 2002, 21（4）：367 – 378.

② Frug, G. E., "Alternative Conceptions of City Services", *City Making：Building Communities Without Building Walls*, Princeton：Princeton University Press, 1999.

③ Denhardt, J. V. & Denhardt, R. B., *New Public Service：Serving, Not Steering*, Armonk, N. Y.：M. E. Sharpe, 2006.

④ Moore, M. H., *Creating Public Value：Strategic Management in Government*, Harvard University Press, 1995.

理论。这种理论认为，良好政府的关键在于提供正式的民主制度并向地方层级授权，以让公民有效地监督和约束官员。① 不过，兴起于 20 世纪 70 年代的社会资本理论则认为，自愿性协会、利益团体和结社活动同样能够提高政府的公共物品供给绩效，实现良好的社会治理。

有研究指出，社会资本对公共服务供给有着重要的理论意义和实践意义，尤其是在正式制度资源残缺的乡村社会。美国麻省理工学院蔡晓莉（Lily L. Tsai）博士的一份对中国 316 个乡村的调查结果表明，即使正式责任机制相当薄弱，非正式惯例和规范的约束同样能够促使地方官员建立并履行其公共责任。这些非正式的责任机制可以由包含性（encompassing）和嵌入性（embedding）的连带团体（solidary groups）所提供。在其他条件都相同的情况下，存在这种团体的村庄，通常比没有这类团体的村庄更有可能获得较好的地方政府公共物品供给。②

美国学者博克斯（Richard C. Box）则认为，地方自治（中央政府无法为地方提供有效的公共服务的现实，要求地方有充分的自主权决定自己的行动和发展方向）、小而富有回应性的政府（对服务者友善的方式而不是以烦琐的官僚方式为公民做事）、公共服务职业者作为顾问而不是控制者（职业者或专家应是公共服务的咨询者和辅助者，而不是社区治理的控制者）的发展趋势要求我们实现公民治理。③

（3）合作与协作性公共管理。在过去的 20 年里，公共部门、营利部门以及非营利部门越来越多地使用组织内或组织间协作（intra-and interorganizational collaboratons）来进行治理④。那么，这里的"协作"与以往所说的"合作"（cooperation）和"协调"（coordination）具有哪些不同呢？

一般来说，合作是指一群人共同工作的行动，其目的通常是解决某一特定问题或进行信息分享。它可能是偶然发生、非正式、短期和风险较小的行动过程；协调是指具有特定目的的合作团队（orchestration of people）的行动，它一般涉及更正式、长期的互动以及利益回馈，而风险也随之增

① Dahl, R., *Polyarchy: Participation and Opposition*, New Haven, C. T.: Yale University Press, 1971.

② Tsai, L. L., "Solidary Groups, Informal Accountability, and Local Public Goods Provision in Rural China", *American Political Science Review*, 2007, 101（2）: 355－372.

③ ［美］理查德·博克斯：《公民治理——引领 21 世纪的美国社区》，孙柏瑛等译，中国人民大学出版社 2005 年版。

④ Connelly, D. R., Zhang, Jing, and Faerman, S., "The Paradoxical Nature of Collaboration", in edited by Rosemary O'Leary and Lisa Blomgren Bingham, *Big Ideas in Collaborative Public Management*, M. E. Sharpe, Inc., N. Y., 2008, p. 17.

加;协作则意味着更紧密的关系、新的结构、资源分享、清晰的关系以及良好的沟通等①。协作以"替代性争端解决"(Alternative Dispute Resolution, ADR)为基础,重点是指通过沟通、协商和紧密合作来解决团体间无法停止的争端(not-hold-barred dispute),是一种追求双赢和共识并解决冲突的方法。② 从组织分享连续体的角度(continuum of organizational sharing),我们可以把合作、协调和协作的关系进行更加清晰的梳理(如表3—1 所示)。

表3—1　　　　　　　　作为分享机制的合作、协调和协作

分享什么 (What is Share)	分享机制(Mechanism for Sharing)			
权威(Authority)				
权力或能力 (Power or Capabilities)				合并 (Merger)
活动与资源 (Activities and Resources)			协作 (Collaboration)	
信息、良好用意 (Information, Good Will)	合作 (Cooperation)	协调 (Coordination)		
无(Nothing)	无(Nothing)			

资料来源:修改自 Crosby, B. C. & Bryson, J. M., "A leadership framework for cross-sector collaboration", *Public Management Review*, 2005, 7 (2): 177 – 201.

从表3—1 可见,协作是分享程度更高的活动形式。近年来,围绕"协作"这一概念,新的治理框架,如跨部门协作(Cross-Sector Collaboration)、协作性公共管理(Collaborative Public Management)、网络治理(Governing by Network)等先后出现,为公共服务供给过程中的跨领域治理和跨部门协调等提供了新的思路。所谓的跨部门协作,是指超越传统公私部门的局限,由来自公共部门、私人部门或志愿部门的利害关系

① Winer, M. & Ray, K., "Collaboration Handbook: Creating, Sustaining and Enjoying the Journey", *Wilder Foundation*, Saint Paul, M. N.: Amherst H., 1994, p. 22.

② Snow, D., "Coming Home: An Introduction to Collaborative Conservation", In edited by P. Brick et al., *Across the Great Divide: Explorations in Collaborative Conservation and the American West*, Washington, D. C.: Island Press, 2001, pp. 1 – 11.

人、团体或组织，促成合作的机制，共同参与具有跨区域、跨组织或跨部门特性的公共政策议题。协作性公共管理指通过促进多元组织安排（multiorganizational arrangements）形成，解决那些难以由单一行动者轻易解决的问题。它建立在互惠价值（value of reciprocity）的基础上，意味着多元部门或多重关系通过共同劳动（co-labor）和跨边界运作达成共同目标。①

　　在研究网络合作的基础上，库伯（Cooper）等提出了"协作式公共管理"（Citizen-centered Collaborative Public Management）概念，认为这种模式与侧重于跨部门或部门间关系的治理不同，它是以市民为中心（citizen-centered）的治理。② 以市民为中心的协作式公共管理是公民参与公共事务治理的高阶形式，也体现了公共服务供给的参与、协商、合作、信任以及民主特点。查尔斯·豪（Charles W. Howe）和海伦·英格拉姆（Helen Ingram）以水资源治理为例指出，资源分配的社会目标有三项：经济效率、公平性和可持续性。其中，私人部门的长处在于追求经济效率，但无法实现公平性和可持续性的目标。而在美国的西部有许多流域性志愿团体（watershed-based voluntary groups），其在资源管理上具有表达公共利益、预防冲突和实现合作的作用。③

　　可以说，基于理性主义的公共服务供给制度设计，在激发市场动力的同时，也使"国家"似乎离公共服务供给渐行渐远。不过，正如彼得斯所指出的，尽管公共服务供给远离国家（政府）的潮流在一定程度上获得了效率或者（可能是）某种类型的民主化，但它同样创造了大量的治理问题，如国家去中心化后所形成的大量机构如何协调等，这就使改革的成本可能高过了收益。④ 而罗茨（Rhodes）在 20 世纪 90 年代就开始警告我们，在过去的三四十年中，通过私有化、分权化、代理化（agencifica-

---

① Agranoff, R. & McGuire M. , *Collaborative Public Management*：*New Strategies for Local Governments*, Washington, D. C. : Georgetown University Press, 2003.

② Cooper, T. L. , Bryer. T. A. & Meek, J. M. , "Citizen-Centered Collaborative Public Management", *Public Administration Review*, Special Issue, 2006, 66：76 – 88.

③ Howe, C. W. & Ingram, H, "Roles for the Public and Private Sectors in Water Allocation：Lessons from Around the World", In Douglas S. Kenney (ed.), *Search of Sustainable Water Management*：*International Lessons for the American West and Beyond*, Cheltenham, UK：Edward Elgar, 2005.

④ Peters, G. B. , "The Role of the State in Governing：Governance and Metagovernance," In Ramesh, M. et al. (ed.), *Reasserting the Public in Public Services*：*New Public Management Reforms*, New York：Routledge, 2010, pp. 18 – 21.

tion）所形成的国家分散化（framentation of the state），可以视为一种"挖空国家"（hollowing out of the state）的过程①。

正是在这种背景下，不少国家经历了轰轰烈烈的政府改革运动后，正回过头来重新审视已经走过的道路，并提出了新的发展方向，重新强调公共服务供给中的公民价值、公共渠道和社会参与：在 20 世纪 90 年代末，新西兰对新公共管理运动进行了修正，重新强调政府的角色，重建公共部门能力以更好地向公众输送更好的服务。在英国，1997 年新工党政府上台后，开始在公共服务领域推行"最佳价值"（Best Value）管理模式，逐渐代替之前保守党政府的"强制性竞标"模式（Compulsive Competition Tendering，CCT）。在德国，具有新公共管理运动色彩的"新治理模型"（New Steering Model）已经逐渐"疲软"，许多一线的政府公务员对这一模型已经持消极的态度。新一轮改革中已经具有"新韦伯国家"的影子，如强调自上而下的引导（top-down steering）、组织重整（organizational re-integration）、基于规则的决策制定（rule-bound decision making）等。② 正如弗雷德里克森指出的，以往的公共服务供给深受公共选择、竞争、组织管理等因素的影响，而近年来的发展趋势则是合作理论、网络化、治理、制度建立与维持等议题发展，以回应管辖分割与国家分离（framented and disarticulated state）的问题③。

公共服务供给科学的制度转向，提醒我们公共部门的任务是管理多元化的利益相关者和相互冲突的价值，创造出适应社会需要的公共价值。如果不再以先验的视角来审视当代政府部门的改革，我们就会发现当代社会公共服务供给机制的设计与选择逻辑产生了新的变化：不再追求单纯的市场化效率，而是平衡经济发展与社会福利；不再设定单一的服务供给机制，而是建立更加混合的公私合作机制；不再局限于服务供给方的改革，而是促进公共服务更加敏感地回应公众需求。正如著名行政学者全钟燮指出的，传统的"公共行政过多地强调了行政管理执行和管理项目及功能的一面，而忽略了其社会创新与想象力的一面。各种各样的案例研究表

① Rhodes, R. A. W., "The Hollowing Out of the State: The Changing Nature of the Public Service in Britain", *The Political Quarterly*, 1994, 65 (2): 138 – 151.

② Kuhlmann, S., Bogumil, J. & Grohs, S., "Evaluating Administrative Modernization in German Local Governments: Success or Failure of the 'New Steering Model'?", *Public Administration Review*, 2008, 83 (5): 851 – 863.

③ Frederickson, H. George, "The Repositioning of American Public Administration", *Political Science & Politics*, 1999, 32 (4): 701 – 711.

明，在一个富有创新能力的社区中，解决问题和寻求变革常常是行政管理者、公民、企业和公民组织之间努力合作的结果"①。在这个意义上，公共服务供给也是一种社会建构的过程，制度设计的起点应该是集体的、巨大的，致力于寻求最优社会结果的公民和纳税者，而不是基于个体选择和自身喜好的市场消费者。

第三节　公共属性与服务供给

公共属性是公共组织的基本特征。库西（David Coursey）和波兹曼（Barry Bozeman）曾指出，"公共组织理论中没有比公共组织的公共属性更为重要的议题了"②。

自 20 世纪 70 年代以来，随着新公共管理运动的兴起，在市场驱动型治理（market-driven mode of governance）波及全球的背景下，组织的公共性是否受到影响呢？一些学者指出，公共服务正经历着类市场（businesslike）的变迁，随着市场威力在全球的胜利以及国家政策不断朝向解除规制、私有化和自由化公共性的流失已经成为一种全球现象。③ 因此，已经有不少学者开始重新呼唤公共属性，尤其是公共服务供给的公共性。

与属于客观范畴的服务属性不同，公共属性就属于主观价值范畴。在公共服务供给机制选择过程中，无论是选择内部生产还是合同外包，对于价值的衡量一直都是公共组织的重要考虑。价值有可能是冲突的，如何选择涉及不同的价值观问题。在这里，我们根据丹哈特的"新公共服务理论"，分别以"公共利益"和"市民参与"两个维度来作为公共属性的变量。

（1）公共利益与公共服务。"新公共服务"的一个核心原则，就是"重新强调公共利益在政府服务中的中心性"。在丹哈特夫妇看来，公共

---

① ［美］全钟燮：《公共行政的社会建构：解释与批判》，孙柏瑛等译，北京大学出版社 2008 年版，第 25—26 页。

② Coursey, D. & Bozeman, B., "Decision Making in Public and Private Organizations: A Test of Alternative Concepts of 'Publicness'", *Public Administration Review*, 1990, 50 (5): 525 –535.

③ Haque, M. S., "Public Service under Challenge in the Age of Privatization", *Governance*, 1996, 9 (2): 186 –216.

利益的概念如同"爱情"（love）一样，对不同的人意味着不同的事物。但是，正如我们在理解人类行为上需要承认"爱情"的作用一样，要理解公共服务的深度和广度，也需要认可"公共利益"的作用。在旧公共行政（old public administration）中，公共利益是由大众选举出来的政策制定者所定义的，它假设管理者（administrator）通过执行法律就可以实现公共利益；在新公共管理（new public management）中，公共利益就是含混、不可定义甚至不必要存在的，它可以由个体利益、独立偏好等加总而成；在新公共服务（new public service）中，公共利益由包括公共管理者、利益相关者、普通市民的共享观念和价值等构成，它通过协商、讨论、参与等途径来定义，是不可能通过个体利益加总而成的。① 应用新公共服务理论关于公共利益的概念，我们认为公共服务供给应该遵从公共利益的逻辑，具有较高公共利益程度的公共服务或物品，公共管理者就需要扮演更加重要的角色。由此，我们可以认为：随着服务公共利益程度的提高，一个城市就更有可能使用地方交换和内部生产机制来供给公共服务。

（2）市民参与与公共服务。根据新公共服务理论，"公民权"（citizenship）在治理过程中发挥着重要作用，由此需要重视各种类型的市民参与，尤其是积极的市民参与。这是因为，只有通过积极的市民参与，我们才可能获得符合最大多数人判断和利益的政治结果；才可能实现汤普森（Dennis F. Thompson）所说的民主目标——"获得满足最大多数市民利益的规则和决定"②；才有可能使个体或集体的利益得以被政府官员所倾听并加以回应。我们可以把市民参与分为两种：间接的市民参与，如市民作为选民（voters）或顾客（clients）参与到政治过程中；直接的市民参与，即市民直接参与塑造公共政策。直接的市民参与是一个连续体，包含了从单一的信息告知到授权等不同参与方式（如表3—2所示）。

① Denhardt, J. V. & Denhardt, R. B., *New Public Service: Serving, not Steering*, Armonk, N. Y.: M. E. Sharpe, 2006, pp. 65 – 81.

② Thompson, D. F., *The Democratic Citizen: Social Science and Democratic Theory in the Twentieth Century*, New York: Cambridge University Press, 1970, p. 184.

表3—2　　　市民参与的连续体（Public Involvement Spectrum）

参与类型	单向信息交流（信息交换）		双向互动（信息处理，市民参与塑造政府）		
	告知（Inform）	咨询（Consult）	包含（Engage）	合作（Collaborate）	授权（Empower）
目标	向市民提供中立、客观的信息，帮助他们了解存在的问题、机会和解决机制	接收并回应市民的评价、要求和投诉；获得市民对于问题、解决机制等方面的回馈	直接和市民共同工作，使公众要求和政府行为保持一致	市民成为形成解决机制、识别优先问题的决策过程中的伙伴	把最终的决定权交到公民手中

注：信息交换是指政府与市民之间仅仅交换双方的意见、态度和偏好等信息，是一种单向的、自上而下的信息传递；信息处理涉及政府采取一定的行动来处理市民参与过程中所发生的信息，是一种双向的、平等协商的合作过程。

资料来源：调整自 Lukensmeyer, C. J. & Torres, L. H., *Public Deliberation：A Manager's Guide to Citizen Engagement*, IBM Center for the Business of Government, 2006。

在公共服务供给过程中，由于不同的个体对于公共利益、公共价值的理解是具有差异的，如果公共管理者要广泛、深入地掌握公众的偏好，他就必须更多地依赖于不同类型的参与方式，通过公众会议、议题评价、咨询委员会、焦点团体等来收集并处理信息。近年来，美国已经有不少地方在公共服务供给过程中引入了利益相关者参与的方法，为公众更好地参与到那些影响自身利益的决策过程提供简单、有效的渠道。这其中具有代表性的有"利益相关者价值映射图"（stakeholder value mapping）[①]、"追溯性规划"（backward mapping）[②]、平衡记分卡（balanced scorecards）等（Bryson，2004；Elmore，1979—1980；Van Slyke & Hammonds，2003）。此外，近年来，"市民调查"（citizen survey）作为一种测评公共服务质量的

[①] "利益相关者价值映射图"是由英国商业卓越国际（Business Excellence International，BEI Ltd.）的创办者安德鲁·杰克（Andrew Jack）提出的一种新型的绩效管理方法。它主要是从评估价值需求出发，利用直观图形来识别什么是利益相关者最为需要的价值，从而使公众能够直率地了解组织所创造的私人或公共价值［参见 Jack，Andrew，（2002），Value Mapping-A Second Generation Performance Measurement and Performance Management Solution，www. valuebasedmanagement. net/articles_ jack_ value_ mapping_ second_ generation_ performance_ management. pdf］。

[②] "追溯性规划"是由埃尔默（Richard F. Elmore）所提出的一种自下而上型的政策规划和执行模式。它从政策所要解决的问题出发，选择相关的规划、程序和结构，并最终形成政策工具［参见 Elmore，R.（1979/80），Backward Mapping：Implementation］。

形式，也为越来越多的地方政府所青睐。据一些学者估计，2005—2007年间，美国至少有 1200 个 1000 人以上的城市实施了 600 次以上的市民调查。在很多地方，"市民调查"已经从偶尔性的行为走向常规性的、制度性和长期性的政府工程（Miller, Kobayashi & Hayden, 2009）。总的来说，在公共服务供给过程中，如何更好地倾听市民的声音，鼓励市民参与到决策过程中来，已经成为地方政府所要面对的重要议题之一。我们认为，一个重视将市民声音、市民参与等公共价值纳入服务供给过程的城市，对服务供给的选择将更为审慎，也更加强调服务的公共性。

总之，从 20 世纪 70 年代末起，新公共管理运动浩浩荡荡，以市场为基础的公共行政成了各国政府改革的方向。近年来，人们发现从"行政国"（bureaucratic state）到"合同国"（contract state）的过程中，"东西改变得越多，他们就越保持原样"。① 换言之，市场的作用并不如想象中的那么巨大，它不仅在促进民主公平等政治价值方面难以建树，甚至在节约成本、提高服务质量上也受到质疑。即使是"新公共管理"的支持者也承认它已经步入了"中年"（middle-aged），并带来了严重的负面影响。②

第四节　新公共服务在行动：新的机制选择

正如哈贝马斯所说，理论必须放下手里拿着解释世界的钥匙的架势，去经受不断变化的社会现实的检验。唯有如此，理论才可能给人们的行为指明方向，成为推动社会进步的"一种必要的催化要素"③。21 世纪初，针对新公共管理运动的反思，美国学者丹哈特夫妇（Robert Denhardt & Janet Denhardt）提出一套"政府不仅输送顾客服务，还输送民主"的新公共服务理论，旨在唤醒公共服务的灵魂，重现那些被轰轰烈烈的新公共管理运动所遮掩的精神。新公共服务理论一经提出，既为各界广泛关注，却又备受质疑。原因在于部分学者认为丹哈特不过是描绘了一幅想象的图

---

① Sclar, E., *You Don't Always Get What You Pay for*: *The Economics of Privatization*, Ithaca, N. Y. : Cornell University Press, 2000, 1.

② Hood, C. & Peters, B. G. , "The Middle Aging of New Public Management: Into the Age of Paradox?", *Journal of Public Administration Research and Theory*, 2004, 14 (3): 267–282.

③ ［德］尤尔根·哈贝马斯：《理论与实践》，郭官义、李黎译，社会科学文献出版社 2004年版，第 1—2 页。

景，构筑了一个先验的知识框架，是对理性的偏袒而非现实的表述，甚至认为"该理论并没有经过实践的检验，因而其在严格意义上并不能称为理论，而是新公共服务假说"。针对这种质疑，本书提出新公共服务并非一种独白或者带有浪漫主义性质的理论，而是一种来自实践的理论，它不仅给我们客观地反思政府的作用提供了新的参照系，还为进一步的政府改革提供了具有操作性的行动指南。

一　新公共服务：将理论付诸实践

在新公共管理将市场塑造为具有高优先性的公共服务供给机制的同时，也有学者发出了不同的声音，认为公共管理应该更加重视参与、社区、公共价值和服务质量。2000 年，美国亚利桑那州立大学的丹哈特夫妇在吸收各种针对新公共管理提出的批评和建议后，系统提出了"新公共服务"理论。"新公共服务"理论建立在"民主公民资格理论"（theories of democratic citizenship）、"社区和市民社会模型"（models of community and civil society）、"组织人本主义与对话理论"（organizational humanism and discourse theory）、"后现代公共行政"（postmodern public administration）等理论基础上，强调公共行政的核心是公民（citizens）、公民资格（citizenship）和公共利益（public interest），而不是所谓的顾客（consumer）和市场。

2006 年，丹哈特夫妇在 2003 年出版的《新公共服务：服务而不是导航》（The New Public Service：Serving，Not Steering）一书基础上进行了扩展，重新系统地阐述了新公共服务理论的起源和原则。他们指出，"新公共服务"的核心原则包括以下方面（Denhardt & Denhardt，2006）。

（1）服务公民，而不是顾客（Serve Citizens，Not Customers）。即公共利益是基于对共享价值进行对话而获得的结果，而不是个别利益的集合。公共服务者（public servants）不应该只是回应顾客的需求，而是要把重心放在与公民建立信任与合作关系上。

（2）追求公共利益（Seek the Public Interest）。即公共行政人员要致力于建立一个集体、共享的公共利益观念。公共行政的目标不是在个体选择的驱动下寻求快速的解决方法，而是创造共享的利益和责任。

（3）重视公民资格胜于企业家精神（Value Citizenship over Entrepreneurship）。即公共利益是通过那些承诺对社会做出有意义的贡献的公共服务者和公民而获得提升的，它不可能由那些把公共资金（public money）视为己有的企业管理者来促成。

（4）战略性地思考，民主性地行动（Think Strategically, Act Democracy）。通过集体行动和合作过程，满足公共需求的政策或项目可以有效地、负责地完成。

（5）承认责任并不简单（Recognize that Accountability Isn't Simple）。公共服务者不应该只关注市场，还需要注意宪法、法律、社区价值、政治规范、专业标准和市民利益。换言之，责任来自公民、法律、社群价值等多个方面，而不是传统行政机关的内部责任。

（6）服务而不是导航（Serve Rather than Steer）。公共服务者使用共享、基于价值（value-based）来帮助公民表达并满足其共享性的利益，比寻求往新的方向控制、引导社会更加重要。

（7）重视人民，而不仅仅是生产力（Value People, not just Productivity）。如果公共组织或者其所参与的网络能够在尊重人民的基础上，通过合作程序和共享的领导（leadership）来进行运转，它们就更有可能取得成功。

与新公共管理相比，新公共服务具有以下几个创新之处。第一，政府的治理角色不是高高在上的"空中交通管制者"，而是"机场建设者"，亲自辅导、协助、培育和授权民众来创建"美好社会"。政府依靠的不是管理控制的办法，而是当经纪人、协商以及解决冲突的技巧。第二，政府的目标不是满足个别顾客偏好或提供个别服务，而是要为公民输送高品质服务，这种高品质意味着便利、安全、可靠、个人关注、问题解决途径、公平、财政责任、公民影响等。换言之，公共行政真正重要的不是所做的工作多么有效率，而是怎样促进大家生活水平的改进。第三，政府的工作性质不只是一个职业范畴或"专业管理"，而是一种有尊严的公共服务，最好界定为一种态度、一种责任感乃至一种公共道德意识。第四，政府与民众的关系不是一种契约关系，而是伙伴关系，鼓励建立以公民为中心的治理，培育长期的专业规范与合作信任。

不过，尽管新公共服务细致地描绘了一幅亲切可人的治理图景，但也面临着不少质疑：一是认为新公共服务理论并没有实现理论内容的创新，无非是用"新公共服务"这个新瓶来装某一群学者的"旧酒"而已；二是认为新公共服务缺乏行动性，脱离现实，陷入理想主义。[1] 对于前者来说，丹哈特夫妇在2011年第3版的《新公共服务》一书的前言中指出，提出"新公共服务"理论的初始目的并不是创造一套新的观念，而是重

---

① 周义程：《新公共服务理论的贫困》，《中国行政管理》2006年第12期。

新呼吁那些能够促进有效治理,却又经常被使用市场价值和途径来重塑或操纵政府的行动所遮蔽的民主价值。从某种意义上,新公共服务这个"新瓶"是对新公共管理这个在学术思想上同样混乱的术语的回应①,它并没有强调要创造一个恢宏甚至富有"美学意义"的理论来自我标签,其初衷不过是帮助我们以一种整合的方式来重新发现那些被经济理性所遮盖的公共精神和公共价值。

相对来说,后一种质疑则合理得多。实际上,丹哈特夫妇也曾指出,在 2000 年提出"新公共服务"理论之后,他们所碰到的最多问题就是如何将"新公共服务"的原则付诸实践。严格地说,尽管新公共服务传承了"民主公民资格理论""社区和市民社会模型""组织人本主义与对话理论""后现代公共行政"等理论渊源,包含了从公共利益、行政官员、责任、组织结构到政策执行上的要素,理论结构上的饱满程度相当高,但也由此带上了"一般性理论"所难以克服的缺陷——宏观理论与微观实践之间的脱节②。换言之,新公共服务提供了一个"宏大叙述",却缺乏可操作的行动方案。

例如,新公共服务提出要建立政府与民众之间的合作和信任关系,要通过集体行动和合作程序来执行政策方案,要帮助公民计算并分享利益而不是控制或引导社会。但是,这些宽泛的理论原则并没有辅以可遵循的行动路径或可执行的政策工具,由此也难以将这些一般性原则与特定领域的公共行政改革联系起来。在这方面,新公共管理之所以能够被各国政府迅速响应,很大程度上在于它提供了一个相对完备的工具箱——如奥斯本和

---

① 事实上,新公共管理也不是完整的理论框架。例如,胡德于 1991 年率先提出"新公共管理"的基本框架,并界定了其七个"原则要素"(doctrinal components)(如职业化管理、绩效评估、结果控制等),但他并没有指出这些要素之间的互动关系和分类顺序。同时,胡德也提到了新公共管理的理论基础(如公共选择理论)和规范价值(如节约和效率),但这些并没有体现到他所界定的七个"原则要素"中 [参见 Haque, M. S., "Revisiting the New Public Management", *Public Administration Review*, 2007, 67 (1):179—182]。同样,《改革政府》(奥斯本与盖布勒著)及《摒弃官僚制》(奥斯本与普拉斯特里克著)就充斥了大量相互矛盾的观点,例如它提出要创造竞争,又要消除碎片化(fragmentation)和"重复"(duplication)——这根本就无法为行动提出一个明确的建议。参见 Williams, D., "Reinventing the Proverbs of Government", *Public Administration Review*, 2000, 60 (6):22–534。

② 所谓的"一般性理论",是指关于人类经济的或社会的基本特征和行为的实质性解释或模型,这些基本特征和行为被假定对绝大多数可能的社会或经济体系都是共有的。参见杰弗里·M. 霍奇逊《经济学是如何忘记历史的:社会科学中的历史特性问题》,高伟等译,中国人民大学出版社 2008 年版,第 7 页。

盖布勒所总结的"政府箭袋里的 36 支箭"——从而使实践管理者可以明确改革的路线图和实现方式。相反,新公共服务仍主要依赖于预设的理论和概念,难以充分解释具体的行动细节。

由此,不少经验主义者批评新公共服务具有规范意义上的"有效性",却缺乏经验层面上的"事实性"支持。在经验主义者看来,任何一般性理论都应该在经验工作中寻求庇护,知识或理论应该建立在经验的基础上,而不是任何理论的基础上①。不可否认,尽管一些批评者忽略了丹哈特夫妇提出新公共服务理论的初衷之一,即形成一种解释性和批评性的公共行政研究视角,超越原有的职业专家支配、强调理性—工具性的新公共管理模式,但也切中了该理论的要害之处——如何将理论原则付诸实践?毕竟,对于公共管理学而言,我们不能过度"痴迷"于建立一种抽象的价值体系,还要"努力运用在纯粹科学的基础上建立起来的一套经验命题来实施某个特定的(完整的)价值体系"②。对此,丹哈特夫妇近年来提出,通过实施更高程度的市民参与,帮助民众发展互动关系,让不同群体的民众广泛地参与到解决问题的行列中,新公共服务所提出的理论原则就可以转为具体的"应用科学"。而当前世界各地所涌现出来的许多新改革现象,也从事实的层面提出了新的证据,为新公共服务的实践应用提供了富有建设性的经验支持。

二 新公共服务在行动:新的机制选择

丹哈特夫妇指出,新公共服务作为一种规范模型,它与美国的民主基础和传统最为一致。在他们看来,新公共服务并不是一种最新的管理时尚或技术,而是对市民参与、合作生产、相互信任、自主治理等一系列民主价值重新定位。要在实践中应用新公共服务,最为根本的就是将民众视为能够表达社区利益、达成共享价值的"主人"(owner),与民众发展互动关系,增进民众共同参与政策议程的程度。③ 近年来,不断加快的技术创新不仅让遥远的民众了解世界的变化,塑造充分知情的公民,还促进了公民接触,推动公民分享彼此的思想和生活体验,这些都为新公共服务的应

---

① 实际上,新公共服务并不是先形成解释,而后寻找事实来支持的理论体系。它所包含的许多事实已经先于理论而出现,是事实驱动或激励了丹哈特夫妇建立新公共服务理论。

② [美]赫伯特·西蒙:《对〈公共行政科学〉的评论》,载马骏、牛美丽《公共行政学百年争论》,中国人民大学出版社 2010 年版,第 52—53 页。

③ Denhardt, J. V. & Denhardt, R. B., *New Public Service*: *Serving*, *not Steering* (third edition), Armonk, N. Y.: M. E. Sharpe, 2011.

用提供了有利的条件。本书认为，在实践中应用新公共服务，可以使用以下三个类型的供给机制。

1. 信息分享类。信息分享主要是政府向市民传递一种良好意愿（good will），它既可以使政府及时了解社会个体的偏好及其优先性排序，又可以让公众能够"运用恰当的信息基础来进行社会判断和决策"，从而成为"变革的能动的参与者，而不是指令或资助配给的被动的、顺从的接受者"①。

（1）市民调查（citizen survey）。市民调查借鉴在企业界已经运用比较成熟的"顾客调查"形式来收集民意，以更好地分配公共服务资源的机制。近年来，通过结合书面、电子邮件或计算机辅助电话访谈的方式，市民调查在收集有关预算偏好、特定政策项目、服务评估等信息方面发挥着越来越重要的作用。"市民调查"具有记分卡功能，通过常规性、年度性的调查，市民关于公共产品与服务的偏好、态度和意愿的发展趋势就有可能得到比较准确的追踪，决策者也由此可以把准政策的趋向；同时，通过调查分数的排序和比较，我们都可以知道不同部门乃至不同区域之间的服务质量优劣，从而有利于刺激那些"短板"提高自身水平。

（2）焦点团体（focus group）。焦点团体是一种小团体，与传统局限在信息单向传递与交流的互动形式不同，它更强调团体成员之间的相互学习。设计焦点团体的一般步骤有：向所有参加成员提供关于讨论议题的背景和事实信息，征求每一个参与成员的意见或建议，最后由组织方对这些意见或建议进行反馈。焦点团体的优点在于它能够创造一种亲密感，使参与的过程变得更加人性化。它并不要求形成一个唯一的、对所有价值偏好完整地排出高低的"社会排序"，而是重视相互交流、相互学习在形成共享价值观和承诺过程中的作用。

（3）社会媒体（social media）。信息技术的发展不仅改变了人们相互交流的方式，还塑造了一个"没有围墙的政府"（government without wall），为市民参与到公共领域提供了新的机会。政府可以广泛地通过博客（blog）、RSS 订阅、维基（Wiki）、社交网络服务（Social Network Service，SNS）、即时通信（Instant Messaging）、在线论坛（Online Forum）来与民众进行面对面的实时交流，吸引年轻一代参与到公共事务中来。这方面的例子有维基规划（Wikiplanning）、数字邻居（Digital Neighbor-

---

① ［印度］阿马蒂亚·森：《以自由看待发展》，任赜、于真译，中国人民大学出版社 2002
　年版，第 274—276 页。

hood)、在线论坛（如 LocalCracy、Open City Hall、Harringay Online in England 等）、美国白宫的开放政府指令（Open Government Directive）及国防部的 DoD Live 等。

（4）协商对话（deliberation and dialogue）。协商和对话不仅仅是信息交换和分享，还是对信息的一种处理过程，它着重发挥民众在制定良好政策过程中的逻辑推理能力并致力于解决实际问题。协商对话的实现形式有：社区决策对话、技术辅助的社区论坛（technology assisted community forums）、街坊论坛（neighborhood forum）、学习圈（study circles）、市民陪审团（citizen panel）等。无论是哪种形式的协商或对话，它们强调的是：在民主的过程中，支持或反对某项法律与政策的主张，必须提出论证来说服他人；通过对话与辩论的过程，这些主张与论点，必须接受其他人的质疑与挑战。参与者经由说服和批评的讨论过程，审慎衡量各种相关信息，评估各种可行的方案，寻求通过商谈达成理性的同意（reasoned agreement）。

2. 服务输送类。服务输送主要是指公众通过志愿活动等形式参与到由政府组织的日常社会治理活动当中来，成为供给公共服务的组成部分。其中，政府的角色不是直接的规制或引导，也不试图引导人们走向所谓的"正确"方向，而是要设定议程，建立协作程序，让掌握权力的管理者、拥有知识的职业专家和对社区问题特别关注的公众能够走到一起，共同致力于社会问题的解决。

（1）市民驱动的绩效评估（citizen-driven performance measurement）。与传统的"管理主义驱动的绩效评估"（Managerial-Driven Performance Measurement）不同，"市民驱动的绩效评估"赋予市民在识别评估目标、选择评估方法、建立绩效标准、收集数据、使用绩效信息等过程中的完全主导地位。[①]换言之，传统的绩效评估强调目标、技术和工具，试图通过客观的数据呈现来改善政府决策。而"市民驱动的绩效评估"则认为市民在绩效评估过程中的主动融入更有利于帮助决策者设计和评估那些对他们生活有着重要影响的公共服务。

（2）参与治理（participatory governance）。指与政策有利害关系的社会公众直接参与社会问题的解决。例如，在垃圾处理过程中，需要公民主

① Callahan, K., "Performance Measurement and Citizen Participation, In Holzer, M. and Lee, S. (eds.), *Public Productivity Handbook* (second edition), New York: Marcel Dekker, 2004, pp. 31 – 42.

动将可回收利用的垃圾装进不同的容器或者使用可回收专用垃圾袋。近年来,随着技术手段的发展,一些地方政府开始引导市民用新的方式来参与社会治理。例如,在美国北卡罗来纳州的达勒姆市(City of Durham),市民可以使用照相机和手提电脑来评价政府服务,对诸如交通拥堵、城市涂鸦等问题进行记录。又如,亚利桑那州凤凰城社区服务部所推出的"myPhxAZ"应用软件,用户免费装上该软件后,就可以通过智能手机随时向凤凰城市政府报告涂鸦、垃圾丢弃等明显的违规现象。

(3)服务合产(services co-production)。新公共服务认为,服务的使用者不仅仅是一个被动的接收者或参与者,还可以成为服务供给过程的一部分——合产者(co-producer)。这方面最有代表性的例子就是以社区为基础的警务体系。这种新的社区警务模式让警察局和邻里群众之间建立了独特的互动,它通过"合作生产"的努力,让公民就一些社区面对的事务与警察一道工作,这些事务包括预防犯罪、侦查和逮捕罪犯、维持社区祥和、法律实施、保护生命和财产安全、社区安全以及降低居民对犯罪的恐惧感等。①

3. 组织协作类。组织协作主要是指来自公共部门、私人部门或志愿部门的利益相关人或团体创建新的组织结构,通过沟通、协商和紧密合作来参与解决公共政策议题。与一般的偶然发生、非正式或短期的合作行为不同,组织协作一般涉及更正式、长期的互动以及利益回馈,意味着更紧密的合作、新的结构、资源分享、清晰的关系以及良好沟通等,可以视为实现新公共服务的"高阶"形式。

(1)网络合作(network cooperation)。网络合作所应对的是日益剧增的跨部门、跨区域公共服务供给与治理问题,如交通运输、空气污染、犯罪等,它更加注重利害相关者的参与、不同价值观的交融以及多层次的治理体系。网络治理是指将多重利益相关组织联合起来,形成行动网络,处理那些涉及众多的利益相关者和决策者的社会问题。例如,为了应对因美国河(American River)水资源利用引起的争端以及加州的干旱和环境退化问题,加州首府所在地萨克拉门托县市(Sacramento County and City)创造了"水论坛"(water forum),以合作性对话的方式将水资源提供者、环保主义者、农学家、商业领导以及县市政府组织起来。经过数年的协商与讨论,该论坛终于在1999年达成了在北加州半沙漠地区水资源供应的

---

① [美]全钟燮:《公共行政的社会建构:解释与批判》,孙柏瑛等译,北京大学出版社2008年版,第81—83页。

策略与流程协议。又如,在美国威斯康星州,为了保护濒临绝种的蝴蝶等物种,该州的自然资源部发起了全州范围内栖息地保育计划,该计划由环保主义者、公共事业公司代表、林业产业领导、各级政府官员所组成的团队共同制定。

（2）邻里组织（neighborhood organization）。主要是指各种"基于社区的组织"（community-based organizations）,如市民议会（city council）、业主委员会（homeowners associations）。这些组织主要由市民组成,具有很强的自治色彩,能够协助地方政府行使各种行政管理职能。这种组织结构有如博克斯所提出的"公民治理委员会"（Committee on Citizen Governance, CCG）,其成员包括公民、组织工作人员以及管理当局代表等。例如,洛杉矶在1999年采用了新的城市宪章（city charter）,要求全市范围内的"邻里委员会"（neighborhood councils）必须通过自下而上的草根方式进行组织,由每个社区里的居民设定他们自己的边界,设计他们的地方法（bylaw）,承担他们自己的财政责任,并由此向洛杉矶市的"邻里委员理事会"（Board of Neighborhood Commissioners）请求获得正式认证。

上述信息分享、服务输送以及组织协作等行动方式,体现了新公共服务所提倡的民主参与精神,如公民精神、公共利益和人文主义等。这些行动强调,政府使用基于价值、信任与合作的民主行动来帮助公民表达并满足其共享性的利益,比寻求新的方向控制或引导社会更加重要。

三　新机制的前沿探索

21世纪以来,在新公共管理余威未消之时,仍然有一些地方致力于建设政府治理的公民基础（civic foundation）,寻求建设一种将公民个体偏好转化为集体福利的合作机制,让公民来发现共同问题并设计社会最优的解决方案。① 这些改革活动包括以上所述的市民调查、市民驱动的绩效评估、组建邻里组织等。丹哈特指出,与其说新公共服务是这些改革活动的触媒,不如说正是这些活动激发了他们提出新公共服务的想法。这一系列的探索活动,让我们看到了新公共服务所重申的——民主价值、公民权、公共利益和服务精神——在改革实践中的广阔前景和希望。以下为部分活动的实施情况。

1. "倾听城市——重建纽约"（Listening to the City – The Rebuilding of

---

① Frug, G. E., "Alternative Conceptions of City Services", *City Making: Building Communities without Building Walls*, Princeton: Princeton University Press, 1999.

New York)。2001 年纽约的世界贸易中心遭受"9·11"恐怖袭击之后,纽约市运用了许多策略,如建议理事会(advisory boards)、公共会议(public meetings)、信件(mails)等倾听市民在重建世贸遗址问题上的意见和建议。其中最具有创新性的策略就是一项名为"倾听城市"(Listening to the City)的活动。在 2002 年 7 月 20 日,超过 4300 个具有不同背景的市民集中在纽约的雅各布·嘉维茨会展中心(Jacob Javits Convention Center),共同讨论如何重建世贸遗址。在其后的两天,又有 800 人参加了会议,同时还举办了超过 800 人以上参加的网络在线讨论活动。

2. 市民驱动绩效评估(Citizen-Initiated Performance Assessment)。1997 年,美国蒙特克莱尔市(Montclair)在斯隆基金会以及罗杰斯大学—纽瓦克分校国家公共生产力中心的支持下启动了为期三年的市民驱动的绩效评估活动,该项目的主要活动如下。①提出期望目标。在研究团队的协助下,参与民众提出"市民驱动的期望目标"(citizen-driven aspirational goals)。在一个称为"目标设定的周末"(Goal-Setting Weekend),民众提出 100 项以上的构想,并整合成六大期望目标。②建立绩效评估指标。社区民众充分展现有效处理绩效评估议题与选择指标的能力,针对 14 项施政领域提出 60 项以上的详细评估指标。③民众满意度调查。在活动过程中,市民成立调查委员会,针对施政领域和期望目标发展问卷题目,设计并开展了首次公民满意度调查。④期望与施政目标相结合。在市民所提出的"期望目标"基础上,分析市镇政府各部门的施政目标是否合适,为各个市政部门的具体活动把脉,提出各个部门的具体工作目标。⑤构建关键指标。针对各部门的施政目标进行分析,针对每一项施政目标提出 8—10 项的关键指标。⑥制度化市民驱动的绩效评估。成立关于绩效评估的市民顾问委员会,将上述过程制度化,以确保绩效评估以及公民参与施政的优先顺序。

3. 美国国家公园管理局市民参与议程(National Park Service Civic Engagement Initial)①。市民参与议程起始于 2001 年,由当时的国家公园服务局咨询理事会(NPS Advisory Board)提出,其目的就是倾听公众意见,吸收更多的市民参与到历史、自然、地理和文化保护与开发过程中来,使国家公园不仅仅是休闲目的地,还是丰富学识和文化的跳板(spring-

---

① 美国国家公园管理局(National Park Service, NPS)成立于 1916 年,是一个隶属于美国内政部(U. S. Department of the Interior),并管理全美 392 个国家公园系统单位(Units of National Park System)的管理部门。这些单位包括了 122 处历史性公园或遗址、78 座山、58 个国家公园、24 个战争或军事公园等多个自然场所和历史场所。

board)。该市民参与议程可以视为一个包含性的程序,它让利益相关者参与到从项目规划、土地征收乃至公共教育等议题上来。例如,位于加利福尼亚的曼赞纳(Manzanar)国家公园曾经是第二次世界大战时期日裔美国人的禁押地,战后大部分的营地（camp）已经难以寻觅,为此,在美日本人社团与美国国家公园进行了协商和对话,谋求重建这一重要的历史纪念场所,并取得了成功。

4. "ComNet"项目。2008 年,美国达勒姆市(City of Durham)启动了一项称为"邻里环境追踪"(Neighborhood Environment Tracking, Com-NET)项目,利用现代技术将市民主动纳入公共服务绩效管理中,取得了积极的成果,并被 ICMA 授予了 2009 年度的"社区关系奖"(Community Partnership Award)。ComNET 是由"纽约基金会"(Fund for the City of New York, FCNY)下属的政府绩效中心所创造的项目。ComNet 主要针对街道条件、环境等"可视"的公共管理领域,其运行流程一般为:①ComNet和地方社区联系,推动社区加入项目,并在社区中选择志愿者进行技术培训;②经过培训的志愿者通过照相机对街道、环境的问题进行照片采集,并用统一、稳定和可重复的技术格式将照片上传至计算机;③计算机自动整理照片,形成具体的报告,并将报告提交给相关的政府组织。类似的活动还有美国旧金山市的 ParkScan 项目,它是鼓励市民通过网络的方式,对旧金山的公园进行监督。一旦市民发现公园内存在管理问题和缺陷,就可以通过拍照的方式将照片传送到相关管理部门进行处理。当政府代表通过照片发现问题后,就可以质询实际的管理部门,要求其做出解释并提出解决办法。

以上所述的四项活动主要发生在美国,但实际上,这些体现新公共服务精神的行动已经在全世界范围内萌芽并逐渐壮大。在 20 世纪 90 年代末,新西兰对新公共管理运动进行了修正,重新强调政府的角色。2002 年,新西兰通过了一项新的法律,认为地方政府必须平衡以下目标:经济发展、社会福利、环境管理和市民参与。加拿大在 1999 年以来先后启动了一系列名为"公民为先"(Citizens First)的全国性调查活动,寻找影响公共服务品质的关键因素。在印度的班加罗尔,一种世界银行描述为"寻求使用者对公共服务的反馈的参与式调查"方法——市民评价卡(citizen report card)得到了广泛的应用。此外,还有不少地方在公共服务供给过程中引入了利益相关者参与的方法,为公众更好地参与到影响自身利益的决策过程中来提供简单、有效的渠道。其中具有代表性的有"利益相关者价值映射图""追溯性规划"、平衡记分卡等。此外,我国目前兴起的参与式预算实践活动，也试图在公共服务供给过程中体现公众的意志、利益和需求，体现了通过公众参与来改善政府治理的意图。

可以说，这些前沿探索活动，正如新公共服务所提倡的，重新强调了公共利益在政府活动中的中心性。而这种公共利益是由包括公共管理者、利益相关者、普通市民的共享观念和价值等构成，通过协商、讨论、参与等途径来定义的，不可能通过个体利益加总而成。以上所列的例子不仅反映了公共治理的进步，也是新公共服务理论在行动上的有力佐证。

对于我国而言，我们不否认适当的市场机制在改善政府治理上具有重要的意义，但公共服务改革不能只关注竞争、诱因和管理等市场维度，还需要融入"新公共服务"所提倡的参与、协商和公共责任等民主维度，形成一个更加稳健和平衡的供给模式。而近年来各国政府的改革活动，也更加着重发挥公民的作用，试图构建基于信任、合作的市民与政府关系，这正是新公共服务理论所寻求的理想。尤其是在今天，我们更加需要把政府确立为捍卫公共利益、公共目标、公共至善的存在，把市民视为有意义的、具有理性精神的贡献者和合作伙伴。唯有如此，我们才能把关心私人利益的个体引导到公共服务事业中，并从中学会沟通、尊重、信任以及民主的"心灵习性"。

第四章　制度约束与服务供给：
嵌入与合作

第一节　制度主义

用简单的话语来说，制度主义①是一种把组织视为规则、角色、规范和预期的社会建构的理论。根据马奇（James G. March）和奥尔森（Johan P. Olsen）的观点，制度可以视为"建构政治活动的常规（routines）、程序、传统、角色、组织形式和技术，以及支持、说明或者反对这些角色和常规的信念、范式（paradigms）、法律、文化和知识"②。

制度主义基本上可以分为三个途径：理性选择制度主义（rational choice institutionalism）、历史制度主义（historical institutionalism）和社会学制度主义（sociological institutionalism）。相对来说，历史制度主义强调对制度和个体行为之间的关系进行宏观性的思考，注重对权力及其不对称关系、路径依赖的分析；理性选择制度主义则采取了"计算途径"（calculus approach）来分析理性自利行动者在最大化其目标偏好过程中的行动策略；社会学制度主义采取的是"文化途径"（culture approach），认为

---

① 这里所指的制度主义是"新制度主义"（New Institutionalism）。"新制度主义"是相对"旧制度主义"（Old Institutionalism）的说法，后者则可以追溯至柏拉图、亚里士多德，包括后来的霍布斯、洛克、卢梭、孟德斯鸠以及美国的建国之父等对于"良好国家制度"的设计、建构和解释研究。主要的"旧制度主义"理论学说有法律主义（legalism）、结构主义（structuralism）、整体主义（holism）、历史学（historical）、规范分析（normative analysis）等［参见 Peters, B. G., *Institutional Theory in Political Science: the New Institutionalism* (Second edition), London: Continuum Publishing Group, 2005, pp. 1 – 24］。关于"旧制度主义"向"新制度主义"的转变此处不再赘述，请参考上述 B. G. Peters 的著作。

② March, J. G. & Olsen, J. P., "The New Institutionalism: Organizational Factors in Political Life", *American Political Science Review*, 1984, 78 (3): 734 – 749.

制度的选择和实施并不遵循"效率"和"理性"的途径，符号（symbols）、文化、惯例建构了行动者的偏好、身份和自我意象，并进而影响了制度变迁的过程。① 当然，尽管不同的学派具有不同的研究焦点和取向，但其实际边界是很难确认的，近年来也出现了众多的"跨界者"（border crossers），吸取不同学派的观念来进行综合分析。②

制度主义的研究广泛分布在政治学、社会学、经济学等领域中，而公共行政领域的制度主义视角和基调是由 1989 年出版的两本著作奠定的：威尔逊（James Q. Wilson）的《官僚机构：政府机构的作为及其原因》（*Bureaucracy：What Government Agencies Do and Why They Do it*）③ 以及马奇（James G. March）和奥尔森（Johan P. Olsen）的《重新发现制度：政治的组织基础》（*Rediscovering Institutions：the Organizational Basis of Politics*）。

威尔逊著作的中心内容在于"在组织效率和生产力方面，政府机构受到管理者购买和销售产品，或者雇佣和解雇人员的能力限制的强力约束"。换言之，政府的行为或者改革，受到来自法律、政治、利益集团等制度性因素的约束，并不是单纯的技术或效率问题。

马奇和奥尔森的著作是一种"规范的制度主义"，强调政治行动的"规范基础"（normative basis）远比"计算基础"（calculative basis）重要，认为人类行动是基于"适当的逻辑"（the logic of appropriateness）——自然、正当（rightful）、预期和合法（legitimate）的规则——而不是强调"什么样的行为会带来更多回报"的"因果性逻辑"（logic of consequentiality）所进行的。④ 总的来说，两本书的共同之处就是把层级结构、个体和团体的互动放在制度的背景下，或者是更大的政治背景、社会背景和经济背景进行思考，为公共行政的制度主义研究奠定了逻辑基础。

制度主义对于公共服务改革实践的启示在于：包括合同外包在内的新公共管理运动是发生在"政治结构""公共法律"和"组织安排"的情

① Hall, P. A. & Taylor, R. C. R., "Political Science and the Three New Institutionalisms", *Political Studies*, 1996, 44 (5): 936 – 957.

② Thelen, K., "Historical Institutionalism in Comparative Politics", *Annual Review of Political Science*, 1999, 2 (1): 369 – 404.

③ 中译本名为《官僚机构：政府机构的作为及其原因》，孙艳等译，生活·读书·新知三联书店 2006 年版。

④ Peters, B. G., *Institutional Theory in Political Science：the New Institutionalism* (Second Edition), London: Continuum Publishing Group, 2005, pp. 27 – 28.

境下的，受到广泛的政治和组织因素的制约，并不是简单遵循技术、理性、成本等市场选择途径。例如，新西兰的新公共管理能够比较彻底和持续的重要原因之一就是新西兰是一个单一制而非联邦制、具有一院制立法机构（unicameral legislature）和非党派性文官制度（non-partisan civil service），但没有成文宪法的国家，这使改革能够比较容易进行。① 博克斯（Richard C. Box）等学者曾指出，美国受管理主义影响较小，且新公共管理改革都是从地方层面发起的，而不是像其他国家那样从国家层面发起，其原因就在于美国高度分散化的（decentralized）的联邦结构促进了地方的创造精神。②

在美国，合同外包过程中还受到以下两项"制度"的约束：公共法律和组织安排。联邦、州的法律结构都对合同外包有着严格的约束，它还界定了管理者自由裁量的空间（zone of discretion）。同时，组织安排（如市政结构体制）也决定了管理服务供给机制的能力、资源和交易成本（Potoski Brown & Van Slyke，2006）。例如，采用议会—经理制（council-manager）结构的城市，就可能有更为专业的管理人员来实施合同外包。

制度主义对于理解政府之间以及政府和其他营利组织与非营利组织之间的关系有着重要的意义。正如弗雷德里克森所说，"在一个处于脱节状态（disarticulated state）的世界中，制度主义的重要性就在于它的假设不再依赖于主权和权力，而是政治模式、命令和共享性意义"③。这是因为，制度主义不再从正式的、科层的、自上而下的视角来理解官僚组织，而是把公共机构视为网络结构中的一个行动者，从而把理论分析的视野扩展到资源依赖、权力关系等更为广阔的范围。

第二节　网络嵌入

尽管在过去的40年中，政治学者和政策科学家一直在寻求一种能够概括公共机构和私人组织在政策制定、服务供给中角色的概念框架，这一

---

① Eggers, W. D., "The Incredible Shrinking State", *Reason*, 1997, 29（1）：35–42.

② Box, R. C., Marshall, G. S., Reed, B. J. & Reed, C. M., "New Public Management and Substantive Democracy", *Public Administration Review*, 2001, （61）5：608–619.

③ Frederickson, H. G., "Comparing the Reinventing Government Movement with the New Public Administration", *Public Administration Review*, 1996, 56（2）：266–269.

已经得到广泛认可的框架就是"治理"。不过，近年来学者越来越倾向于用"网络"这一词来概括，如"政策网络"（policy networks）、"合作网络"（collaboration networks）、"治理网络"（governance networks）、"行动网络"（action networks）等不同表述。

实际上，社会科学研究中的"网络"研究并不是新鲜出炉的。在20世纪40—50年代，社会学家就率先使用"网络"一词来分析和描述人际、组织间的互动与结构关系。70年代以来，政策分析学者将"网络"一词引入公共行政领域，许多研究显示，公共政策的发展、执行以及评估并不遵从教科书中所定义的"政治家制定，管理者执行"的模式，而是在由与政策具有利害关系的多元组织所组成的政策网络内完成的。①

作为一种研究焦点，从单个组织扩展到整体的组织间关系的尝试，网络理论试图在政府与市场的二元架构中创造更为广泛的空间。如哈佛大学的穆尔所说，作为一种平衡政府与市场的宽泛形态，它既能够使政府严格受限于保护核心公共价值的目标，也可以选择和使用多元化的方法来实施治理。②

具体到公共服务供给方面，尽管新公共管理运动所推崇的公共物品和服务的私有化供给得到了相当广泛的推行，但是，必须看到：其一，许多的公共服务是无法均质化（homogenized）的，从而使合约难以进行；其二，政府集中管制的能力在不断提升；其三，众多小型单位所造成的谈判问题以及资产专用性问题为公共部门创新提供了动力。③ 在这种情况下，政府机构就可以扮演推进者（facilitator）的角色，将营利组织和非营利组织囊括进来组成合作网络，提供那些单一公共机构或私人机构没有足够能力提供的物品或服务。

那么，"网络"是如何应对合约或合作过程中的不确定性或机会主义行为的呢？这一点我们可以从社会网络理论中的"嵌入性"（embedded-

① Heclo, H., *A Government of Strangers*：*Executive Politics in Washington*. Washington, D. C.：Brookings Institute, 1977.

② Moore, M. H., "Networked Governance：Survey of Rationales, Forms, and Techniques", In Goldsmith, S. & Kettle, D. F. (eds.), *Unlocking the Power of Networks*：*Keys to High Performance Government*, Washington, D. C.：Brookings Institution Press, 2009.

③ Rethemeyer, R. K. & Hatmaker, D. M., "Network Management Reconsidered：an Inquiry into Management of Network Structures in Public Sector Service", *Journal of Public Administration Research and Theory*, 2008, 18 (4)：617 – 646.

ness)① 理论获取解释。对市场经济中公司之间结盟的经济社会学研究表明，经济行动者可以利用关系性机制，如互惠（reciprocity）和信任（trust）来促进交换与合作，因为经济交换是嵌入社会交换关系的结构中的。

"嵌入性"理论对于合约关系具有非常明显的意义。在合约关系构建过程中，社会关系对减少因搜寻合约成员和执行合约而带来的交易成本具有重要的作用：它有助于传达信息并控制不确定性；它通过发展信任关系和提供替代性的强制机制（如声誉、标准）减少了签署复杂合同的交易成本；它使行动者能够建立嵌入性纽带（embedded ties）来协调行动，并形成解决问题的机制。②

不仅是在私人竞争领域，在公共服务合同外包领域，"嵌入性"理论同样在某种程度上适用。已经有研究指出，公共部门在与私人部门签约时，会借助非正式的社会互动以维持双边关系、促进合同执行并应对无法预测的不确定性。在这些所谓的"关系性合约"（relational contracts）中，公共管理者与服务供应商发展出基于信任、互惠的长期性合约关系，从而减少了投标（bidding）成本、监督成本（monitoring）和法律（legal）成本。③

对于地方政府间的合作来说，交易双方之间的信任、互惠同样是一种为地方性交换（interlocal exchange）减少交易成本并创造良好环境的机制。为了减少交易风险，地方政府也会依赖网络关系来交换信息，减

---

① "嵌入性"概念的产生与卡尔·波兰尼（Karl Polanyi）的著作《大变革》（The Great Transformation，1944）有一定关系。在该著作中，波兰尼指出，市场经济作为一种普遍的制度只不过是晚近的事情，并没有充分的证据表明市场是最有效的。现代社会出现的一个巨大断裂，或者说大转折，就是从市场嵌入社会机体到社会机体嵌入市场的转变。在他看来，经济并不是像经济理论所说的那样是自主存在的（autonomous），而是嵌入政治、宗教或社会关系中的［参见 Polanyi, Karl（1944），The Great Transformation. New York：Holt, Rinehart］。1985 年，美国学者马克·格兰诺维特（Mark Granovetter）详细扩展和阐述了"嵌入性"理论。他指出，大多数的行为就是紧密地嵌入人际关系中的，而这种关系的结构或网络则能够起到培育信任和阻止违法乱纪上的作用。在这个意义上，秩序和失序是否发生，都有赖于公司之间或公司之内的人际关系和关系网络的性质［参见 Granovetter, M., "Economic Action and Social Structure：The Problem of Embeddedness", The American Journal of Sociology, 1985,（91）3：481 – 510］。

② Uzzi, B., "The Source and Consequences of Embeddedness for the Economic Performance of Organizations: the Network Effects", American Sociological Review, 1996, 61（4）：674 – 698.

③ Hart, O. & Moore J., "Foundations of incomplete contracts", Review of Economic Studies, 1999, 66：115 – 138.

少搜寻成本,并解决协调与合作过程中形成的问题。例如,某个地方政府获得了众多的服务合同,处于网络关系的中心,这就可能揭示出该地方政府在该网络关系中具有较高的信誉和信任。同样,根据格兰诺维特(Mark Granovetter)的理论,地方政府也可能发展封闭型的网络(closed network)来监视或者惩罚合作者潜在的机会主义行为。[①] 在这种网络中,由于个体嵌套于复杂的社会网络关系中,采用背叛或攫取策略的个体行为信息很快就会被其所处的各种网络中的其他人所知晓。因此,为了减少背叛的成本,如被网络中的成员所鄙视或排挤,受到来自各个方面的社会压力等,理性的行动者会更愿意追逐长期的、更多的收益而抵制当前相对少量收益的诱惑,采取合作的策略合并更加注重自身的声誉。

第三节　制度属性与服务供给

作为人类社会互动的游戏规则,制度在不同层面发挥着重要作用。根据制度主义和网络嵌入理论,公共服务供给作为重要的政府功能,是嵌入在宏观的政治和法律架构内的。这种架构可以视为公共服务供给的外围制度,它定义、塑造并影响服务供给机制的选择过程。

制度也是一种非常重要的社会资本形式。当个体面临非常高的物质利益诱惑试图采取背叛策略时,制度提供了有效的威吓作用,大大提高了行动者遵守行动规范的机会,进而有助于推动集体行动的达成。正式的制度规则,如法院和警察机构,会对背叛者的行为进行强制性的约束和规范;非正式的制度规范,如风俗、习惯、文化等,也会对背叛者造成一定的社会压力和潜在的不利影响。这意味着,公共服务供给过程中所可能发生的合作关系,受到制度的严格约束。

根据美国学者奥斯特罗姆(Elinor Ostrom)的制度分析与发展框架(Institutional Analysis and Development,IAD),政策过程和结果会在某种程度上被以下四种类型的变量所影响:①物理世界的属性(attributes of the physical world);②嵌入行动者的社群的属性(attributes of the community within which actors are embedded);③创造诱因和限制特定行动的规则

---

① Granovetter, M., "Economic Action and Social Structure: The Problem of Embeddedness", *The American Journal of Sociology*, 1985, (91) 3: 481 –510.

（rules that create incentives and constraints for certain actions）；④与其他个体的互动（interactions with other individuals）。相应地，根据以上四种不同类型的变量，制度可以分为操作规则、集体选择规则和宪政规则等三个层次。操作规则是直接影响资源使用者行为的日常决策规则，例如何时、何地及如何提取资源单位，谁来监督并如何监督其他人的行动，何种信息必须进行交换，何种信息不能发布，对行为和结果的不同组合如何进行奖励或制裁等。集体选择规则，即来自地方层面的管理机构或外部当局的决策，可以间接影响操作规则。宪政规则是生成规则的规则，它从更高层次上决定了集体选择规则与操作规则。从这三个层次来看，公共服务供给过程受到三项制度因素的影响：操作层次上，服务机制选择过程（合同外包过程）受到招投标程序等具体制度的影响；集体选择层次上，服务机制选择受到组织结构类型的影响；宪政规则层次上，服务机制选择受到政治选举的影响。

尽管招标程序对于公共服务的合同外包过程中起着重要的作用，但已有的研究中表明，作为具体的操作规则，招标程序对于公共服务供给机制的选择影响较小。① 为此，我们可以暂不考虑把招投标程序引入分析范畴，而是只考虑两个更为宏观的因素：组织结构和政治选举。从美国的实践来看，公共服务供给明显受到这些因素的影响。

（1）组织结构与公共服务。在地方政府组织结构上，美国目前主要存在5种形式："市长—议会制"（mayor-council）、"议会—经理制"（council-manager）、"委员会"（commission）、"镇会议"（town meeting）以及"代表性镇会议"（representative town meeting）。② 尽管组织结构形式比较多元，但近年来的研究发现，地方政府组织结构逐渐向两种主要

---

① Ballard, M. J. & Warner, M. E., "Taking the High Road: Local Government Restructuring and the Quest for Quality", *Power Tools for Fighting Privatization*, 2000, 6/1 – 6/53. American Federation of State, County and Municipal Employees: Washington, D. C., Available online at http://www.cce.cornell.edu/restructuring/.

② 其中，"市长—议会制"的特点是强调市长（mayor）和城市议会（city council）之间的权力分离；市长拥有执行权而议会则拥有立法权；市长通常由直接选举获得出，一般为全职并带薪。这种结构一般见于较老的大城市（如洛杉矶、休斯敦等）或一些小型城市。"议会—经理制"的特点是议会拥有监督行政、制定政策并设立预算的权力；议会雇佣一名城市经理来执行日常行政工作；市长通常由在议会成员中挑选。这种结构常见于规模较大的城市，如凤凰城、圣地亚哥（San Diego）等。其余的三种形式主要在一些较小的城市或镇采取，更强调市民的直接参与，通过选举等途径组成治理委员会。

形式汇聚,即市长—议会制和议会—经理制①。ICMA 于 2001 年在全美范围内开展的"市政形式调查"(Municipal Form of Government Survey)结果显示,53.6% 的社区(community)采用了议会—经理制;38.7% 的社区采用了市长—议会制;只有大约 7.7% 的社区采用了其他类型的组织形式(参见图 4—1)。

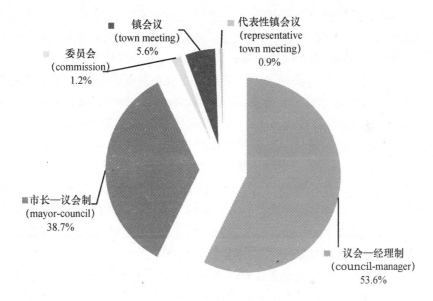

图 4—1 美国地方政府组织形式分布

资料来源:International City/County Management Association, *Municipal Form of Government*, Survey Data, 2001。

从公共服务供给机制选择的角度看,地方政府的组织结构形式会影响管理者(administrator)的决策行为。因为不同的组织结构形式所定义的权力范围、工作安全性、政治前景是有所不同的,它界定了管理者的行为空间和边界。一般来说,在拥有专业经理人员(manager)的议会—经理

---

① 也有学者指出,"市长—议会制"和"议会—经理制"也出现了相互借鉴和融合的趋势,分别吸收了双方的一些长处,成为"第三种类型"(Type Ⅲ)的组织结构。参见 Frederickson, H. G. & Johnson. G. A., "The Adapted American City: A Study of Institutional Dynamics", *Urban Affairs Review*, 2001, 36 (6): 872 – 884.

制结构，往往更容易接受公共服务私有化的尝试与探索。① 这是因为，形成于进步改革（Progressive Reform）时代的议会—经理制，② 本身就强调对效率的追求。因此，经理人员也就可能倾向于通过私有化来提高服务供给的效率，并拓宽其管理灵活性和自主权（Fernandez，Smith & Wenger，2006）。也有研究指出，经理人员会考虑通过服务供给机制的创新来实现其更为远大的职业和政治抱负（Schneider，Teske & Mintrom，1995）。同时，经理人员对于公共服务内部生产以及报答选举支持者（reward campaign supporters）的政治压力也较小，他们更有动力地运用其专业管理知识来尝试非传统的服务供给机制，如合同外包或地方交换等。

（2）政治选举与公共服务。美国地方层面的政治选举系统主要由两个方面的因素决定的：议会成员选区（council members' constituency）的类型以及投票的党派性（partisan）与否。③ 从选区的角度看，当前美国的城市议会成员选区划分主要有两种类型：单一选区（at large）与划分选区（district）。前者将一个城市视为完整的选区，并从中选举出议会成员；后者将城市划分为不同选区，分别从中选举出议会成员。当然，也有一些城市结合以上两种类型的选区方式。目前划分选区方式在大城市中比较普遍，在人口超过 20 万的城市中，49% 使用了划分选区方式，38% 使用了混合方式，只有 13% 使用了单一选区方式。④

一般来说，通过划分选区方式选举出来的政治官员倾向于只关注本选区内的利益，而不是城市的总体利益。而通过单一选区选举出来的政治官

---

① Kwon，S. W.，Lee，I，N. & Felock，R. C.，"Transaction Costs Politics and Local Service Production"，*International Review of Public Administration*，2010，14（3）：37 - 52.

② 进步改革（Progressive Reform）时代是指美国从 19 世纪 90 年代至 20 世纪 20 年代之间的政治、社会和经济改革运动，其主要目的在于解决 19 世纪下半叶以来快速的工业化所导致的所诞生的政治腐败现象，强调通过限制或削弱所谓的"城市老板"（city bosses）来加速民主化进程，让更多的市民分享新增长的财富，认为政府应该在解决社会问题发挥更大作用，并为经济发展创造公平环境。关于进步改革与议会—经理制兴起之间的关系，请参考 Knott，J. & Miller，G.（1987），*Reforming Bureaucracy：The Politics of Institutional Choice*；Englewood Cliff，N. J.：Prentice-Hall；Rauch，E. J.，"Bureaucracy，Infrastructure，and Economic Growth：Evidence from U. S. Cities during the Progressive Era"，*The American Economic Review*，1995，85（4）：968—979；王旭：《一种富有生机的市政体制——美国城市经理制纵向剖析》，《美国研究》1989 年第 3 期；罗思东、何艳玲：《城市应该如何管理——美国进步时代的市政体制及其改革》，《公共行政评论》2008 第 2 期。

③ Svara，J. H.，"Two Decades of Continuity and Change in American City Councils"，*Commissioned by the National League of Cities*（September，2003）.

④ Ibid. .

员则会将城市视为一个整体来加以考虑，而不是只重视某一社区的利益。① 从公共服务供给的角度看，尽管某些公共服务具有区域性，但很多是全市范围内财政供给的。因此，我们可以认为划分选区方式选举出来的政治官员对改善公共服务效率和质量具有较低的压力，而通过单一选区选举出来的政治官员则更加重视公共服务的成本和效率。②

从投票的党派性角度看，地方层面的政治选举可以分为党派性选举（partisan election）和非党派性选举（nonpartisan election）两种。在党派性选举中，候选人的党籍（party affiliation）会在选票中标明，而非党派性选举则不标明。总的来说，非党派性选举为城市选举的主要形式。在2001 年，77% 的美国城市使用了非党派性选举形式。非党派性选举在采用议会—经理制的城市中尤为普遍，占据了 90% 以上的比例，而在市长—议会制中只有 62% 的比例。③ 一般来说，党派性选举更容易受到党派分裂（party cleavages）的影响，也使民选政治官员更加重视党派利益。这种党派区分既可能表现为不同政治意识形态的差异，也可能表现为故意贬低另一反对党的政治动机。④ 非党派性选举的支持者一般认为政党应该和服务供给保持适当距离，应该由专家和专业者（experts and professionals）来决定并回应选民的服务需求。党派性选举的支持者则认为投票缺乏党派性可能给选民带来混乱，非党派性选举所产生的政治官员更可能代表上层政治经济利益而不是普通大众利益，因为其没有地方性的政党工作人员来将更多的底层民众纳入选举过程。⑤ 我们可以认为，党派性选举容易诞生不同的党派利益，并使这些党派性的政治官员对促进合同外包和地方交换缺乏动力。相对来说，非党派性的政治官员则较少受到意识形态等政治因素的影响，也更愿意采纳市场机制、地方交换等创新性的服务供给方式。

---

① Welch, S. & Bledsoe, T., *Urban Reform and its Consequences: A Study in Representation*, Chicago, I. L.: University of Chicago Press, 1988.

② Kwon, S. W., Lee, I, N. & Felock, R. C., "Transaction Costs Politics and Local Service Production", *International Review of Public Administration*, 2010, 14 (3): 37 – 52.

③ Svara, J. H., "Two Decades of Continuity and Change in American City Councils", *Commissioned by the National League of Cities*, September, 2003.

④ Bickers, K. N. & Stein, R. M., "Interlocal Cooperation and the Distribution of Federal Grant Awards", *The Journal of Politics*, 2004, 66 (3): 800 – 822.

⑤ MacManus, S. A. & Bullock, C. S. Ⅲ., "The Form, Structure, and Composition of America's Municipalities in the New Millenium", *Municipal Year Book 2003*, Washington, D. C.: International City/County Management Association, 2003, pp. 15 – 16.

第四节　区域合作与服务供给

地方公共服务的一个重要的共同特点，就是集中性生产（concentration of production）的"少数"公共服务，如学校、医院、警察和消防站、下水道处理等，需要输送给"广为分散"（dispersed）的人口。这意味着，公共服务供给需要应对规模经济（scale economies）等区域属性问题。

在这个问题上，学者们沿着两个不同的方向进行了思考：一方为支持分散化的政府管辖和治理单位，认为这种治理系统可以产生蒂伯特（Tiebout）所说的"用脚投票"效果；另一方则支持集中、大型的政府管辖和治理单位，认为这种方式可以受益于规模经济性并可以提高服务质量。前者的阵营主要为公共选择学派。他们大多数赞成把尽可能多的政府职责让予或转交地方政府。尽管政府管辖是分散、多元的，但它们可以通过各种类市场机制来购买、协调服务，从而产生服务竞争和质量改善效果。例如，奥斯特罗姆（V. Ostrom）等学者根据洛杉矶一些地方政府向县政（county government）购买公共服务的实践指出，服务供应商之间竞争以及多中心的服务供给体制能够提高服务供给的有效性并达到规模经济效果。[①] 后者则认为，过度分散化的管辖区域导致服务成本超过收益，而公共服务市场特有的外部性、信息不对称、缺乏规模效应等缺陷将会抵消竞争所创造的效果，并且制造了更多的种族隔离、服务不平等社会成本。[②]

当然，尽管双方在公共服务的区域治理形式具有不同的观点，但他们都承认区域属性对公共服务具有重要的影响，均认为分散化的都市地区有利于创造竞争，只不过是对竞争的社会和经济效果存在歧义而已。[③]

首先，从人口的角度看，城市人口总量决定了公共服务的规模经济程度（Nelson，1997；Jossart-Marcelli & Musso，2005）。一般来说，人口较

---

① Orstrom, V., Tiebout, C. & Warren, R., "The Organization of Government in Metropolitan Areas: A Theoretical Inquiry", *The American Political Science Reivew*, 1961, 55（4）: 831–842.

② Hill, C. J. & Lynn, L. E., Jr., "Producing Human Services: Why Do Agencies Collaborate?", *Public Management Review*, 2003, 5（1）: 63–81.

③ Post, Stehphanie Shirley, "Local Government Cooperation: The Relationship between Metropolitan Area Government Geography and Service Provision", *Annual Meetings of the American Political Science Association*, Boston, Massachusetts, 2002, August 29 – September 1.

少的小城市为了取得公共服务的规模经济,更倾向于寻求通过合同外包以及地方交换机制来供给公共服务(Morgan & Hirlinger,1991)。相反,大城市一般有较为充足的财政能力,能够轻易达到规模经济,所以更容易倾向于内部生产机制,而不是合同外包和地方交换。其次,从家庭收入的角度看,平均家庭收入(median household income)决定了居民寻求公共服务的意愿。一般来说,家庭收入较少的社区更容易激发政府通过合同外包和地方交换来提高服务质量并减少服务成本。最后,从地理的角度看,分散化的地方政府被认为更容易通过合同外包和地方交换机制来促进竞争并获得规模经济性,而处于大都市区(metropolitan)范围内的集中性地方政府(Consolidated local governments)由于更容易减少信息不对称负面效果,控制外部成本并取得规模经济,因为其地理边界具有较大的范围。同时,大都市区内的居民更难将自身"归类"到某一同质性的群体中(homogenous groups),区域内的价值观也就变得多元甚至而相互冲突。这就使集中性的地方政府更少地采取合同外包或地方交换等机制来供给公共服务,因为统一的意见很难达成。

从实践上看,21世纪以来,美国公共服务供给机制出现了新一轮的变化。与新公共管理强调市场价值和竞争机制不同,新变化指向了政府间的网络构建与公民的参与治理。

一方面,作为对新公共管理时代由于强调授权、分散化而造成治理破碎化(fragmentation)的回应,人们开始重视组织间基于信任、合作、互惠的关系构建,网络治理(network governance)越来越多地受到理论界和实践界的关注。在美国,由于联邦政府对州和地方授权(devolution)[1]、财政危机的影响和城市的不断扩张,政府间合作供给(Interlocal cooperation)作为一种网络治理的形式,在创造经济规模性和节约成本方面的优势逐渐显现出来。弗雷德里克森(Frederickson)曾指出,州在解决复杂社会经济问题(如犯罪、环境污染等)方面的能力出现了明显的下降。

---

[1] 从尼克松(Richard Nixon)担任美国总统期间(1969—1974)起,联邦政府逐步削减了对州和地方政府的财政补贴(fiscal aid),并将一系列的公共服务项目(如教育、卫生、福利等)的责任转移至州政府。20世纪80年代里根政府提出所谓"新联邦主义"[其标志就是将20世纪30年代罗斯福新政以及60年代民权法案(civil rights laws)后由联邦掌控的行政权力归还给州政府],将联邦补贴降低了55%。在这场激烈的"授权革命"(devolution revolution)将联邦的权力和责任广泛地转移到了地方实体,以至有学者宣称,美国已经进入了"自谋生计联邦主义"(fend-for-yourself federalism)的新时代[参见 Shannon, J., "The Return to Fend-For-Yourself Federalism: The Reagan mark", *Intergovernmental Perspectives* 1987, 3(1): 34-37]。

因此，政府的职业雇员（professional staff）应该更多地联结（connected）和卷入（engaged）其他区域（jurisdictions）中去。

近年来，美国地方政府间合作的形式不断扩展，出现了信息交流与共享、地方间服务协议（Inter-local services agreements）、区域伙伴与合并（Regional partnership and consolidation）等不同层次的合作。在进行合作的领域中，服务供给是最为普遍的形式。[1] 在美国，已经有众多的州批准了不同内容的地方间合作（Interlocal Cooperation），涉及服务合并、合作购买等一系列内容（参见表4—1）。尽管根据 ICMA 的调查，政府间合作供给的公共服务的比例维持在 10% 左右，但是，作为一种在提高经济规模性和处理复杂社会问题方面具有优势的机制，它已经展现了极大的发展空间。

表4—1 美国地方政府间合作的形式及批准合作的州

合作的形式（Form of Cooperation）	批准合作的州（States Permitting Cooperation）
服务合并（Consolidation of Services）	MS, NV, NC, PA, VA
合作购买协议/项目（Cooperative Purchasing Agreements/Programs）	CT, DE, HI, ME, MT, NY, PA
政府议会（Council of Government）	AK, CT, MA, OH, OK, PA, SC, TN, UT, WV
政府间合作的财政刺激（Financial Incentive for Interlocal Cooperation）	NE
非正式相互援助（Informal Mutual Aid）	ME, NE, WI
地方间协议（Interlocal Agreements）	AZ, AK, CO, CT, FL, GA, ID, IL, IN, KS, LA, MI, MN, MS, MO, MT, NE, NH, NJ, NY, ND, OH, OK, OR, SC, TX, UT, VA, WV, WI, WY
地方间风险管理（Interlocal Risk Management）	IN, LA, NE, OK
基金投资（Investment of Funds）	ID
联合设备/设施（Joint Equipment/Facilities）	AL, AR, DE, ID, IA, MD, MA, MS, MO, MT, NE, NM, OH, OK, OR, SC, WV, WI

---

[1] Pagano, M., "Metropolitan Limits: Intrametropolitan Disparities and Governance in U. S. Laboratories of Democracy", A. Altshuler et al. (eds.), *Governance and Opportunity in Metropolitan America*, Washington, D. C.: National Academy, 1999.

续表

合作的形式（Form of Cooperation）	批准合作的州（States Permitting Cooperation）
联合/区域规划（Joint/Regional Planning）	AL, CT, FL, IL, KS, KY, ME, MD, MA, MN, NE, NV, OH, PA, SC, UT, VA
联合权力协议（Joint Power Agreement）	AZ, ID, IN, IA, KY, LA, MA, MN, NE, NV, NH, NM, ND, TN, UT, VA, WY
联合权力主管当局、机构或委员会（Joint Power Authority, Agency or Commission）	AZ, CA, LA, ND, OK, TN, WY
财产或服务租赁（Lease Property or Services）	MD
谅解备忘录（Memo of Understanding）	CA, NE
机构或部门合并（Merge Agencies or Departments）	AL, MS, OR
大都市区（Metropolitan District）	CO, CT, MN, OR, TN
公共主管当局（Public Authority）	AL, AZ, AK, DE, IL, IN, IA, MD, MA, MI, MS, MT, NE, NV, NY, ND, OH, OK, PA, RI
公共公司（Public Corporations）	CA, MD, MS, NE, SC
区域委员会/地区（Regional Commission/Districts）	CT, MN, MT, VA, WV
服务输送合同（Service Delivery Contracts）	AL, AZ, AS, CA, CO, FL, GA, ID, IL, IN, IA, KS, ME, MD, MI, MN, MS, MO, MT, NE, NV, OK, OR, SC, TN, TX, UT, VA
特别区域（Special Districts）	AL, AZ, AS, CA, CO, CT, DE, FL, GA, IL, IN, IA, KS, KY, LA, ME, MD, MA, MI, MN, MS, MO, MT, NE, NV, NH, NJ, NM, NY, ND, OH, OK, OR, RI, SC, SD, TN, TX, UT, VA, WV, WY
运动主管当局（Sports Authority）	AZ
运输主管当局（Transfer Authority）	NY, OH

资料来源: Crane, D., Rigors, P. N. & Hill, M. B., Jr., *Home Rule in America*: *A fifty-state Handbook*, Washington, D. C.: Congressional Quarterly Press, 2001, p. 489。

另一方面，针对新公共管理将"居民"（resident）视为"顾客"

（consumer）而造成"公民"（citizen）缺位的潜在危险，近年来美国地方
政府也开始探索一种被库伯（Terry L. Cooper）称为"公民中心的协作性
公共管理"（citizen-centered collaborative public management）的模式。① 这
种模式受到重视，很大程度上在于美国社会资本的丧失以及政府信任度的
下降，它使人们认为应该通过更加正式的机制把公民与治理连接起来。而
这种尝试正在美国的华盛顿州的西雅图（Seattle）、俄亥俄州的科伦波与
戴顿（Columbus and Dayton）、纽约市、俄勒冈的波特兰（Portland）、明
尼苏达的明尼波利斯与圣保罗（Minneapolis and St. Paul）、阿拉巴马的伯
明翰（Birmingham）以及加利福尼亚的洛杉矶等城市逐渐展开。② 总的来
说，近年来美国公共服务供给机制的选择出现了两个新的面向：一是强调
政府间的网络关系构建，以增加公共服务供给的经济规模；二是强调政府
与公民之间的网络关系构建，以保证公共服务供给的民主性、公平性与回
应性。这种趋势可以为"网络"与"合作"这两个词所概括。

---

① Cooper, T. L., Bryer, T. A. & Meek, J. M., "Citizen-Centered Collaborative Public Manage-
ment", *Public Administration Review*, Special Issue, 2006, (66): 76 – 88.

② Ibid..

第五章 公共服务供给的多重约束：
基于凤凰城与厦门市的比较

第一节 公共服务供给的中美比较

由于发展模式的不同，中美两国公共服务供给机制的发展道路也具有较大的不同。但是，随着中国市场经济的发展以及社会需求的不断增长，公共服务供给机制亦呈现出多样化的局面，两国又出现了一些共同的地方。

中美公共服务供给机制的不同之处主要表现为：发展道路的不同、政府体制与功能的不同、历史文化与政治意识形态的不同。

首先，在发展道路上，美国从 20 世纪 80 年代起至今走过了从强调市场到理性地应用市场的道路，而我国则是从全能主义走向"后全能主义"。1980 年的美国总统大选上，里根（Ronald Wilson Reagan）以压倒性胜利当选美国总统，随之开展了轰轰烈烈的"里根革命"（The Reagan Revolution），开始清算罗斯福（Franklin D. Roosevelt）总统的"新政"（New Deal）和林登·约翰逊（Lyndon Johnson）的"伟大社会"（Great Society）的遗产。在里根的主导下，低税（low taxes）、更小的政府（smaller government）和更强的国防（strong national defense）成为新的政策发展方向。随后，在新公共管理的影响下，政府越来越多地通过合同外包等方式供给公共服务，直到 21 世纪初才呈现出明显的放缓。相反，我国一开始是通过全能主义式的供给机制来将公共服务的安排和生产一统到底，压抑了社会活力。而 20 世纪 70 年代末之后，随之市场经济的发展和财政上的分权，公共服务供给机制呈现出走向市场的局面，不过，这种市场是在资源垄断的情况下进行的。直到 21 世纪初，由于社会"一条腿长、一条腿短"的问题日趋严重，政府才重新加强公共服务的公益性。

其次，在政府体制和功能方面，美国采取的是联邦体制的形式，即

"把人民的'重大利益'托付给与全国立法机关相联系的大的选民集团，而把人民的'地方和特别'利益托付给与州立法机关或者地方政府有关的较小规模的选民集团"（文森特·奥斯特罗姆，1999：101）。20 世纪80 年代"里根革命"之后，地方政府承担的公共服务功能有所增强，财政压力也相应加大，这也迫使地方政府谋求替代性的服务供给机制。尽管如此，美国联邦政府和州政府还是承担了一些基本公共服务。例如，在2010 年，美国的三个健康保险项目（health insurance programs）：联邦医疗保险（Medicare）、低收入医疗补助保险（Medicaid）和儿童健康保险（CHIP, Children's Health Insurance Program）占了联邦总预算支出的21%，达到了 7530 亿美元。相反，我国采取单一制的形式，中央和地方实行"统一领导，分级管理"原则。除国防、外交等全国性事务以及少数实行中央垂直管理的领域外，地方各级国家机关与中央国家机关在公共服务供给上具有范围重叠的功能。同时，1994 年分税制之后，地方政府的事权范围相对较大，而财权范围相对较低。许多应由中央承担的事务，如义务教育，却由地方承担；有些本应由地方掌握的部分财权，则归中央掌握，由此出现了"财权"与"事权"不一致的现象。

最后，在历史文化和政治意识形态上，美国采用替代性服务供给机制实际上具有悠久的传统，并非真正起始于 20 世纪 80 年代的新公共管理运动。以合同外包为例，早在 19 世纪，美国的一些城市（如纽约）就通过合同外包方式将清洁街道等公共服务转移至私人。① 同时，美国具有深厚的自治传统，他们认为"一个中央政府，不管它如何精明强干，也不能明察秋毫，不能依靠自己去了解一个大国生活的一切细节"，因此，只有乡镇和县"是仅与本身利益有关的最好裁判者，都完全能够以自力满足本身的需要"。② 而中国则是具有两千年之久的专制官僚统治历史的国家，尽管官僚政治已经退出了历史舞台，但其残余的因素仍很活跃，顽固地寄留于宿主之内，只要在依靠人治的地方，官僚政治因素或官僚主义都有可能乘虚而入，形成病灶。可以说，中国的传统历史文化上，"百官最后皆向帝王一人负责"，基本上没有"自治"和"契约"的传统。③

尽管无论在历史传统、发展道路乃至政府体制上中国和美国均有较大

---

① Adler, M., *Been There, Done That: The Privatization of Street Cleaning in 19th Century*, New York, The New Labor Forum, Spring/Summer, 1999, pp. 88 – 89.

② ［法］托克维尔：《论美国的民主》（上卷），董果良译，商务印书馆 2004 年版，第102—103 页。

③ 王亚南：《中国官僚政治研究》，中国社会科学出版社 1981 年版，第 10 页。

的差异，但从 20 世纪 80 年代起，两国在公共服务供给机制的选择上还是存在一些相同的地方，这表现在以下几个方面。

在替代性服务供给机制的选择方面，萨瓦斯所总结的合约（Contract）、特许经营（Franchise）、补助（Grant）、凭单（Voucher）、志愿（Voluntary）、公私伙伴关系（Public-Privaate Partnership）等机制，均能在中国找到。通信、电力、供水、供气、交通等公用事业的民营化进程已经不可逆转。这其中的案例有云南省实施的第一个合同制管理项目——鲁布革电站；首次通过产权拍卖将铁路资产转移至私人的广东罗定铁路；兰州、深圳、北京等地开始探索水务的特许经营运作。当然，由于美国原本几乎没有国有资产或国有企业，因此替代性服务供给机制一般不涉及私有化，而我国目前采取的方式，与英国的民营化进程有些类似，但其力度有所不同。

在替代性服务供给机制的运行上，美国和中国都已经建立了竞争性程序。美国采用替代性服务供给主要是通过竞争性招标（competitive bidding）的方式。许多地方政府都会在财政部门建立"采购司"（purchasing division），由其来公开发表政府的合作项目、审核承包商的资格和信用等。中国则在 2003 年开始施行《政府采购法》，规定"采购人和供应商之间的权利和义务，应当按照平等、自愿的原则以合同方式约定"。目前，政府采购规模保持了快速增长，由 2002 年的 1009.6 亿元到 2009 年的突破 7000 亿元。

在替代性服务供给机制的范围上，美国和中国的大部分公共服务都已纳入了可替代供给的范畴。在美国的州和地方层面，"几乎所有的东西都可以，或者都已经合同外包了"。[①] 不仅包括资本投入、工程建设、专业服务（如计算机、网络、信息）等硬服务，还涉及健康护理、养老照顾、特殊教育等软服务。在我国，政府采购范围不断扩大，已经由原来单纯的货物类采购扩大到工程和服务类采购。政府采购资金来源从最初的预算内安排的资金扩展到包括预算内、预算外、自筹资金在内的各种财政性资金。一些公益性强、关系民生的采购项目纳入政府采购范围，日渐增多的民生项目成为政府采购规模扩大中的亮点。

总的来说，美国在替代性公共服务供给机制的选择与应用上已经走入比较成熟的渠道，相关的法制化程序和管理制度亦比较健全。而我国则才

---

① Kettl, D. F., *Sharing Power: Public Governance and Private Markets*, Washington, D. C. : Brookings Institution, 1993, pp. 157 – 158.

开始这一探索，起步较慢，体制机制建设相应还不健全，招标投标程序仍然存在不少缺陷。例如，2010 年暴发的山西"疫苗事件"，其中山西省疾控中心在北京华卫合作进入山西疫苗市场的问题上，就没有经过严格的招投标程序，而且还聘任北京华卫法人代表田建国作为山西省疾控中心生物配送中心主任，"裁判员"兼任"运动员"，官商垄断最终酿成了严重的生命财产安全问题。以上问题提醒我们，公共服务供给机制的选择，重点不仅在于采取何种机制（任何机制都存在利弊），更关键地在于如何选择，通过什么方式、在哪些方面进行选择。

基于中美两国在公共服务供给机制上已经存在一定的共同之处，本研究拟选择美国亚利桑那州的凤凰城和中国的厦门市开展典型城市的比较分析，以了解在交易成本、公民偏好和制度结构的不同约束下，公共服务供给的机制设计产生何种差异。

亚利桑那州位于美国西南部，因其拥有著名的大峡谷国家公园（Grand Canyon National Park）而具有"大峡谷之州"（Grand Canyon State）的别名。目前，约有 600 万的居民生活在这个包含了沙漠（desert）、峡谷（canyons）、松树林（pine forests）、高山地区（mountain ranges）、湖和山谷（lakes and valleys）的多彩之州。凤凰城为亚利桑那州首府，一般上是指包含了 23 个城市和镇的凤凰城大都会区（Phoenix metropolitan）。凤凰城面积为 517 平方英里，大约有 156 万人口，为全美第五大城市。平均家庭年收入为 41000 美元。在二战之前，凤凰城主要是一个农业性城市，主要依赖于棉花和柑橘（citrus）等农作物。战后，随着高科技产业、航空业、生物技术和服务业的兴起，凤凰城经济迅猛提升，成为全美经济发展最快的区域之一。它是霍尼韦尔宇航公司（Honeywell Aerospace）、自由港迈克墨伦铜金矿公司（Freeport McMoran）、安富利（Avnet）等著名跨国公司的总部所在地。不仅经济方面表现出色，凤凰城市政管理一直有着较好的声誉。2000 年，美国雪城大学麦克斯维尔公民与公共事务学院（Maxwell School of Citizenship and Public Affairs at Syracuse University）的城市管理效率评估将凤凰城列为全美 35 个大城市中心中唯一一个总体得分为"A"的城市。1993 年，德国贝塔斯曼基金会（Bertelsmann Foundation）将凤凰城誉为"世界最佳管理城市"（Best Run City in the World）。

福建省位于中国东南沿海，东隔台湾海峡与台湾省相望。福建省东南部，与台湾和澎湖列岛隔海相望。厦门市处于福建省东南部，与台湾和澎湖列岛隔海相望。厦门由厦门岛、鼓浪屿、内陆九龙江北岸的沿海部分地区以及同安等组成，陆地面积 1565.09 平方公里，海域面积 300 多平方公里，是一个国际性海港风景城市。2009 年，全市户籍人口 177.00 万人，常住人口 252 万人，城镇居民人均可支配收入 26131 元。厦门是中国最早实行对外开放政策的四个经济特区之一，拥有"国际花园城市""国家卫生城市""国家园林城市""国家环保模范城市""中国优秀旅游城市"和"全国十佳人居城市""联合国人居奖""全国文明城市"等殊荣。此外，厦门市还拥有素以"海上花园"的美称享誉中外的鼓浪屿—万石山风景区，绵延十多公里长的海滨沙滩及天然海滨浴场，以及厦门大学、国家第三海洋研究所、厦门国家会计学院等知名教育科研机构，可谓风光旖旎，人文荟萃。

美国和中国有着不同的国情，处于不同的发展阶段。但是，无论哪一个国家，社会对于政府提供更多、更好、更快的公共服务的需求总是一样的。换言之，不管服务提供主体是谁，也不管通过何种方式进行提供，满足公共利益的需求是现代政府的基本职责。尤其是地方层面，随着国家越来越多地专注于具有全局性和长期性的宏观调控，直接与人民群众相接触的地方政府所承担的服务职能将越来越重要。

凤凰城和厦门市都有相近的人口和地理规模，却是通过不同的制度结构、职责功能和管理方式进行公共服务供给的，这为我们的比较提供了对比性非常强的情景。首先，凤凰城是通过议会—经理制的形式进行治理的，其具有较大的地方自治性，而厦门市则仍然通过传统科层结构进行治理。由于凤凰城的城市经理由议会任命，这就可能迫使他们更有动力地寻求符合商业精神、能够减少成本的替代性路径来供给公共服务。其次，两者供给的公共服务内容是基本相近的，凤凰城的服务供给涵盖了公共安全、公共卫生、公共工程、社会服务、经济发展、基础设施、城市文化等，而厦门市则同样承担了类似的功能，只不过由于我国的地方政府更多地涉入经济事务，这可能使经济性服务和社会性公共服务出现不平衡的现象。总之，通过两者的比较，我们可能会得出交易成本、偏好、制度和财政等不同约束因素在不同国家的表现，进而验证我们上两章通过数据和案例分析所得出的结论。

以下将通过美国亚利桑那州、凤凰城与中国福建省、厦门市的比较分析，探讨我国公共服务供给机制面临的多重约束。在数据来源方面，凤凰城的数据主要来自"2008 年凤凰城社区态度调查"（2008 City of Phoenix Community Attitude Survey）。该报告通过随机电话号码抽选，选择了 700 个家庭主要成员进行深度电话访谈。该调查由行为研究中心（Behavior

Research Center, BRC) 实施, 在2008年7月完成数据采集。在95%置信度 (Confidence Level) 下, 该调查样本误差为±3.8%。厦门市思明区的数据来自思明区人民政府委托××大学实施的 "2009年厦门市思明区经济社会科学发展调查"。该调查于2009年4—5月完成, 调查方法为经过培训的调查人员进行一对一访谈, 分别在思明区10个街道选择1200户家庭进行调查, 共计回收有效问卷904份。在95%置信度下, 该调查样本误差为±4.1%。在满意度调查方面, 以上两项调查都主要采用了李克特式量表法 (Likert-type scale), 即针对城市所提供的公共服务以及个人的生活感受, 提供六个回答选项, 即非常满意 (strongly satisfied)、满意 (satisfied)、一般 (neutral)、不满意 (dissatisfied)、非常不满意 (strongly dissatisfied) 以及不确定 (unsure)。

根据 "多重约束条件下公共服务机制选择的分析模型", 我们将分别从服务属性方面的交易成本约束、市场属性方面的投标程序约束、公共属性方面的市民偏好约束、制度属性方面的财政约束条件等角度进行比较分析。

第二节　交易成本比较

凤凰城是美国应用合同外包等替代性供给机制供给公共服务最为著名的城市之一。在20世纪70年代末, 受明尼安波利斯 (City of Minneapolis) 通过竞争机制降低了公共服务供给成本的经验启示, 凤凰城从1979年开始了竞争性供给机制的探索 (Savas, 1977)。从1979年至1994年, 凤凰城通过合同外包方式将56项市政服务转移至私人机构 (共34项) 和其他政府组织 (共22项), 节省约3000万美元的支出 (Savas, 2005)。直至今天 "以合同外包方式来管理城市" (contracting with the city) 已经成为凤凰城政府运转的重要内容, 政府每年均向社会供应商提供大量的商业机会。

厦门市于2000年作为福建省试点城市, 开始通过公共资源市场化的方式引入了竞争性服务供给机制。目前, 厦门市60%的市政道路通过公开招标选择保洁公司, 位于厦门市中心城区的思明区实行环卫体制改革以来, 市场化程度已达90%以上; 市直管公房已全部实现市场化管理, 直管公房店面公开招租定期竞拍制度已经开始执行; 市图书馆、少儿馆、群众艺术馆等3个单位共12个项目推向社会招商, 其中文化设施建设项目4个、文化队伍建设项目2个, 举办文化活动项目6个; 文化艺术中心综合楼、电影城、部分广场和剧场、车库及物业管理等项目推向社会,通过挂牌招商等形式争取社会资金参与建设和经营;向社会公开招标确定社区卫生服务中心(站)承办单位,2003 年以来全市新设置的社区卫生服务机构全部通过公开招标方式产生,先后完成 30 多个社区卫生服务中心、站的招标。

表 5—1 为凤凰城和厦门市在公共服务竞争性供给机制方面的比较。

表 5—1　　　　凤凰城和厦门市公共服务供给机制比较

公共服务项目	凤凰城服务供给机制	厦门市服务供给机制
居民垃圾收集	政府部分参与、外包至私人机构	特许经营
街道维护	政府部分参与、外包至私人机构	向社会公开招标确定养护单位
街道清洁	政府供给	向社会公开招标确定保洁企业
停车场运营	政府部分参与、外包至私人机构	政府部分参与、咪表停车位挂牌出让经营权
公交系统运营	政府部分参与、外包至私人机构	国有企业、集体所有制、民营化、新设线路公开招标
水资源分配	政府供给	国有企业特许经营
电力设施运营	政府没有供给	国有企业
燃气设施运营	政府没有供给	国有企业
犯罪预防与巡逻	政府供给	社区、政府供给
消防	政府供给	政府供给
紧急医疗服务	政府供给	事业单位
救护车服务	政府供给	事业单位
交通控制	政府供给	政府供给
拖吊车与储存	合同外包至私人机构	政府供给
卫生监督	政府没有供给	政府供给
动物控制	政府没有供给	政府没有供给
日间照护机构	合同外包至非营利机构	政府没有供给
儿童福利项目	政府没有供给	政府供给
老人福利项目	政府部分参与、外包至私人机构、补助、凭单	政府供给

续表

公共服务项目	凤凰城服务供给机制	厦门市服务供给机制
医院运营	政府没有供给	公立医院、民营化、鼓励各种经济成分参与医疗基础设施建设及医疗机构经营管理
公共健康项目	政府没有供给	政府供给
毒品和酒精治疗	政府没有供给	社区、民营化
心理健康设施运营	政府没有供给	社区、民营化
监狱	政府没有供给	政府供给
无家可归者救护站	合同外包至其他政府	政府供给
休闲设施运营	政府部分参与、特许经营	挂牌招商
公园景观维护	政府供给	事业单位
会议中心与体育场	政府部分参与、特许经营	政府扶持、市场运作
文化与艺术项目	政府部分参与、外包至非营利机构、补助	政府扶持、市场运作
图书馆运营	政府供给	政府供给
博物馆运营	政府部分参与、外包至非营利机构、补助	政府供给

资料来源：凤凰城的数据整理自 ICMA 于 2007 年进行的"地方政府服务供给选择统计"（Profile in Local Government Service Delivery Choices）；厦门市的数据则整理自笔者于 2008 年 8 月在厦门市政府调查获得的"公共资源市场化"资料。

根据布朗和波多斯基（Brown and Potoski，2003）的公共服务资产专用性和可测量性数据，我们可以发现：垃圾收集、街道维护、咪表停车、拖吊车等资产专用性较低而可测量性较高的服务项目，无论是凤凰城还是厦门市均推行了竞争性供给机制。水资源分配、犯罪预防、消防、紧急医疗服务、救护车、公园景观等资产专用性较高而可测量性较低的服务项目，凤凰城则仍维持了传统的政府供给形式，而厦门市则是通过国有企业、事业单位进行供给，其营利性依然较高。在另外一些资产专用性较高、可测量性较低同时公益程度很高的公共服务项目上，凤凰城并没有进行供给，而是由县政府（Maricopa County）和州政府进行供给，而厦门市则仍通过政府主导、社区和民营化参与的方式进行提供。

例如，医院运营是资产专用性程度和可测量性难度均比较高的公共服务，美国凤凰城并不参与这一服务的提供，而是交由大量的民间营利性和非营利性机构去提供。凤凰城最大的医疗服务系统"Banner Health"就是一家非营利机构，其所获得的每笔收入都用于增加新的医疗床位、医疗服务和技术，维持现有设备的运转以及支付员工薪酬。此外还有大量的教会性医院，如"Phoenix Baptist Hospital""Catholic Healthcare West"等。尽管政府并不拥有医院，但这并不妨碍市民拥有比较良好的医疗服务，这主要归功于公私混合的医疗保险体系。在 2008 年，尽管凤凰城约有 20% 的人群没有任何医疗保险覆盖，但雇主为 60% 左右的人群提供了私人医疗保险；政府运营的公共保险（如 Arizona Health Care Cost Containment System，AHCCCS、KidsCare、Arizona Long-Term Care System、Medicare 等）则覆盖了 20% 左右的低收入、老年人、残疾人、儿童等群体（Rissi，et al.，2009）。

厦门市公共服务供给机制选择一定程度上受到服务类型及其特性的影响，但不如凤凰城明显。根据交易成本理论，在资产专用性较高和可测量性较低的情况下，专业化生产或者纵向一体化是服务供给的理想选择，因为这种情况下规范和执行所有合约条款的成本太高昂。在这一点上，厦门市和凤凰城均得到了证明，所不同的是，凤凰城是通过直接的政府供给来保证服务的公益性，而厦门市则选择国有企业、事业单位等间接的政府供给机制，其后果就是在政府与公民之间再创设一层委托—代理关系。

基于以上分析，我们可以得出这样的结论，即当前我国公共服务供给面临的重要约束，就是作为服务安排者的政府与作为服务接收者的公民存在了额外的委托—代理关系，从而使公共服务供给的科层结构管理层次太多，增加了代理成本和信息成本。而政府与服务供给单位（如国有企业、事业单位）尽管是管办合一，但两者的利益目标函数、信息却是不一样的，这使政府与公共服务提供机构之间的契约关系变得薄弱起来——"授权和对目标的具体规定常常模糊不清或者根本不存在；对产出与服务结构的联系也很少有明确的责任；机构预算分配和人员安排的决定和过去的业绩或明确规定的目标没有任何直接关系"（世界银行，2004：56）。同时，公共服务提供机构与公民之间的责任关系也开始变质，这表现为作为代理人的服务供给机构在资源垄断的情况，采取各种手段追求自己的利益，并使付费使用成为服务可以持续下去的原因。尽管付费在某些情况下可能是合适的，但过度使用却可能对社会公平性、服务的可持续性造成负面影响。

第三节　公民偏好比较

公民偏好约束是指通过"市民调查"等形式，向特定管辖区域内的居民所了解的关于生活质量、政府服务满意度水平等方面的态度、需求、意见或预期。在这方面，我们通过重要性—满意度（Importance – Satisfaction Analysis，ISA）模型来进行比较（参见图5—1）[①]。该模型由 Martilla 和 James（1977）提出，其关键之处就在于把满意度和重要性连接了起来。

	低重要性	高重要性
高满意度	4 服务供给过度，需要减缓	1 继续保持已有的较好状态
低满意度	3 低优先性	2 关键问题领域，需要优先解决

图5—1　"重要性—绩效分析"的基本模型

资料来源：Ryzin, Gregg G. Van. , "Importance-Performance Analysis of Citizen Satisfaction Surveys", *Public Administration*, Vol. 85, No. 1, 2007, 217。

如图5—1所示，模型由四个基本象限组成：象限1表示成功的区域，即地方政府在市民所重视的公共服务上表现优秀。象限2表示关键问题领域，即地方政府在市民所重视的公共服务上表现糟糕。这个区域所展示的问题是政策制定者或公共管理者最应该重视的。象限3表示满意度和重要性均较低的区域，这个区域的问题不需要优先解决。象限4表示满意度高而重要性低的区域，即政公共服务已经超过了市民的预期，但市民不认可该服务的重要性，这就可能需要减少相关的投入。总的来说，通过以上四

---

① 重要性—绩效分析模型由 Martilla 和 James（1977）提出，其关键之处就在于通过满意度和重要性的对比来找出需要优先处理的事项。该模型最早是用来分析企业管理战略，其后被逐渐用于公共服务市民评估方面（Hawes & Rao, 1985；Myers, 1999；Oliver, 1997；Vavra, 1997；Allen & Rao, 2000）。

个象限的分析，我们就能够比较容易定位那些是需要优先解决、继续保持或者减少投入的领域，从而为政策制定者提供更为全面和准确的信息。也正是基于上述的优势，不少城市采用这种模型来开展"市民调查"，并且通过年度性的追踪来获取长期的数据，从而为了解市民关于公共服务的态度变迁提供了更好的平台。实践研究也表明，良好设计和规范实施的"市民调查"不仅为政策制定者提供了更好的信息，更成为一种市民参与的渠道，进而为连接公共服务的供给与需求提供了桥梁。以下为利用凤凰城和厦门市的数据进行的比较分析。

在针对城市所提供公共服务的总体评估表明（overall quality of services），凤凰城的总体服务满意度高达88%，该满意度也大幅高于美国平均水平（53%）。相对来说，厦门市思明区的公共服务总体满意度低于凤凰城，只有66%，但也高于美国平均水平。在总体生活质量上（overall quality of life），凤凰城则比厦门市表现要差，只有67%的被调查者认为很好或好（excellent good/good），甚至低于全美的平均水平（77%），厦门市则接近这个平均水平。在适合居住程度上，凤凰城大幅领先于厦门市，有高达91%的居民表示凤凰城为适宜居住的地方（a good place to live），而厦门市相应的指标只有75%。

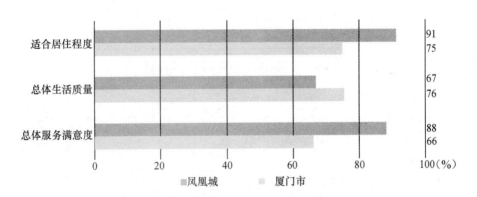

图5—2　凤凰城和厦门市总体服务满意度比较

注：以上满意度指数为选择很好/好（excellent good/good）或者很满意/满意（very satisfied/satisfied）的比例的加总（以下类似）。

研究结果表明，凤凰城公共服务满意度较低的领域主要有就业培训、工作机会、可支付住房、枪支管理等，而厦门市则在一些基本的社会保障和服务（如廉租住房、医疗设施、养老服务）上表现不佳。同时，凤凰城在犯罪预防、公共交通服务、街道维护、休闲设施上维持了中等满意度的水平，而厦门市的多项公共服务也集中在该区域。在满意度较高的区域，凤凰城占据了优势，分别在警察服务、执行交通法律、图书馆服务、消防等项目有着良好的表现；而厦门市只在一些硬件项目，如街道休整、市容市貌和城市景观得到市民的较高认可。

表5—2　　凤凰城和厦门市公共服务的满意度和重要性指数

服务项目	凤凰城		厦门市	
	满意度（%）	重要性（%）	满意度（%）	重要性（%）
社会服务（Social Services）				
养老服务（Elderly Services, SS1）	38	77	50	69
青年项目（Youth Programs, SS2）	41	71	—	—
工作培训与安排（Job Training/Placement, SS3）	26	67	52	57
贫困和无家可归者服务（Poor/Homeless Services, SS4）	28	72	42	66
可支付住房（Affordable Housing, SS5）	—	57	44	73
健康照顾（Health Care, SS6）	—	—	46	64
公共安全（Public Safety）				
紧急医疗响应（Emergency Medical Response, PS1）	79	71	—	—
消防（Fire Protection, PS2）	83	67	58	41
警察保护（Police Protection, PS3）	65	71	56	36
犯罪预防（Crime Prevention Efforts, PS4）	55	76	—	—
枪支项目（Gang Programs, PS5）	42	74	—	—
交通法律执行（Enforcing Traffic Laws, PS6）	66	57	59	26
食品和药品安全（Food and Drug Safety, PS7）	—	—	44	58
公共工程（Public Works）				
街道修护（Street Repair/Maintenance, PW1）	56	62	66	49
公共交通（Public Transportation, PW2）	56	56	62	40
保持街道清洁（Keeping Streets Clean, PW3）	63	62	64	26
环境服务（Environmental Services）				
垃圾循环与回收（Garbage/Recycling Collection, ES1）	83	51	65	32
安全饮用水（Safe Drinking Water, ES2）	70	70	63	42
污水处理设施（Wastewater Plants, ES3）	54	68	58	46
预防非法倾倒（Preventing Illegal Dumping, ES4）	45	63	—	—
文化和休闲（Culture and Recreation）				

续表

服务项目	凤凰城		厦门市	
	满意度（%）	重要性（%）	满意度（%）	重要性（%）
图书馆服务（Library Services，CR1）	73	52	57	34
公园和休闲项目（Parks/Recreation Programs，CR2）	59	69	56	25
艺术和文化项目（Art/Cultural Programs，CR3）	59	53	—	—
保持公园清洁（Keeping the Parks Clean，CR4）	82	61	64	12

在重要性方面，凤凰城和厦门市的被调查者均十分重视在可支付住房（affordable housing）上的改进，而厦门市的该指标则高居重要性首位，这反映了随着房地产市场的发展和房价的攀升，如何在可支付住房上提供更好的服务，成为当前我国城市管理亟待处理的重要问题。同时，凤凰城的被调查者也相当重视犯罪、枪支、警察保护等公共安全问题，而厦门市的被调查者对这一问题的重视程度则较低。两个城市的共同之处在于，社会性服务（如住房、养老服务、就业培训等）的受重视程度较高，而休闲性和景观性服务（如街道整洁、绿化、图书馆等）的受重视程度较低；显著的不同之处在于，凤凰城的居民对于犯罪性公共安全的重视程度远高于厦门市，而厦门市居民则更强调食品和药品安全问题。

根据上述满意度和重要性的指数，我们可以进行 I—S 矩阵分析（如图 5—3 所示）。

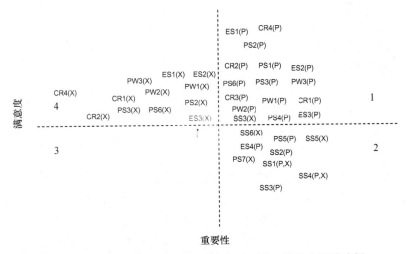

图 5—3 凤凰城和厦门市公共服务的重要性—满意度矩阵分析

注：X = Xiamen（厦门）；P = Phoenix（凤凰城）。

　　从图5—3我们可以看出，其一，凤凰城的大部分公共安全服务（除枪支管制外）、文化与休闲服务、部分公共工程服务位于象限1，为比较成功的领域；而厦门处于该区域的只有工作培训服务一项。其二，凤凰城和厦门市的大部分社会服务，如老年人服务、无家可归者服务、可支付住房服务等均位于象限2，为未来需要改进的关键领域。其三，厦门市的环境保护、公共安全、公共工程等服务可能超出了预期需求。总的来说，可支付住房的比率在凤凰城和厦门市均高居首位，在一定程度上体现了住房在政府所提供的公共服务中的重要地位。总的来说，凤凰城和厦门市在近期内需要优先改善的服务项目主要集中在民生项目（如住房、就业、养老）等，而凤凰城还需要继续加强犯罪控制、枪支管理等公共安全服务，而厦门市在医疗、药品以及生态环境上也面临严峻挑战。相对来说，两个城市的被调查者对休闲性、景观性的公共服务项目（如图书馆、街道整洁、绿化）的要求则相对较低。

　　可支付住房、养老、就业等社会/人权服务均为厦门市和凤凰城的居民所指出需要重点改进的领域，在一定程度体现了居民对此类公共服务的要求是共通性的。无论哪个政府、哪个城市，住房、就业、养老均是居民的首要考虑的问题。对于中国来说，房价的不断攀升导致难以获取合适的住房，很有可能成为左右未来社会稳定的因素。同时，美国地方政府可能不需要过度承担那些已经高度市场化或公私混合型的服务（如医疗服务），而在中国目前的体制下，地方政府在这些领域同样需要面临因居民日渐增长的需求而形成的巨大压力。同时，凤凰城面临着典型的美国式城市问题，如犯罪控制、公共交通、非法移民等，从而导致公共投入往这些领域倾斜，进而影响政府的其他项目服务。从凤凰城角度看，警察部门的开支是所有部门或公共服务中最大的，2009/2010年预算开支约为4.5亿美元，居第二位和第三位的消防部门、公园/休闲项目的预算开支则分别为2.5亿美元和1亿美元左右，其他的公共服务支出，如社会服务、公共交通、社区服务等开支均在5000万美元以下。相应地，厦门市在公共安全、公共交通领域的压力较少。

　　此外，除了社会服务领域压力较大外，厦门市面临着典型的发展中国家和转轨国家的特有约束：一方面，通过经济发展创造就业机会，提高人民生活水平，仍然是政府需要处理的首要问题；另一方面，在不断变化的社会经济背景中，如何控制腐败，提高能力，改善服务态度和质量，政府仍然未能交出令人满意的答卷。而美国等西方国家得益于成熟的市场经济体制和政治行政体制，这方面的压力相对比中国较轻。

第四节　制度结构比较

在公共服务供给机制的选择与应用方面,凤凰城是通过议会—经理制的制度结构实施的,这种框架主要包含了三个方面的人员组成:市长(mayor)、议会成员(council)和城市经理(City Manager)。城市议会由市长和八位议会成员组成,市长由全市人民通过不分选区选举产生,议会成员则通过八个不同选区选举产生。议会和市长的职责主要是制定政策,决定哪些政策是允许的、哪些是不允许的,以及哪些新的服务应该向市民提供。如此安排的原因在于,作为民选官员,市长和议会成员一般在基层社区有着活跃的表现,能够仔细地聆听来自市民的偏好诉求。城市经理则由市长和议会成员决定雇用,负责具体的政策执行以及管理日常事务。城市经理及其团队监督所有政府部门,促进这些部门高效地工作。在凤凰城,城市经理管理着超过1300名政府员工。同时,凤凰城还设有城市法院(Municipal Court),作为城市政府的一个独立分支,以及亚利桑那州高等法院(Arizona Supreme Court)的一个组成部分,主要负责从小型交通犯规(minor traffic violations)到一级行为不当(class Ⅰ misdemeanors)等轻微犯罪的正义裁决。总的来说,凤凰城市政府包含了三个分支:市长和议会为立法分支,城市经理为执行分支,城市法院为司法分支。

图5—4　凤凰城的治理结构

在议会—经理制下,凤凰城在财政部门建立专门的"采购司",其工作职责是确保每一项采购的物品和服务既能够产生最大价值,也符合顾客的需求。采购司公布所有需要采购的公共服务项目,并对采购的流程和步骤进行清晰的界定,让每一个潜在的供应商(vendor)都能够参与竞争。同时,采购司还通过政策偏向,对小型企业、弱势群体(如残疾人、妇女）开办的企业进行一定的倾斜，实施"环境友好型采购"（Environmentally Preferable Purchasing，EPP），使采购的物品和服务减少对环境的影响。

在厦门市方面，厦门市政府作为地级市政府，承上启下的职能较多，体制关系较为复杂。它既必须向省级政府负责并报告工作，并且接受国务院的统一领导，还必须担负起领导整个城市的经济文化、市政管理的重要职能。传统上，受计划经济等客观因素的影响，厦门市的公共服务供给机制主要为政府供给。近年来，厦门市逐渐通过公共资源的市场化推行竞争性的供给机制。2003年1月《中华人民共和国政府采购法》正式颁布实施后，厦门市已陆续出台一系列政府采购方面的制度。2006年，厦门市专门成立了由市委、市政府、市纪委主要领导挂帅的公共资源配置市场化改革办公室，建立了由市财政局牵头，财政、国资、监察、纠风、审计、发改、审改、物价、法制多个部门参加的联席会议制度，集体研究讨论资源市场化配置工作的总体部署。同年，厦门市政府还依托市产权交易中心设立了全市统一的交易平台，出台《行政资源和社会公共资源进入产权市场交易暂行办法》，为公共资源市场化配置提供公开公平的交易环境。

尽管在应用市场机制方面取得了积极的进展，但制度建设方面还面临不少约束，这表现为以下几个方面。①公共服务资源管理部门不明确、职责不清，无法形成统一管理、统一处置的竞争性运营体系。如厦门市公共停车场，有的是区直接管理，有的是下放给街道管理，还有的是咪表公司管理，由于主体不一，很难实行统一招、拍、挂。②竞争性的合同管理制度缺位，能力不够。对特许经营者的选拔往往是通过一对一的谈判方式，或者是由政府官员私下确定，并非通过公开招投标的竞争。同时，政府承诺和保障的安排时常超越法律政策的授权，导致合同没有法律效应，或者政府对政策和法律上的风险估计不足，以致风险一出现，合同无法履行。③管理不透明，监督不到位。在一些公共资源市场化配置领域（如基础设施建设）就存在着不完全招标、有意对投标者隐瞒信息、缩小投标者范围、实行不公开招标、指定中标人等现象。④行业壁垒依然存在，市场准入制度不完善。垄断行业投资壁垒显然偏高，投资产业准入受限制，国民待遇没有真正落实。如电力、铁路、电信、教育、基础产业及环保公共工程领域依然基本由政府垄断投资，对民间资本有较强的准入限制或基本禁止。

第六章 多重约束下公共服务供给机制的前沿探索

公共服务供给机制选择是处于动态变化中的政治与决策行为，它反映了不同时代背景下人们对政府供给更高质量服务的要求。在美国，经过20世纪70年代以来公共服务私有化蓬勃发展之后，公共服务的公私合作和混合供给已经保持在比较稳定的状态。随着时代的进步，尤其是信息技术的发展，公共服务供给机制的探索也呈现出了新的发展，这主要表现为：加强服务的整合性，从创建无缝隙的公共组织向创建无缝隙的公共服务转变；加强公共的参与性，从市场中心向"市民中心"转变（citizen-centered）；加强服务的合作性，从分散化（fragmented）供给向分享化供给（shared）转变。

第一节 整合性服务供给机制

传统的公共服务是在层级政府结构（hierarchical government structures）下，按照不同的服务类型、程序分配到不同的工作单位中进行供给的。随着公共服务问题复杂性的提升，功能单一且高度分割的供给体系极大地增加了市民接触或获得政府服务的难度，这也由此产生了311呼叫服务等整合性服务供给机制。本小节将阐述美国311呼叫服务的发展缘起、代表性案例和意义。

人们或许都知道，美国创建于1968年的911呼叫号码，是在遇到生命、财产造成威胁的紧急情况（如火警、严重意外事故、病情危急、生命危险或正在进行的危险犯罪行为等）下的求助电话号码。我们有所不知的是，作为非紧急情况下的公共服务号码——311，正在逐渐兴起，成为一种崭新的公共服务供给机制，并为越来越多的地方管理者所青睐。

1996年10月，美国马里兰州巴尔的摩市警察部（Baltimore Police Department）率先创建了 311 作为非紧急情况下的求助电话号码。1997 年 2 月，美国联邦通信委员会（Federal Communications Commission，FCC）①正式将 311 指定为全国范围内地方政府的非紧急情况求助电话号码。②1999 年，巴尔的摩正式将建立市范围的 311 呼叫系统，作为处理路灯损害、街道破坏、垃圾丢弃、房屋玻璃损坏等非紧急事务处理的通用号码。

　　在其后的 10 年时间内，311 呼叫系统作为一种地方政府通过电话向公众提供信息和服务的新型机制被越来越多的城市所采纳。这是因为，对于地方政府来说，如何与公众有效的沟通是更好地提高服务质量的关键。一般来说，地方政府所提供的公共服务，如垃圾收集、街灯维护、街道修整等，在正常运转的时候公众一般不会接触政府。只有这些服务功能出现了疏漏时，市民才会联系政府。如果市民在联系政府的过程中产生了负面的印象，这种消极效果就会不断影响乃至恶化政府的信誉。

　　从这个角度看，311 呼叫系统作为一种集中性的顾客服务系统，为地方政府迅速地了解并回应公众的需求提供了更好的渠道。而这种公众与政府之间的良好互动，也会使市民更愿意参与到社区事务中来。同时，政府也可以通过这种途径来获得绩效管理所需要的信息，从而识别社区所面临的公共问题，并将这种信息反馈到未来的财政预算中。

　　正是基于 311 呼叫系统的这些优点，越来越多的地方政府已经或正在尝试推行这一系统。2007 年，ICMA 所进行的"地方政府顾客服务系统"（Local Government Customer Service Systems，2007）调查结果显示，推行 311 系统的最重要的动力就是"改善服务，即使成本增加"。

---

① 美国联邦通信委员会是根据 1934 年美国电信法 Communications Act 所创建的独立性政府组织。联邦通信委员会的委员由美国总统所指定并为议员所确认。任期通常为 5 年。总统指定其中一名委员为委员会主席。委员中属于同一个党派的成员不得超过 3 名，并且委员中不得有人与委员会相关商业机构有任何经济利益关系。

② 包括 911 和 311 在内，美国联邦通信委员会（FCC）还正式批准了另外 4 个所谓的"N-1-1"呼叫号码，即 211、511、711、811。根据 FCC 的规定，"211"针对"社区信息和问讯服务（community information and referral services）"；"511"针对"交通与运输信息"（traffic and transportation information）；"711"针对"电信中继服务"（telecommunications relay services）；"811"针对管道设施（pipeline and utilities）服务。当然，FCC 也不反对个别地方根据习惯使用针对"地方电话号码帮助"的"411"和针对维修服务（repair service）的"811"电话号码。

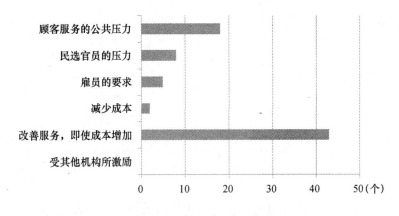

图6—1　推行311系统的动力

资料来源：Moulder, E., *ICMA's Local Government Customer Service Systems Survey*, 2007。

从部门的角度看，整合到311系统的公共部门主要有公共工程（public works）、法律执行（code enforcement）、城市管理与行政（city/county management/administration）、公园与休闲（parks and recreation）等部门（如表6—1所示）。这些部门都属于工作性质比较明显的部门，通常具有十分明确的问题（如公共工程维修、法律执行）、具体的项目和地点信息（如公园与休闲项目）等。此外，在非紧急性警务方面，一些城市将其纳入911系统，所以比例相对较低。

表6—1　　　　　　　　　　融入311系统的公共部门

部　门	数量（个）	融入的部门	
		数量（个）	比例（％）
城市管理（City City/Ccounty Management/Administration）	82	69	84
民选官员办公室（Elected Officials' Offices）	79	46	58
公园与休闲（Parks and Recreation）	78	63	81
法律执行（Code Enforcement）	80	70	88
垃圾收集与处理（Refuse Collection and Disposal）	76	59	78
公共工程（Public Works）	81	77	95

续表

部　门	数量（个）	融入的部门	
		数量（个）	比例（%）
动物管理（Animal Control）	78	42	54
健康/社会服务（Health/Social Services）	71	19	27
水资源（Water）	75	50	67
非紧急性警务（Nonemergency Police）	74	42	57

资料来源：Moulder，E.，*ICMA's Local Government Customer Service Systems Survey*，2007。

从接触 311 系统的途径角度看，电话接入无疑是最为直接的方法，这也正是设立 311 的主要目的。除了电话接入外，不少地方政府的 311 系统还建立了其他渠道，包括传统的柜台方式（at the counter）、书信（regular mail）、传真（fax）、电子邮件（e-mail）、网站（website）等，从而使之成为一种全方位、多途径的便捷系统。

311 不仅仅是一种公众接触政府的方式，还是一种政府回应公众需求的途径。因为 311 并不是简单的电话接入或转移，它还提供了"追溯的方法"（tracking methods）。一般来说，当公众拨打 311 之后，系统会提供一个"追溯号码"（tracking number），并随后通过自动/人工语音、电子邮件等方式告知相关信息、处理结果或预期解决的期限等。而当 311 系统在解决公众的问题时，可以通过地理信息系统（Geographic Information System）来定位和解决"街道"层面上的议题（street address）；可以通过集中相关的议题进行解决（issue address）；也可以直接根据顾客的姓名、账号或电话号码解决问题。

311 系统不仅仅是一种服务供给机制，它还提供了大量的信息给政府，使政府可以根据这些信息和数据来制定预算、改变政策并实施绩效考核（如图 6—2 所示）。

正是基于 311 系统的这些优势，越来越多的城市开始推行该系统。根据 2010 年皮尤慈善信托基金会（Pew Charitable Trusts）调查报告（如表 6—2 所示），在 15 个平均人口超过 30 万的城市中，2009 年 311 系统的平均每 100 户使用率达到了 96 次，旧金山更是高达 446 次。在纽约市、芝加哥、旧金山、洛杉矶和休斯敦等大城市中，2009 年的总电话接入数量在 100 万次以上。在如此庞大的接入数量下，311 接入的平均时间只需要 32 秒，而转移到其他部门进行处理的平均比例只有 18.6%。

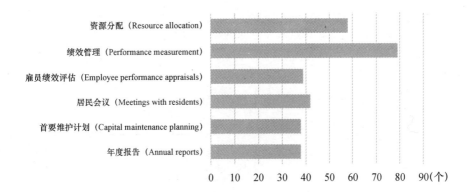

图 6—2　311 系统的信息使用途径

资料来源：Moulder，E.，*ICMA's Local Government Customer Service Systems Survey*，2007。

　　当然，必须指出的是，311 系统的运营成本是比较高的。皮尤慈善信托基金会的报告指出，在所调研的 15 个城市中，基本每年支出高达 370 万美元；平均每个电话的成本为 3.39 美元。在旧金山市、纽约市等城市，2009年的支出均超过了 1 亿美元。不过，尽管近年来美国面临一系列的经济衰退问题，但是 311 系统作为一种使城市管理者更加有效地管理城市并回应公众需求的整合性服务供给，仍然保持了较为强劲的推进势头。

表 6—2　　　　　　　　　　美国部分城市的 311 系统工作概括

城市或县 （City or County）	总人口 （2008 年）	总接入 数量	人均 数量	处理时 间（秒）	等待时 间（秒）	放弃 率（%）	转接 率（%）	运营 时间
巴尔的摩 （Baltimore，MD）	636919	970937	152	120	5	3.0	6.0	6a - 10p Mon - Sun
夏洛特 （Charlotte，NC）	890515	1648087	185	166	63	2.6	33.0	24×7× 365
芝加哥 （Chicago）	2853114	4309708	151	70	81	19.0	35.0	24×7× 365
哥伦布 （Columbus，OH）	754885	288527	38	117	26	1.4	21.0	7a - 8p M - F
达拉斯 （Dallas）	1279910	1196957	94	120	119	15.0	n/a	6a - 8p M - F

续表

城市或县 (City or County)	总人口 (2008年)	总接入 数量	人均 数量	处理时 间(秒)	等待时 间(秒)	放弃 率(%)	转接 率(%)	运营 时间
丹佛 (Denver)	598707	443061	74	189	32	7.7	42.5	7a-8p M-F; 8a-5p Sat-Sun
底特律 (Detroit)	912062	238123	26	123	38	11.5	12.0	8a-5:30p M-F
休斯敦 (Houston,TX)	2242193	2256511	101	129	n/a	3.9	n/a	6a-12a all days
洛杉矶 (Los Angeles)	3833995	1402656	37	90	24	12.7	40.0	24×7× 365
迈阿密 (Miami-Dade,FL)	2398245	2650000	110	268	73	16.5	6.7	6a-10p M-F; 8a-5p Sa
纽约 (New York City)	8363710	18707436	224	228	8	3.6	36.0	24×7× 365
费城 (Philadelphia,PA)	1540351	1113159	72	372	n/a	26	18.6	8a-8p M-F; 9a-5p Sa
匹兹堡 (Pittsburgh,PA)	310037	49048	16	180	n/a	45.0	0.01	8a-4:30p
圣安东尼奥 (San Antonio,TX)	1351305	1293372	96	100	n/a	8.4	13.0	7a-11p all days
旧金山 (San Francisco)	808976	3608824	446	88	38	14.4	1.9	24×7× 365
平均			96	123	32	11.5	18.6	

资料来源:整理自 Pew Charitable Trusts, "Survey of 311 Contact Centers in Selected Cities/Counties", http://www. pewtrusts. org/our_ work_ report_ detail. aspx? id＝57562, 2010。

注:人均数量为每100户的平均接入数量;放弃率是指电话接通前放弃呼叫的比例;转移率是指转到其他部门处理的比例。除人口数据外,其余数据均为2009年数据。

表6—3　　　　　　　美国部分城市的311系统成本概括

城市或县 （City or County）	雇员数量（人）	311支出（美元）	占城市预算比例（%）	平均接入成本（美元）	头年运营成本（美元）	启动资本（美元）
巴尔的摩（Baltimore，MD）	82	4700000	0.35	5.41	4000000	n/a
夏洛特（Charlotte，NC）	134	7278861	0.40	4.37	2304343	4100000
芝加哥（Chicago）	81	4965897	0.16	1.15	n/a	4000000
哥伦布（Columbus，OH）	16	1583158	0.24	5.49	798000	n/a
达拉斯（Dallas）	89	3700000	0.36	3.72	n/a	n/a
丹佛（Denver）	27	1500000	0.16	3.39	1100000	3313000
底特律（Detroit）	9	1548421	0.10	7.78	n/a	n/a
休斯敦（Houston，TX）	92	5000000	0.26	2.22	4358505	3659135
洛杉矶（Los Angeles）	52	3128980	0.07	2.69	5700000	4000000
迈阿密（Miami-Dade，FL）	133	10971000	0.22	4.30	9000000	n/a
纽约（New York City）	545	46000000	0.08	2.57	16900000	25000000
费城（Philadelphia，PA）	63	2830914	0.08	2.20	2059272	4000000
匹兹堡（Pittsburgh，PA）	6	199951	0.05	4.08	112075	n/a
圣安东尼奥（San Antonio，TX）	31	1700000	0.07	1.39	n/a	n/a
旧金山（San Francisco）	95	10952000	0.38	3.15	6500000	8600000
平均	81	3700000	123	3.39	4700000	4600.000

资料来源：整理自 Pew Charitable Trusts，Survey of 311 Contact Centers in Selected Cities/Counties，http：//www.pewtrusts.org/our_work_report_detail.aspx？id=57562，2010。

注：雇员按全职员工（full-time equivalent employees，FTEs）数量计算，为2008年数据；311支出除圣安东尼奥外，均为2008—2009财年数据；所有成本或支出的单位均为美元。

一　旧金山311服务机制

位于美国西海岸的旧金山市①是美国第12大城市和加州第4大城市

---

① 实际上，旧金山市是一种"市—县合并"（consolidated city-county）的城市类型，完整的称呼应该是旧金山市和县（City and County of San Francisco）。所谓的"市—县合并"，就是指市和县合并成一个完整的管辖区域（jurisdiction）。此外，旧金山市的中文名还有"三藩市"，主要在粤语族群中使用。

（按人口统计），2009 年的人口总数预计为 815358 人（U. S. Census,
2009）。从 19 世纪 50 年代的"淘金潮"开始，美国乃至其他国家的"淘
金者"就络绎不绝地奔赴旧金山以实现其致富梦，这也使旧金山迅速发
展成为当时美国密西西比河以西的最大城市。时至今日，旧金山已经发展
成为美国最为多元的移民城市之一。根据美国 2000 年的人口普查，旧金
山的人口总量中，非拉丁裔白人约占 46%，亚裔（其中 63.7% 为华裔）
约占 31%，拉丁裔约占 14%，非洲裔约占 7%（U. S. Census, 2000）。旧
金山的多元性为其增添了文化魅力和历史魅力，但也带来一定的负面性。
例如，旧金山市街头游民（Homelessness）较多，犯罪率也较高。可以
说，为了更好地改善公共服务供给，并适应旧金山市移民族群众多的特
点，旧金山于 2000 年开始探索 311 服务机制。

"最需要市府服务的人士，例如老人、贫困者、新移民，他们更难会
了解如何在官僚性的迷宫中寻找到通路"，美国旧金山市市长纽森（New-
son, Gavin）在为市民提供的 311 手册上就直截了当地说明了建立 311 服
务机制的目的。根据旧金山市的统计，在建立 311 服务中心之前，市政府
提供超过 2300 个电话号码给公众来查询公共服务。而每年所有的市政府
部门会接到超过 700 万次的电话询问，但 40% 的服务从来没有得到完全
解决。

在此同时，每年 911 中心所接收的电话，超过一半都是非紧急性电
话。这不仅增加了 911 中心的工作负担，而且不利于真正紧急事务的处
理。为了分担 911 中心的压力，在 2000 年，旧金山市的紧急沟通部主任
（Director of the Emergency Communications）布拉德索（Bradshaw, Thera）
提议建立 311 中心来简化市政服务。

而在旧金山建立 311 中心之前，巴尔的摩、芝加哥、达拉斯、洛杉矶
以及圣何塞等大城市已经建立起 311 服务系统，并取得了积极的成就。例
如，芝加哥和圣何塞的经验表明，311 中心建立之后，911 中心所接收到
的非紧急事务分别降到了 5% 和 10%（Vlamings, 2000）。这些经验也激
发了旧金山市仿效学习的动力。

2000 年后，经过 5 年的准备，旧金山市议会于 2005 年正式批准了建
立 311 中心的预算。2006 年 9 月，311 中心建设工程结束。2007 年 3 月，
311 中心正式投入运行，成为美国第 41 个建立非紧急事务通用电话的城
市。中心的所有员工均经过特别的培训，并一年 365 天、每天 24 小时地
为公众提供服务。为了应对旧金山移民众多的情况，311 中心还提供了超
过 150 种语言的翻译服务（Newson, 2003）。同时，一旦 911 中心在紧急

情况下暂时失去运作功能时，311 中心功能能够随时替换成 911 中心而代替其功能。

作为市民获得旧金山市/县综合公共服务的重要途径，311 中心为市民获取信息、报告问题或提交服务请求提供了简捷、专业、透明和高效的平台。从功能上看，311 的主要作用有：①作为获取服务信息、提交服务请求的单一接入点；②持续地整合跨部门的最新信息；③为政府改善服务提供绩效报告和分析；④支持社区与政府之间的信息传递和沟通。具体地，这些服务包括政府部门工作时间和地点信息、清除涂鸦、修理破坏的公路、报告丢弃的旧汽车、公共汽车路程和时间表、公园与休闲项目、结婚证书登记、博物馆和表演艺术信息、税款资料和税金支付、宠物登记以及联系政府官员等。从组织架构上看，311 主要包括技术后台和服务前台两个部分，构造并不复杂（如图 6—3 所示）。

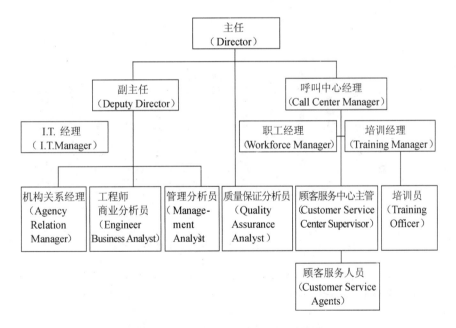

图6—3　旧金山311服务中心组织结构

资料来源：整理自 City of San Francisco，"311 Organizational Chart"，http：//www.sf311.org/index.aspx？page=26。

从 2008 年至今，311 中心每个月呼叫接入量为 20 万—40 万（如图 6—4 所示）。从服务的类型来看，呼叫最为频繁的服务依次分别是街道和人行道清洁请求（Street and sidewalk cleaning request）、交通运输机构回馈（SFMTA Feedback）[①]、涂鸦消除（Graffiti abatement）、城市服务请求（Request for city services）、房屋管理局请求（Housing Authority Requests）、汽车丢弃（Abandoned Vehicles）、公共财产涂鸦自我请求服务（SSP Graffiti on Public Property）[②]、交通运输失物招领（SFMTA Lost and Found）、自我请求城市服务（SSP Request for City Services）、拖吊区建设许可（Construction Zone Tow-away Permits）等（如图6—5所示）。

总的来说，尽管旧金山的311呼叫系统建设并不算早，但其建设规模和成就已经位列美国城市前茅。也正如此，2010年美国公共技术中心（Public Technology Institute，PTI）[③]授予了旧金山"市民参与社区指定项目"（Citizen-Engaged Communities Designation Program），以表彰其在利用技术推动市民更好地获得公共服务方面的成就。

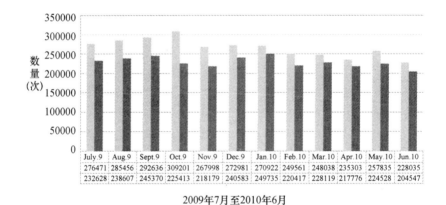

2009年7月至2010年6月

图6—4　美国旧金山311呼叫的接入量和应答量

资料来源：整理自 San Francisco Customer Service Center，"Fiscal Year 2009/2010 Service Requests and Call Volume Report"，http：//www. sf311. org/index. aspx？ page = 162。

---

① SFMTA 为旧金山市运输机构（San Francisco Municipal Transportation Agency）的简称。

② SSP 指自我服务人口（Self Service Portal），即居民自行通过网络提交服务请求。

③ 美国公共技术中心（Public Technology Institute，PTI）是一家成立于1971年，位于华盛顿特区的全国性、非营利性组织，其主旨是推动技术在政府部门的运用。

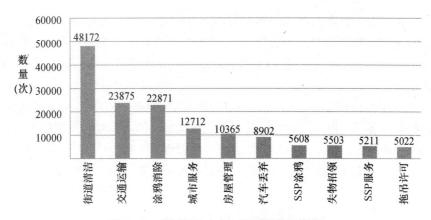

图6—5 美国旧金山311呼叫服务的类型

资料来源：整理自 San Francisco Customer Service Center，"Fiscal Year 2009/2010 Service Requests and Call Volume Report"，http：//www. sf311. org/index. aspx？ page＝162。

二 巴尔的摩311、CitiTrack 与 CitiStat

巴尔的摩位于马里兰州，是该州人口最多的城市，2009 年人口预计为637418 人（U. S. Census，2009）。巴尔的摩曾经是美国独立战争时期的首都，有丰富的历史遗迹，曾经有"不朽城"之称①。从 20 世纪 50 年代起，巴尔的摩的非洲裔人口不断攀升，70 年代达到了 46.4%，目前已经超过了 60%②（Short，2006：142）。巴尔的摩的犯罪率一直较高，2009年共发生了 239 件谋杀案（homecides），在人口超过 25 万的城市中位列第三。尽管该数字比 1993 年的 379 起已经有很大的下降，但其谋杀率仍然为美国平均水平的 7 倍以上，并分别为纽约市和洛杉矶市的 6 倍和 3 倍以上③。可以说，近年来犯罪率居高不下、市中心衰落等现象，激发了巴尔的摩市创新市政管理的决心，311 服务机制以及随后的 CitiTrack 和 CitiStat 就是其中的典型创新事例。

---

① 1904 年，"巴尔的摩大火"（Great Baltimore Fire）几乎将该城毁为废墟。这场持续了 30 个小时的大火损害了巴尔的摩 1500 栋以上的建筑，迫使巴尔的摩进行大规模的重建。

② 1968 年 4 月民权运动领导马丁·路德·金（Martin Luther King, Jr.）在田纳西州被刺杀后，巴尔的摩的非洲裔族群爆发了大规模的骚乱，给城市造成了严重的损失。

③ 著名的美国电视连续剧《火线》（The Wire，又称《监听风云》《火线重案组》）在某种程度上反映了巴尔的摩"真实的城市面孔及声音"——毒品交易、犯罪、官僚主义、黑金等。在巴尔的摩市实地取景的剧集逼真地描述了巴尔的摩市警察与犯罪团伙间的交锋过程。全剧由有线付费电视台 HBO（Home Box Office）于 2002 年 6 月 2 日首播，2008 年 3 月 9 日完结，共 5 季 60 集。参见 http：//www. hbo. com/the-wire/index. html。

实际上,巴尔的摩是美国最早引入 311 呼叫服务的城市。不过,巴尔的摩 311 服务的特点不在于此,而是在于其将 311 与所谓的 CitiTrack 与 CitiStat 关联起来,使 311 所产出的大量数据产生了绩效管理的作用①。

在启动 311 项目之前,巴尔的摩每天有 10000—13000 个电话打进城市的管理部门。由于没有专门的工作人员、统一的信息整合系统以及跨部门的协调系统,城市回应公众需求的速度较慢且标准不统一。实际上,大量的电话可能重复报告某一问题,或者一些请求是可以通过网络等其他途径获得。但是,由于缺乏这样一种针对非紧急公共事务的呼叫机制,大量的呼叫拥入 911 系统,并使 911 系统不堪重负。

为此,1996 年,巴尔的摩在美国司法部(US Department of Justice, DOJ)的赞助下正式启动了 311 服务项目,由 911 中心的非紧急警务单位(The Police Non-emergency Unit)所承担和执行②。2002 年,311 中心正式成立,其所承担的功能从非紧急性警务扩展到所有的市政服务。2005 年 5 月,311 中心的领导职能从非紧急警务单位转移至市长信息技术办公室(The Mayors Office of Information Technology),其级别得到了提升。

311 成立之后,不仅极大地减轻了巴尔的摩 911 的负担,还为市民接触政府提供了更好的渠道。随着 311 转向"全服务"(full service)方式,其所涉及的工作范围也不断扩大。但是,311 就像普通的"服务台"一样,如果没有后续的工作配合,它就可能仅仅成为一个"信息中转台"或"服务处理台",对长远的公共服务质量提升难以产生影响。

为了更好地发挥 311 所产生的巨额数据量的作用,巴尔的摩于 2001 年开始建立 CitiTrack CRM 系统,利用该系统来记录(record)、分配(assign)、追溯(track)和报告(report)所有通过 311 电话或网络提交的服务请求。利用该系统,巴尔的摩识别出 300 种以上的服务请求类型,并为每种服务类型发展出"处理脚本"(scrip)——不同服务类型的请求的处理程序等进行标准化的界定,从而使处理方式更加流畅和统一。同时,通

---

① 关于巴尔的摩 Citistat 的部分情况,国内学者杨宏山曾经进行过比较全面的介绍和总结,但是他并没有详细阐述 Citistat 与 311、CitiTrack 的关系。实际上,CitiStat 项目并不是独立运行的,它还需要 311 提供的数据以及 CitiTract 的数据转移。参见杨宏山《数据绩效分析与城市管理创新》,《中国行政管理》2008 年第 7 期。

② 实际上,巴尔的摩的 311 呼叫服务最初并不针对全面性的市政服务,而是集中在非紧急性警务上。第一个将 311 作为"全服务"(full service)机制的是达拉斯。达拉斯启动 311 服务的宣传口号是"呼叫市政厅"(your call to City Hall),而不是以减少 911 负担为目标。

过 CitiTrack，巴尔的摩还将最为常见的 60 种服务类型置于政府网站，从而使市民更加便捷地获得这些服务。

根据服务的类型和地点，CitiTrack 可以自动创建服务命令（service order）并通过电子化的方式转交到合适的处理部门（如图 6—6 所示）。这样，通过 CitiTrack，市民所请求的服务就不仅仅局限在 311 中心进行处理，还可以快速地转移到全市所有的公共机构。同时，服务请求者还可以通过特定的追溯号码（tracking number）来检查服务处理的进展和状态。目前，CitiTrack 处理的服务类型超过 400 种，有来自公共工程、交通、房屋、公园管理以及 CitiStat 部门的 1000 个以上公共机构使用者。

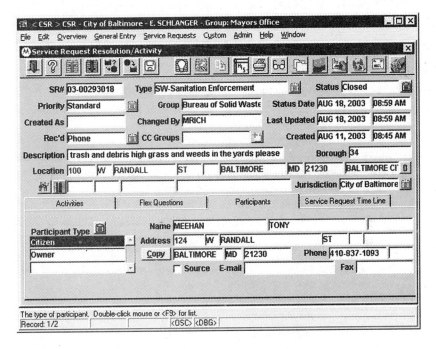

图 6—6　巴尔的摩 CitiTrack 工作方式示例

资料来源：Allen，L. N & Little，L. R.，Leveraging technology to measure government productivity and accountability，http：//baltimore. customerservicerequest. org，2009。

一般来说，CitiTrack 按照两种不同程序处理来自 311 中心的服务请求：针对比较紧急或迫切的工作，如水源污染、暴风雨、下水道堵塞、交通信号异常或动物控制等，CitiTrack 可能根据所涉及的区域和日期，将服务指令提交给高级管理人员（superintendent）来进行即时处理；针对非紧急的工作，CitiTrack 一般先派遣一名侦查人员（scout）进行实地考察，该人员将考察到的实际情况反馈到 CitiTrack 的服务派遣中心（dispatched center），派遣中心再重新创建服务请求（Service Requests，SRs），并将服务命令移交至合适的部门。此外，CitiTrack 也提供了独立的自我服务网络入口（Self-service Portal），可以作为"311"的替代机制。

311 和 CitiTrack 在实际运行中都产生了大量的信息，那么，如何将这些信息更好地用来改善市政服务的质量呢？为此，巴尔的摩在借鉴纽约市警察部门（New York Police Department，NYPD）CompStat[①] 的经验基础上，推行了 CitiStat 项目[②]。

与 CompStat 主要面对警务不同，CitiStat 项目针对所有的市政服务。它与 311 和 CitiTrack 的数据库是关联起来的：311 呼叫中心接到服务请求后，将信息录入"顾客请求管理数据库"（customer request management database）；随后 CitiTrack 将信息转移到相关部门，并记录处理进展和结果；最后是 CitiStat 对 CitiTrack 的处理信息进行归纳和汇总。CitiStat 整理好数据之后，市长每两周召开一次由各个涉及部门管理者参加的 CitiStat 会议，并由 CitiStat 项目人员用直白、简洁的数据形式向各个部门的与会

---

① CompStat 是 COMPuter STATistics 或者 COMParative STATistics 的缩写，是 NYPD 于 1994 年所创立的一套犯罪追踪（crime-tracking）和管理工具。根据美国国家司法中心（National Institute of Justice）的报告，CompStat 的关键要素可以分为以下 6 个方面：（1）任务阐述（Mission Clarification）。CompStat 认为警察机构应该像军事组织一样，必须明确地定义组织的任务。高层管理者必须识别部门任务的核心特征，并负责确立管理的具体目标，如 1 年内犯罪率降少 10％ 等。（2）内部责任（Internal Accountability）。必须在组织内部确立责任，使每个管理者都直接负责执行特定的组织目标。为此，必须定期举行 CompStat 会议来让实际执行的管理者（operational commander）来了解存在的问题和所要执行的命令。（3）操作管理地理组织（Geographic Organization of Operational Command）。CompStat 赋予了警察部门管理者较高的责任，但也把具体的执行权下放到实际的执行者（commanders），即组织的权力被转移到按地理单位（geographic unit）划分的执行者。（4）组织弹性（Organizational Flexibility）。向中层管理者授权使之可以针对实际问题做出决策，同时提供相应的资源来包装他们行动的成功。（5）数据驱动问题识别与评估（Data-Driven Problem Identification and Assessment）。即实时的数据必须及时地，并按照可以使用的格式输送到管理者手中。（6）创新性的问题解决策略（Innovative Problem Solving Tactics）。鼓励管理者使用创新性的策略来解决实际问题。CompStat 项目推出后，纽约市的治安出现了比较明显的好转，并纷纷为其他城市所仿效，获得了巨大的声誉。CompStat 在 1996 被福特基金会（Ford Foundation）和哈佛大学肯尼迪政府管理学院（Harvard's Kennedy School of Government）授予了"美国政府创新奖"（Innovations in American Government）称号。参见 Weisburd，D. et al.，Compstat and organizational change：A national assessment，www. ncjrs. gov/pdffiles1/nij/grants/222322. pdf，2008。

② 当然，CitiStat 项目实际上启动于 2000 年，要早于 CitiTrack 项目。只不过在刚启动 CitiStat 项目时只有少数几名工作人员，其所处理的事务主要局限在固体废弃物管理方面。直到 2002 年，CitiStat 项目才扩展到其他市政部门。

者分析其管理绩效及存在问题（如图 6—7 所示）。例如，利用地理信息
系统（Geographic Information System，GIS）制作数字图（digital maps），
对每个区域所产生的投诉（complaints）、空房（vacant homes）、违反涂料
含铅标准（lead paint violations）、坑洞（potholes）进行地理汇总，从而让
管理者可以追踪雇员的绩效和公共服务的输送进程（Thomas & Ospina，
2004：92 – 97）。

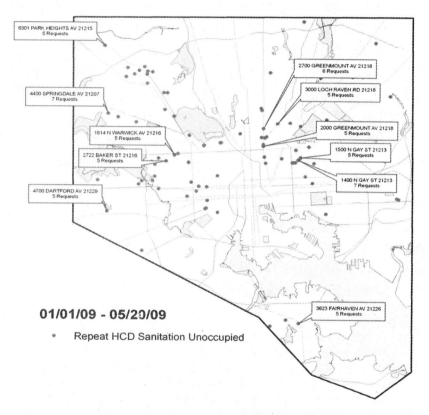

图 6—7　巴尔的摩 CitiStat 工作方式示例

资料来源：Allen，L. N & Little，L. R.，"Leveraging Technology to Measure Government Produc-
tivity and Accountability"，http：//baltimore. customerservicerequest. org，2009。

　　总的来说，巴尔的摩 311 项目的特点就是将之与 CitiTrack、CitiStat 项
目连接起来，从而使 311 不仅仅成为一种直接向市民提供服务的机制，还
产生了公共服务绩效管理的作用。正如哈佛大学肯尼迪政府管理学院在授
予巴尔的摩 CitiStat 项目政府创新奖的说明所说，"CitiStat 的主要创新之

处，就是将绩效评估引入各个部门。例如，动物控制部门必须解释流浪动物（stray）增加的原因并提出解决办法；房屋管理部门必须解释空屋丢弃的原因并提出解决办法；所有管理者都必须解释其在服务公民上所延误的每个小时"（Harvard's Kennedy School of Government，2004）。

三　走向政府2.0

2005年，纽约市"曼哈顿政策研究所"（Manhattan Institute for Policy Research）的高级研究员俄格斯（Eggers，William）提出政府2.0概念①，提出了通过电子技术创建一个"没有围墙的政府"（Government without wall）的愿望。在他看来，与政府1.0时代的电子政务不同，政府2.0的特征在于：①根据市民的需求重组政府；②提供更加具有选择性的服务；③提供中立的信息帮助市民做出决策；④定制服务（customize service）并注重政府与市民之间的交流；⑤允许市民通过各种设备随地、随时地完成政府交易；⑥减少政府成本（Eggers，2005：17）。在信息技术飞速发展的今天，政府2.0为公民提供了一个更加简化、更加通畅的渠道，提供没有围墙的服务，也正走向现实。而于2010年10月在加州圣何塞举办的ICMA第96届年会，其主题就是"地方政府2.0：不平凡时代及其超越的创新性实践"（Local Government 2.0：Innovative Applications for Extraordinary Times and Beyond），这也从一个侧面反映出政府2.0作为当前热门的管理课题，正受到越来越多的研究者和实践者的重视。如美国白宫的开放

---

① 实际上，政府2.0概念是从网页2.0（Web 2.0）的概念转换过来的。Web 2.0，是由O'Reilly公司在2003年造的一个词，2004年召开Web 2.0大会之后，这个词就流行起来，意指基于Web的下一代社区和托管服务，比如社会网络、维基百科、大众分类等，帮助Web用户协作和分享。Web 2.0具有以下几个特点：（1）大规模互连。从过去一对多的发布和通信，转向多对多的连接，网络效应使得边际同核心一样重要，颠覆了旧的通信、发布、分发和聚合模式。（2）去中心化。系统更多地从通过边沿的拉动来生长，而不是借助核心的推动向外生长。（3）以用户为中心。网络效应给予用户前所未有的力量，他们参与、对话、协作，最终产生巨大的影响。消费者可以说话、交流和讨论他们的经验，他们拥有控制权，积极主动地影响着产品的方向。（4）开放。这种开放性，是以因特网的开放技术标准为基础的，但很快地演进到一个由开放应用所构成的生态系统，这些应用建构在开放数据、开放API和可重用的组件之上。（5）轻量级。软件由小团队使用敏捷方法设计和开发，使用简单数据格式和协议，采用运行开销小的平台和框架，应用和服务部署简易，商业上力图保持低的投资和成本，营销上利用简单的消费者之间的口口相传来形成病毒式传播。（6）自然浮现。不是依靠预先完整定义好的应用结构，而是让应用的结构和行为随着用户的实际使用而灵活适应和自然演变；成功来自合作，而不是控制。参见毛新生《Web 2.0与SOA：Web 2.0介绍》，http：//www. ibm. com/developerworks/cn/web/wa-web20soa1/。

政府指令（Open Government Directive）、国防部（Department of Defense，DoD）的 DoD Live 等，都是政府 2.0 的实践与探索。

在某种程度上，311 正是政府 2.0 的生动体现。从交易成本的角度看，311 的意义不仅在于它为政府与市民之间的互动提供了桥梁，更重要的是它通过整合的方式降低了政府与市民之间因复杂性、不确定性而带来的交易成本。如果把交易成本分为搜寻成本（search costs）、签约成本（contracting costs）、监督成本（monitoring costs）、执行成本（enforcement costs）四种类型的话（Williamson，1985；Hennart，1993；North，1990），我们可以看出 311 系统从不同方面体现了降低交易成本的尝试（如表 6—4 所示）。

表6—4　　　　　　　　　　　311 系统的交易成本分析

交易成本	311 系统的关键要素
搜寻成本（search costs）	呼叫中心：通过电话、网络（政府网站、网页 2.0 与社会网络）等方式随时、随地地提出服务请求
签约成本（contracting costs）	顾客关系管理（CRM）：提供统一的可追溯机制来记录政府处理服务请求的过程与结果，使政府与市民之间的"交易"更为通畅和可信
监督成本（monitoring costs）	绩效管理：根据 311 呼叫和 CRM 的信息和数据来进行绩效评估，监督公共服务供给的实际绩效
执行成本（enforcement costs）	部门间的后台整合：通过 CRM 机制来分配公共服务命令，实现跨部门的沟通和合作，将交易从前台转移到后台来加以执行

注：网页 2.0 与社会网络指 Web2.0 与 Social Networking，如 Facebook、Twitter 等。

根据表 6—4，搜寻成本是指为了识别和评估潜在的交易对象而产生的信息搜寻成本；签约成本是指谈判与写作合约的成本；监督成本是监督合约，以确保每个参与者都完成合约预设任务的成本；执行成本是指事后执行或者对不履行合约的对象加以制裁的成本（Dyer，1997：536）。从搜寻成本角度看，311 既提供了比较传统的统一电话接入方式，还应用了目前网页 2.0 和社会网络机制，使需要服务的市民可以随时、随地地通过各种途径，如联系中心（contact center）、自我服务网络（self-service Web）、自动电话协调（automated phone systems）、步入（walk-ins）、居民区站台

(neighborhood stations) 等，来提交服务请求，而各种信息请求、服务请求、投诉、建议都可以在简易、明确的平台上实现，这就极大地减少了市民为识别公共服务的交易对象而产生的搜寻成本。

从签约成本的角度看，政府将市民视为顾客，一旦顾客提出服务请求，就意味着政府与顾客之间的交易已经产生，并将该交易纳入顾客关系管理系统，而顾客则可以通过特定的追溯号码来跟踪交易的进程和结果。这种顾客关系管理系统，使交易行为更为顺畅，并成为一种可信承诺，这就减少了政府与市民之间的签约成本。

从监督成本的角度看，由于政府与市民之间的交易被纳入了统一的数据库，基于数据的绩效管理得以实现。这种实时的数据（real-time data）以简洁、直白、易用的方式动态地展现在管理者面前，从而使管理者可以轻易地监督交易的速度、质量和效果。

从执行成本的角度看，311 作为前台的服务接入机制，将服务请求转移到合适的部门，并协调和监督部门间的行动，从而保证交易行为的执行，避免产生扯皮行为。实际上，311 作为统一的服务平台，其最为核心的要素就是后台的部门协调和配合。来自 311 的服务请求通过统一的指令系统输送到实际的处理部门，高层管理者根据实时的数据来加以监督，这就降低了公共服务的协调和执行成本。

可见，正如旧金山市市长纽森所说的，311 系统的实践意义在于让市民在迷宫般的政府部门中找到服务通路，并以最快、最简洁的方式获得服务。这意味着政府与市民之间的交易行为变得简单、可追溯、可评估和更容易实施，从而降低了社会交易成本。

正是基于 311 的这些优势，以及其与数据绩效管理结合所产生的巨大潜力，吸引了越来越多的城市管理者加入这一改革潮流。实际上，当前美国不少城市所推行的公共服务创新机制，都充分利用了 311 数据的潜力，并用 Web 2.0 技术将数据的作用最大限度地释放出来。

例如，获得 2009 年哈佛大学地方政府创新奖的华盛顿特区数据"目录与传送"（Data Catalog and Feeds）项目，就是将 311 与数据绩效管理结合起来的典型代表。它将 311 所产生的服务数据、处理结果、分析报告，连同其他的信息（如犯罪事故报告、建设工程报告），以可用的结构方式（XML，Text/CSV，KML or ESRI）向所有市民进行统一公开。市民可以通过 iPhone、Facebook 和 Google Maps 等特定程序（APPs）来订阅相关的信息①。

实际上，我国目前也出现了类似的服务输送机制，如中国住房和城乡建设部大力倡导和推广的 12319 服务热线和数字化城管系统。2006 年，按照建设部《关于推行全国建设系统"12319"服务热线的通知》北京开通了城市管理热线，统一电话号码为 12319，由北京市市政管理委员会负责管理。热线目前主要承担了四方面工作：（1）承担北京市城建系统市民电话诉求服务工作。12319 依托"北京市城市综合管理信息系统"，负责受理、办理北京市城市建设管理方面的市民电话诉求。（2）承担市政管委非紧急救助服务工作。与北京市非紧急救助服务中心进行对接，成立了北京市非紧急救助服务中心市政管理委员会分中心。负责接受市非紧急救助服务中心（12345）转交市政管委办理的市民诉求。（3）承担市政管委便民电话的受理工作。负责受理、解答、办理市政管委职能范围内的市民电话诉求。（4）承担市政管委政府信息公开电话受理工作，受理与市政管委直接有关的政府信息咨询和查询。

应该说，12319 服务热线与美国的 311 服务平台具有相似之处，都是试图建立统一的服务终端，降低市民获得公共服务所需要的交易成本。目前，建立统一的市民接触中心（Citizen Contact Centers）已经是共同的趋势。例如，法国建立了 3939 服务热线，其目标就是"让公众生活更舒适"，使公司"办事更容易"，建立一个没有堆积如山的文件、节约能源、能够为公民提供适合现代世界的服务的政府。德国也推出 115 项目，民众无论想知道州政府什么时候推出减税计划、汽车补助方案，还是想了解如何缴纳房产税，接线员们都可以通过政府工作人员提供的信息解答。为更好地配置资源，德国现存所有公共信息呼叫中心都将被纳入"115"项目中，从而实现整个公共服务系统的整合。

可以说，统一的市民接触中心或途径，极大地提高了公民对政府服务及其相关信息的可获得性。通过这个渠道，所有的信息都可以打通部门与机构划分的限制，实现无缝流通。同时，政府部门也可以实时、动态地收集和整理相关的数据，从而更好地了解来自公众的偏好与诉求。通过这些数据，政府部门可以持续地型构提供公共服务的部门。例如，纽约、芝加

---

① 2008 年，华盛顿特区就曾经启动了"实现民主的程序"（Apps for Democracy）竞赛项目。该项目在 30 天获得了 47 项程序。这些可以应用在网页（Web）、iPhone、Facebook 和 Googlemaps 的程序，可以让市民更好地了解政府提供的服务信息。例如一项名为 iLive. at 的程序，就可以让居民对附近的银行、商店、历史遗址、停车场乃至犯罪数据进行定位。参见 District of Columbia，http：//www. appsfordemocracy. org/。

哥、巴尔的摩都将接触中心所获得的数据作为绩效管理的重要依据。如果持续表现出无效率，一些服务机构会被降低预算甚至削减工作人员。与上述国家相比，我国的 12319 热线目前所承载的内容主要集中在城市建设与管理系统方面，还没有打通与其他部门之间的沟通渠道，也没有产生数据收集以及绩效管理的作用。而且我国目前存在着每个政府部门均建立服务热线、互不联通的情况，如市长热线 12345、燃气热线 96777、供水热线96766、供电热线 95598、劳动保障热线 12333、环保污染投诉热线 12369、工商热线 12315、"三农"服务热线 12316、公共卫生服务 12530、纳税服务热线 12366 等。这些服务电话往往是要不转接到语音状态，要不就是要太极，在涉及具体解决问题时找各种理由借口搪塞。大部分热线的工作程序是"工作人员听完你的问题后，告诉你相关部门的电话，由相关部门去解答或处理"（杜冰，2006）。目前，北京市于 2007 年成立的非紧急服务中心，已经探索利用 12345 服务电话的人力和技术资源，逐步实现12345"一号通"，通过控制新建，整合资源，合并电话较少、职能交叉多部门的热线，保留专业性较强的部门的热线，扩大 12345 受话量和提高服务能力等方式，逐步调整北京市政府服务热线布局。总的来说，我国的服务热线还停留在简单的电话接听与信息沟通上，基本没有体现跨部门的服务整合，更没有通过绩效管理而带来的高效率。在这种情况下，市民也无从高效、便捷地获得公共服务。

可以预见的是，作为一种简化复杂性、不确定性的服务机制，311 所体现的服务整合机制的应用无疑是十分广阔的。它不仅为市民获得公共服务提供更加便捷的渠道，还使服务的数据能够产生绩效管理的作用，并驱动政府更高质量地供给公共服务，更加快捷地回应公民的需求。

第二节　呼吁性服务供给机制

公共服务供给是单向的传输过程，还是双向互动的产物呢？公众在公共服务供给中扮演什么样的机制呢？近年来，越来越多的公共服务供给更加强调市民的呼声（citizen voice），注重政府与市民之间信任关系的构建，参与性在公共服务供给过程中的角色更加明显。本节将以"市民驱动的政府绩效"（Citizen-Driven Government Performance）为案例，说明参与在公共服务供给过程中的作用。

一　服务供给过程中的"市民呼声"：从行政国到协商民主

在美国的行政实践中，通过公共参与来表达"市民呼声"早已不是新鲜事物。在建立民主制度的过程中，美国已经发展出不少公共服务的民意收集与反馈机制，如选举（voting）、镇民大会（town meeting）、预算听证会（budget hearing）、议题讨论环节（issue review session）、投诉（complain）等。尽管这些参与机制在不同程度上推动了民主化的进程，但是人们发现，往往是那些具有特殊和执着兴趣的居民或利益相关者热衷于在这些地方议题上发出自己的声音，大多数的普通居民仍然处于沉默状态。这就导致了"车轮分贝"（wheel decibel）现象——"只有那些吱吱响的车轮得到油"（a squeaky wheel gets the oil）。① 换言之，这意味着，通过这些渠道获取的信息或反馈，并不能真正代表普通大多数的意见；基于这些信息所做的决策，仍然有很大的可能倾向于部分具有特殊偏好的个体或群体。

正如杜兰特（Durant，Robert）等学者所说，上述的这些市民参与，是一种最低限度要求（minimalist）的途径，是行政国（administration state）的产物。② 这种途径反映了联邦主义者（federalists）对行政管理者通过其技术知识和专业技能获取合法性的根深蒂固的信赖。在这种情况下，管理者并不信任公共参与，甚至认为过多的参与会阻碍行政国的正常运转；而公众也接受这样一种观念，即由专家（professionals）执行的命令性政策能够实现他们的最大利益。

近年来，随着政府改革运动的深入，传统意义上将官僚制视为唯一的公共服务供给者的观点已经被打破。这其中一个结果，就是官僚制越来越多地使用一种更加网络化和弹性的方式来供给服务，这也使更深层次的参与成为可能。而近年来的不少政府改革，也开始重新强调市民与国家的关系（citizen - state relationships），赋予公民更为积极的角色来选择和共同生产（coproducing），从而导向一个更加有兴趣倾听公民声音的责任政府。③ 这也意味着，更多的市民呼声将出现在决策过程中，更多的市民也

① Miller, T. I. & Kobayashi, M. , "The Voice of the Public: Why Citizen Survey Work", *Public Management*, 2001, 83 (4): 6 - 9.

② Durant, R. F. , "Agenda Setting, the 'Third Wave', and the Administrative State", *Administration and Society*, 1998, 30 (3): 211 - 248.

③ Roberts, N. , "Public Deliberation in an Age of Direct Citizen Participation", *American Review of Public Administration*, 2004, 34 (4): 315 - 353.

将卷入更新（regeneration）、犯罪（crime）、教育（education）和健康（health）等公共服务的供给和塑造（shaping）过程中来。如卡斯（Kathi）和库伯（Cooper）所说的，市民参与正从行政国民主化发展到协商民主（deliberative democracy）阶段，更加强调将参与视为行政国民主化的基础（如表6—5所示）。

表6—5　　　　行政国民主化与协商民主中的市民参与

行政国民主化中的市民参与	协商民主中的市民参与
市民被视为投票者、选民或顾客	市民被视为投票者、选民、顾客和伙伴
市民是自我本位的（self-interested）	市民能够表达社区利益（community interest）
市民不能辨别公共利益	公共利益通过对话和共享价值达成
市民参与破坏行政的流畅性	市民参与兼具规范性和工具性（instrumental）
市民利益可以通过选举、政治代表和法律来反映	市民是有见识的（knowledgeable），并愿意参与
	市民参与是为了合作和伙伴关系
行政管理者对政治家负责	行政管理者对市民负责
行政合法性来自宪法	行政合法性来自民主理论和经验因素

资料来源：整理自Kathi，P. C. & Cooper，T. L.，"Democratizing the Administrative State：Connecting Neighborhood Councils and City Agencies"，*Public Administration Review*，2005，65（5）：559 – 567.

在这波重新强调市民与政府关系的改革浪潮中，市民直接参与战略规划（strategic planning）、预算（budgeting）和绩效管理（performance measurement）受到越来越多的学者重视。其中，市民参与公共服务绩效评估与规划就是典型的代表。正如布鲁德尼（Brudney）和英格兰（England）所指出的，以市民为基础的服务绩效评估（citizen-based assessments of service performance）构成了填平输出（outputs）与影响（impacts）之间鸿沟的可行方法；市民对市政服务的评估正是地方政府从外部视角来评价其绩效的少数机制之一。[①]

在新公共管理运动期间，源于工商业的管理技术和手段被不断应用于公共管理，而对顾客服务和结果导向的重视也催生了对市民满意度的研究与实践，市民满意度成为公民参与公共服务绩效评估的重要途径。早在20世纪70年代初，美国城市学会（Urban Institute）的维波（Webb，

---

① Brudney, J. and England, R.，"Urban Policy Making and Subject Service Evaluations：are they Compatible?"，*Public Administration Review*，1982，42（2），127 – 135.

Kenneth）和哈奇（Hatry，Harry P.）就率先提出，借鉴在企业界已经运用比较成熟的"顾客调查"（Customer Survey）形式，地方政府可以通过类似的"市民调查"形式来收集民意，以更好地分配公共服务资源。①

在随后的政府改革实践中，作为政府部门搜集民意的重要手段，"市民调查"受到的关注度不断提高——尤其是近年来人们把"市民满意度调查"（Citizen Satisfaction Survey）用于识别公民偏好、了解市民预期以及评估政府绩效时，"市民调查"更是被视为连接政府公共服务供给与市民需求的桥梁。②

尽管相对于传统的参与方式，"市民调查"扩大了参与的规模，降低了参与的成本，但仍然具有一定的缺陷。与普通的政府绩效管理手段一样，它是建立在管理主义、专业主义（Professionalism）基础上的，市民的参与仍然比较被动。为此，丹哈特的新公共服务以及库伯等的"协作性公共管理"（Citizen-Centered Collaborative Public Managemen）等理论均提出，市民参与应该尽可能地建立在协商、合作和共享价值的基础上，并提倡一种由市民来定义、主导服务绩效信息报告与评估的参与机制。

在实践层面上，一系列的专业组织，如政府会计准则委员会（Governmental Accounting Standards Board，GASB）③、政府财政官员协会（Gov-

---

① 维波和哈奇认为，"市民调查很有可能是——尽管不是唯一的——获取以下方面信息上最有效率的途径：（1）特定服务质量，包括识别问题区域（identification of problem areas）上的选民满意度；（2）各种服务的使用者和非使用者的数量和特性；（3）不喜欢或不使用特定服务的原因；（4）对新服务的潜在需求；（5）居民在各种不同社区议题上——包括对政府和官员的疏离感——的意见"。据此，他们进一步主张实施常规性、年度性的市民调查，通过相同的调查问题来追踪市民关于城市服务的态度（参见 Webb，Kenneth & Harry P. Hatry，*Obtaining Citizen Feedback：The Application of Citizen Surveys to Local Governments*，Washington，D. C.：The Urban Institute，1973，pp. 1 – 2）。

② 相对于传统的投票、听证会机制，"市民调查"更为直接地让地方公众把那些对他们的日常生活产生着重要影响的公共服务的需求、预期、评价和满意状况等信息，展示在公共服务的提供者面前，从而为公共服务的供给与需求之间嫁接了桥梁。同时，"市民调查"还具有记分卡功能。从纵向上看，通过常规性、年度性的调查，市民关于公共产品与服务的偏好、态度和意愿的发展趋势就有可能得到比较准确的追踪，决策者也由此可以把准政策的趋向；从横向上看，通过调查分数的排序和比较，我们都可以知道不同部门乃至不同区域之间的服务质量优劣，从而有利于刺激那些"短板"提高自身水平。

③ 政府会计准则委员会（Governmental Accounting Standards Board，GASB）是一个建立于1984 年，为美国州和地方政府建立和改善会计与财政标准的独立组织。

ernment Financial Officers Association，GFOA）①、政府会计师协会（Associ-ation of Government Accountants，AGA）② 以及国际城市管理协会（International City/County Management Association，ICMA）等，也开始采取行动来鼓励地方政府实施"市民驱动的绩效测量"（"citizen-driven" performance measurement）。而这种评估方式与传统的"管理主义驱动的绩效测量"（Managerial-Driven Performance Measurement）在每个环节上均具有较大差异（如表6—6所示）。

表6—6 "管理主义驱动"与"市民驱动"在绩效测量上的区别

绩效测量循环 （Performance Measurement Cycle）	管理主义驱动 （Managerial-driven）	市民驱动 （Citizen-driven）
识别将要测量的项目	管理者和部门领导决定优先项目	市民在决定优先项目上能够发出声音
陈述目标并识别预期结果	部门或机构建立内部性的目标、对象	市民被纳入目标和对象建立过程，并参与到战略规划过程
选择评估方法和指标	管理者选择方法，并主要使用定量指标	市民帮助决定采取何种数据；使用定性和定量指标
建立绩效标准和结果（目标）	管理者建立绩效目标。怎样的好才算好	市民和管理者共同建立绩效目标。什么才是高质量的服务
监督结果	管理者和雇员监督自己的绩效	市民作为训练有素的观察者，通过调查和报告进行监督

① 政府财政官员协会（Government Financial Officers Association，GFOA）是一个主要以美国和加拿大州和地方政府财政官员为成员的非政府专业性组织，其主要目标是通过教育、培训以及形成成员网络的方式，提高政府识别和发展良好财政政策并应用最佳实践（best practices）。参见 http：//www. gfoa. org/index. php？ option = com_ content&task = view&id = 76&Itemid = 96。
② 政府会计师协会（Association of Government Accountants，AGA）是一个成立于1950年的专业组织。AGA主要是通过培训、教育、政府会计认证、政府责任标准认定和研究等途径来服务于联邦、州和地方的会计专业人员。AGA目前有超过15000名成员，每年召开的"专业发展会议"（Professional Development Conference）均有将近2000名以上的专业人员参加。

续表

绩效测量循环 (Performance Measurement Cycle)	管理主义驱动 (Managerial-driven)	市民驱动 (Citizen-driven)
报告绩效	管理者决定报告什么，如何报告，报告是否对外公开	市民为报告什么、如何报告提供反馈；报告被公众、媒体和民选官员共同分享
使用绩效信息	管理者使用信息来进行规划、目标设定和持续改善	市民使用信息来改善生活质量；识别改善的强度和机会；要求民选官员更加负责

资料来源：Callahan, K., "Performance measurement and citizen participation", In Holzer, M. and Lee, S. (eds.), *Public Productivity Handbook* (2nd ed.), New York：Marcel Dekker, 2004, pp. 31 – 42。

在推动"市民驱动的绩效测量"方面，斯隆基金会（Alfred P. Sloan Foundation）可谓功不可没。该基金会曾经向政府会计准则委员会（GASB）、政府会计师协会（AGA）以及国家市民创新中心（National Center for Civic Innovation，NCCI）等专业组织以及城市政府提供了一系列的赞助，鼓励他们"提出对普通人民至关重要的改革议程"（promoting initiatives that matter to ordinary people）①。例如，在 2001 年，斯隆基金会就在爱荷华（Iowa）赞助了为期 3 年的"市民主导绩效评估"（Citizen-Initiated Performance Assessment，CIPA）项目，该项目让市民、城市议会和部门雇员共同发展和使用绩效评估方法来评价公共服务（Ho & Coates, 2004；Holzer & Kloby, 2005）。可以说，斯隆基金会的系列项目，体现了市民在公共服务供给过程中发挥更大主动性的尝试，这正是"市民中心的协作性公共管理"以及"新公共服务"理论所一直主张的模式。这些项目也极大地激发了地方政府的热情，并涌现了一大批的创新项目，并推动了公共服务供给机制"从政府中心"（government-centered）走向"市民中心"（citizen-centered）。

丹哈特夫妇在其 2006 年新版的《新公共服务》一书中，就将爱荷华州的市民驱动绩效评估（Iowa's Citizen-Initiated Performance Assessment）视为新公共服务在行动的典范。可以说，斯隆基金会所推动的一系列市民参与公共服务绩效管理的项目，充分体现了公共服务供给更加重视公共利益和市民声音的发展变迁。而近年来地方政府的创新，也更加着重发挥公

---

① 关于这些项目的名称和内容，可以查询 http：//www. seagov. org/sea_ gasb_ project/ sloan. shtml 或 http：//www. ncpp. us/casestudies. php。

民的作用，并试图构建基于信任、合作的市民与政府关系，这正是新公共服务理论所寻求的理想。

正如新公共服务理论所指出的，行政管理者所扮演的一个重要的、新的角色，就是通过向市民提供表达并满足其共享利益的机会来与公民实现更好的互动。这意味着，政府管理者的角色既不是领航（steer），也不是划桨（row），而是辅助公民来定义、表达共享利益。例如，在温哥华，政府就提供了 100 个以上的指标来帮助市民进行讨论。在美国公共行政的历史中，我们并不难发现那些已经在实践中广泛应用的参与形式，如建议团体和工作委员会（advisory groups and task forces）、焦点团体（focus groups）、公共会议（public meetings）等。但是，市民驱动的绩效评估，真正将公民视为公共服务的创造者和规划者之一，并以更为信任的关系重构了政府与市民关系。可以说，它正是新公共服务理论在行动、实践方面的最佳体现（如表6—7所示）。

表6—7　　　　　　　　新公共服务在行动

新公共服务的原则	市民驱动的绩效评估
服务公民，而不是顾客 （Serve Citizens, Not Customers）	聆听公民的呼声，将公民视为合作伙伴，关注公共服务的责任性、公平性、满意度和社区精神
追求公共利益 （Seek the Public Interest）	建立公民参与对话（dialogue）的渠道来实现共同目标；让公民从不同视角来表达、追求公共利益
重视公民资格胜于企业家精神 （Value Citizenship over Entrepreneurship）	将公民视为有意义的贡献者，重新定义效率（efficiecy）的概念，由公众来定义评估的优先领域、指标，而不是根据管理者、专家的意见来判断公共绩效
战略性地思考，民主性地行动 （Think Strategically, Act Democracy）	通过各种有效的方式来和市民进行合作，共同决定社区的目标和愿景，定义绩效目标，促进公共政策目标和民主价值的实现
承认责任并不简单 （Recognize that Accountability Isn't Simple）	公共服务绩效的责任建立在专业标准、社区标准和公共利益基础上，而不是局限在行政机关内部
服务而不是导航 （Serve Rather than Steer）	提供机会让公民参与公共服务评估、报告和决策，让公民自主决定优先领域，帮助公民表达并满足共享的利益
重视人民，而不仅仅是生产力 （Value People, Not Just Productivity）	对话、互动和社会学习甚至比绩效数据更为重要；尊重人民，注重合作程序和共享领导比狭隘的公共生产力更为重要

二　华盛顿州温哥华市"绩效印象"项目

温哥华市（City of Vancouver）位于华盛顿州卡拉克县（Clark County），人口约为 16.5 万人，为华盛顿州第四大的城市。该市南部与著名的哥伦比亚河（Columbia River），离俄勒冈州（State of Oregon）的最大城市波特兰（Portland）仅有 15 英里的距离，地理位置非常优越。温哥华市政府采用议会—经理制的组织形式，城市议会由民选的市长担任主席，而经理则由议会任命，负责具体行政事务。

温哥华市于 2000 年参加了由 ICMA 所推动的"标杆项目"（Benchmarking Project），启动对公共服务供给效率与成本的绩效评估。而该绩效评估过程则采用了由美国质量管理专家戴明（Edwards Deming）所提出的"P（计划）—D（执行）—C（检查）—A（行动）"（Plan-Do-Check-Act）循环管理模式，从而将绩效评估纳入科学管理轨道。

温哥华市绩效管理最有特色的地方，就是 2002 年启动的名为"绩效印象"（Performance Snapshot）的绩效分析和报告项目。所谓的"绩效印象"，就是一个为了方便市民阅读（"enhance community readability"）而设置约 2 页长的文件。该文件虽然不长，信息却相当全面，包括：（1）部门使命；（2）年度值得注意的成就；（3）包含历年数据和未来计划的关键绩效；（4）服务提供成本的样本；（5）未来两年内需要重视的主要议题。

在刚开始的时期，参与"绩效印象"项目的单位主要是直接供给服务的部门。2006 年，所有的部门均参与到该项目中来。2009 年，项目开始包含了历年的数据以方便比较，同时提供了 3 种不同的颜色（绿色、黄色和红色）来直观地表示部门是否达到了预期目标（如图 6—8 所示）。

在每年年初，城市议会就开始抽选一部分管理者来说明其所在部门的绩效，并召开公共听证会让管理者向公众阐述数据所揭示的含义。而有关绩效评估的相关信息，则通过地方的有线电视台、政府网页等向公众提供。同时，为了更好地让公众参与绩效评估，温哥华市还启动了"战略规划"（strategic plan）项目，通过环境扫描（Environmental Scan）、战略议题调查（Strategic Issues Survey）、公众延伸（Public Outreach）、战略目标发展（Strategic Goals and Objectives Development）、关键指标发展（Key Indicators Development）等环节来实施以市民为主导的绩效评估。在这一系列参与活动中，温哥华市利用多种参与性工具，如电话、邮件、网络、服务台等，让 2000 名以上的市民参与进来。

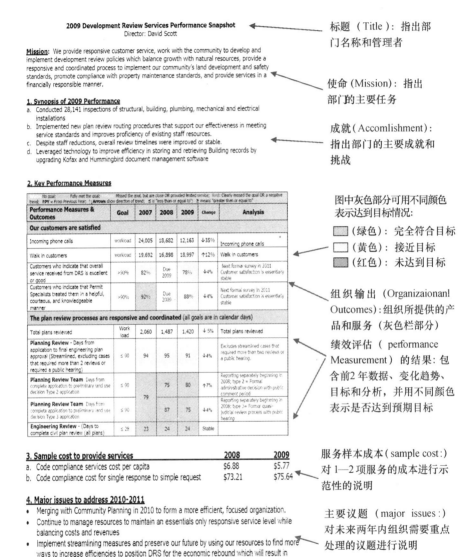

图6—8　温哥华市的绩效报告

　　资料来源：整理自 City of Vancouver，"City of Vancouver Performance Report. Department Annual Performance Snaopshots"，2010，http：//www. cityofvancouver. us。

　　为了让公众更好地了解城市的基本数据，温哥华市在 1997 年启动了"环境扫描"项目，对温哥华市近十年来在人口、经济、社会、技术和环境等方面的变迁进行总结和阐述。其后，每年都对"环境扫描"报告进行更新。从 2007 年起，温哥华开始启动了更大规模的公众参与，使用战略评估调查、利益相关者团体等方式发动公众来参与评估。

表 6—8　　　　　　　　温哥华市绩效评估的"战略规划"

日期	参与方法	行动描述
2007 年 5 月	战略评估调查（Strategic Assessment Survey）	向 600 名随机抽选的市民进行电话调研，主要是了解城市宜居性、公众最重视的议题等
2007 年 6 月、7 月	利益相关者（Stakeholder Sessions）	来自政府、商业、教育、社会服务、交通等领域的 150 名代表组成焦点团体，对所涉及领域的服务进行评估，识别该领域的现状、趋势及需要变化的地方
2007 年 7 月	社区青年人调查（CommunityYouth Survey）	在温哥华首次举办的 CouvFest 音乐会上向 200 名以上的年轻人进行调查，了解年轻人的兴趣和关心的议题
2007 年 9 月	城市雇员调查（City Employee Survey）	利用在线调查的方式对城市雇员进行调查，了解雇员对于实施战略规划项目的态度
2007 年 9 月	社区领导延伸（Neighborhood Leader Outreach）	针对 69 名社区领导开展在线调查，了解其对于实施战略规划项目的态度
2007 年 11 月	多样性社区延伸（Diversity Community Outreach）	在社区学院的 ESL 课堂、信仰团体（Faith Groups）和多样性工作会议（Diversity Job Fair）中展开调查，共有 500 多名市民参与到该活动
2008 年 2 月	社区调查（Community Survey）	由第三方调查机构 ETC 针对社区居民展开名为"方向发现者"（Direction Finder®）的社区调查。调查对象为随机抽选的 400 名市民

　　资料来源：整理自 City of Vancouver, Strategic Plan, http://www. cityofvancouver. us, 2008。

　　2008 年年初,温哥华市根据上述各个阶段所收集的信息,起草了一份"战略规划"文件,并邀请市民进行评论或反馈,之前已经参与到规划的公众也被再次邀请。经过公众的充分讨论和修改,温哥华市议会于2008 年 5 月正式批准了该文件,将之确立为温哥华市的"战略承诺"(Strategic Commitment)和关键指标(Key Indicators)。

表 6—9　　　　　　　　温哥华市的战略承诺和关键指标

战略承诺 (Strategic Commitment)	关键指标(Key Indicators)
健康、宜居和可持续的温哥华 (A Healthy, Livable and Sustainable Vancouver)	*清洁饮用水(Clean Drinking Water):市民将饮用水质量评价为"好"或"优秀"的比例 *城市宜居性(Livable City):市民将城市宜居性评价为"好"或"优秀"的比例 *成长管理(Managing Growth):市民将成长管理评价为"好"或"优秀"的比例 *健康树木覆盖(Healthy Tree Canopy):城市被树木覆盖的比例 *改善树木覆盖(Improved Tree Canopy):年度新种树木的数量 *保护公共空间(Preserve Open Space):获得足够的公园土地以满足居民需求 *减少垃圾(Reduced Trash):生活垃圾被回收利用或填埋的比例 *可进入的公园(Accessible Parks):在方圆 1 英里内可进入公园、学校或其他公共空间的居民比例
交通机动性和连通性 (Transportation Mobility and Connectivity)	通道(Access):过去一年内工作、购物和休闲的平均车辆里程 *堵塞(Congestion):将交通堵塞视为社区挑战的前三位的居民比例 *街道状况(Street Condition):通过 PAVR 评价系统将道路评价为"满意"或"良好"的市民比例 *街道安全性(Street Safety):在一年内伤害案件(包括机动车、行人和骑自行车者)报告的总数量 *驾驶安全性(Driving Safety):居民对在温哥华市驾驶感到安全的比例 *居民联通性(People Connectivity):自行车、散步(walking)、徒步旅行(hiking)的步道(trail)的总英里 *可替代交通(Alternative Transportation):年度每百万出行数量中的公共交通乘客量(Annual Bus Ridership in Millions of Rides)

战略承诺 （Strategic Commitment）	关键指标（Key Indicators）
财政健康和经济活力 （Financial Health and Economic Vitality）	*收入（Income）：克拉克县的平均家庭收入 *住房（Housing）：克拉克县住房可承担指数（Housing Affordability Index）的变化 *就业率（Employment Rate）：克拉克县/温哥华的就业率 地方工作创造（Local Job Creation）：市民将城市工作创造和商业发展评价为"良好"或"优秀"的比例 经济发展（Economic Development）：年内启动或批准的新发展项目的数量和价值 *工作（Work in Vancouver）：克拉克县劳动力在本县内被雇佣的比例 *城市服务筹资（Funding City Services）：市民对城市未来在预算内供给现行服务的能力评价 *城市财政稳定（City Financial Stability）：城市具有较高的债券等级
安全和准备好的社区 （A Safe and Prepared Community）	*总体安全性（Overall Safety）：市民对社区感到安全 *财产犯罪（Property Crime）：温哥华市财产犯罪率 *暴力犯罪（Violent Crime）：温哥华市暴力犯罪率 *警察回应（Police Response）：最高度紧急电话电话回应时间（Highest Priority Call Response Times） *火灾和紧急医疗服务回应（Fire & EMS Response）：在 5 分钟内回应的比例 *火灾损失（Fire Loss）：每一项结节性火灾中的平均财产损失 *良好照明的街道（Well Lighted Streets）：市民对街道照明水平的满意度 *解决不安全或不健康状况：对非法妨害者进行法律执行（Code Enforcement Nuisance）和解决安全案件的数量
负责、回应的城市政府（Accountable, Responsive City Government）	*良好城市政府（Good City Government）：市民对城市政府的总体评价 *良好政府雇员（Good City Employees）：市民对所接触的政府雇员的评价 *回应性政府（Responsive Government）：在 14 天内完成新的单亲家庭建筑许可的比例 *领导（Leadership）：政府雇员对城市领导的效率评价为"好"或"优秀"的比例 *政府价值（Government Value）：市民对温哥华税收所创造的价值的评价 *城市服务成本（Cost of City Services）：人均城市服务成本 *休闲项目价值：所有项目获得的直接成本回收（Direct Cost Recovery）的比例

战略承诺 （Strategic Commitment）	关键指标（Key Indicators）
活跃、包容的社区 （An Active, Involved Community）	*活跃的社区（Neighborhoods are Active）：在过去 1 年内每季度碰面一次的社区协会的比例 *社区共同感的扩散（Widespread Sense of Community）：超过 500 人参加的社区公共活动的数量 *归属感（Sense of Belonging）：认为自己是社区组成部分的居民比例 *市民联系（Connected Citizens）：在 12 月 31 日前登录到 GovDelivery 电子信息服务的市民数量 *选举人（People Vote）：符合资格的选举人参与去年城市选举的比例 *政府参与（Participating in Government）：在 12 月 31 日前申请委员会和董事会（Commissions and Boards）的市民数量 *访问社区中心的人群数量（People Visit Community Centers）：社区中心的年度访问人数 *志愿主义（Volunteerism）：至少每个月报告一次志愿活动的社区比例

资料来源：整理自 City of Vancouver, Strategic Plan, http://www. cityofvancouver. us, 2008。

注：标有*的指标已经在当前的政府绩效评估中得到使用。

　　总的来说，温哥华市"战略规划"项目充分体现了公共服务供给评价乃至规划过程中的市民参与性，这种参与使公共服务的目标设定、绩效信息不再局限在政府部门内，而是由公众来主导实施，并推动政府部门来更好地改善服务质量。温哥华市每 10 年制定或更新一次"战略规划"，而最近的一次则是"市民驱动的绩效评估"的产物。而战略规划及其所设定的关键指标经过城市议会批准后，具体细化到年度的政府部门"绩效印象"项目中，从而使诞生政府和社会合作产生的"智慧"成果融入政府运行过程中。同时，每年度举行的社区调查、关键议题调查、顾客报告等活动，使市民对公共服务供给的参与性进一步得到增强。

　　总的来说，随着现代技术的发展，市民可以以更加主动的姿态参与到公共服务供给过程中来。在这个意义上，市民不仅仅是服务接收者、消费者，还是服务生产者和规划者，在服务供给的过程中发挥更大的作用。这不仅有助于政府自身提高效率，更好地回应公民需求，还可以充分发挥市民自我管理的作用，并增加对政府的合作与信任。实际上，我国目前参与式预算的实践，也体现了通过公众参与来推动公共服务质量改善的理念。从最早的浙江温岭市"民主恳谈"开始，参与式预算已经在不少地区得到应用，这包括无锡、哈尔滨两地的参与式预算试验、河南焦作模式、上海市参与式预算试验、浙江省宁海县政府实事工程代表票决、云南省禄劝县云龙乡参与式预算等。实行参与式预算的一个重要目的，一方面是推动公共预算乃至政府管理的透明化和民主化，另一方面就是使政府工作更加有效地反映民意的需求，提供让公众满意的服务。参与式预算实践与"市民驱动"的绩效评估的相同之处，都是试图在公共服务供给过程中体现公众的意志、利益和需求。参与式预算"通过预算的细化、初审、修改、修正等一系列程序的设计，较好地解决了公众的偏好显示、优先次序、权重与集合，从而使政府的目标函数与公众的偏好相一致"。①

第三节　合产性服务供给机制

传统公共行政将公共管理者视为公共利益的代表者和实现者，新公共管理将市场视为公共服务实现有效供给的最佳途径，而新公共服务则认为服务的使用者及其社区是服务规划和供给的组成部门。在这个意义上，市民不再仅仅是一个参与者，还成了服务供给过程的一部分——合产者（co-producer）。尽管这里的市民并不像一些社区自助团体那样成为完全独立的服务生产者，但是他们更好地体现了市民与政府之间的良性互动关系。它的经验表明，市民不仅仅是公共服务的接收者、消费者，还是公共价值的增加者和促进者。市民驱动的公共服务绩效评估经验表明，在公共服务规划（planning）、设计（design）、运行（commissioning）、管理（managing）、供给（delivering）、监督（monitoring）和评估（evaluation）等整个价值链中，市民能都扮演着更为重要的角色，而公共管理者不应该只是回应顾客的需求，而是要把重心放在与公民建立信任与合作关系上，通过建立一个集体、共享、合作的程序来实现公共利益。

与传统的将公共服务的生产和消费分离的方式不同，共同生产强调公共服务的使用者，即公民和社区不仅仅是公共服务的被动享用者，同时也应成为公共服务的主动生产者。这意味着公共服务不再局限于由公共部门提供给公民这一单向的过程，更是公民社会、公共部门与私人部门共同协商、合作的成果。正如英国工党党魁埃德·米利班德（Ed Miliband）所说的，传统的"信箱"型（letter box）公共服务模式中，公民仅负责接

① 褚燧：《参与式预算与政治生态环境的重构——新河公共预算改革的过程和逻辑》，《公共管理学报》2007 年第 3 期。

收"投递"（delivered）给他们的服务，而我们应该倡导一种更合作化的模式，思考如何使使用者，使公民成为公共服务中不可或缺的共同生产者（co-producer）①。

在类型上，鲍法德从公共服务的计划（plan）和供给（deliver）两个层次出发，将公共服务共同生产划分成八种类型（如表6—10所示）。

表6—10　　　　　　　　　　　共同生产的类型

	专业人员作为单一决策供给者（sole planners）	公民和社区作为决策合产者（coplanners）	服务策划过程中无专业人士参与
专业人员作为单一服务供给者（sole planners）	传统的专业人员单一提供公共服务模式	传统公共服务供给模式中公民参与服务的策划和设计	无
专业人员与公民、社区作为服务合产者（codelivers）	公民在专业人员设计的公共服务中担任共同生产者	公民与专业人员共同生产（包括服务的设计与供给）	公民在极少的专业人员帮助下进行共同生产
公民和社区作为单一服务供给者（sole delivers）	公民单独生产专业人员设计的公共服务	公民单独生产共同设计出的公共服务	传统社区自组织式生产

资料来源：Bovaird T.，"Beyond Engagement and Participation：User and Community Coproduction of Public Services"，*Public Administration Review*，2007，67（5）：846－860。

注：专业人员指提供公共服务的工作人员，主要来自公共部门以及一些专业组织。

一　作为共同生产机制的"众包"

公共服务共同生产机制的一个前沿实践就是"众包"（Crowdsourcing）。2006年6月美国《连线》杂志的记者杰夫·豪（Jeff Howe）创造了一个专业术语"众包"，将其描述为一个公司或机构把过去由员工执行的工作任务，以自由自愿的形式外包给非特定的（而且通常是大型的）大众网络的做法②。Brabham即认为众包是指企业在线发布问题，大众群

① Miliband，ed.，Speech to Compass/Unison Conference："Voices of Real Reform"，London，2007，January 18.

② Howe J.，"Gannett to Crowdsource News"，*Wired*，2006（6）：1－2.

体（专业或非专业）提供解决方案，赢者获取报酬，且其知识成果归企业所有，是一种在线、分布式问题解决和生产模式。① 众包与外包仅一字之差，但其内涵外延却大为不同。外包是指组织非核心业务外包给专业化机构和人士，"让专业的人（承包商）干专业的事"。众包并不体现外包的雇佣关系，而是体现联合用户共创价值的理念。它倡导社会多样化、个性化和差异化激发的创新潜力，其合作伙伴可以囊括整个互联网用户，着力使他们参与到企业或组织的创新与合作的过程中来，与其共创价值。

在商业领域，众包的价值创造过程主要有两种形式。一种是企业提供一个供用户交流分享创作内容的平台，通过这些由用户创作的内容产生直接的销售或广告收入，例如 iStockphoto、YouTube。采用这种众包方式的企业同时为内容创作者即众包的贡献者提供用户价值，比如提供图片、视频、音频的在线存储功能和管理功能。这种情况下，通常用户不再苛求企业提供额外的报酬。另一种形式是企业通过采纳爱好者的产品设计和改进建议，直接把用户贡献转化为产品价值的一部分。InnoCentive、K68. cn 等威客平台都是这种众包形式的典型代表。这些威客平台通常允许任何企业、个人发布任务，并设置奖励。承包方在提交任务解决方案后，需要等待发包方审核。如果其解决方案能在若干候选方案中脱颖而出，被发包方选中，承包方就能获得相应的奖金。

在公共领域，信息化时代下公众对参与公共事务的意识越发强烈，希望拥有充分的知情权和参与权。在这种情况下，公共部门需要立足公众，了解公众的需求，让公众由原来的被动接受到主动参与和选择，面向大众寻求解决问题的最优方法。2009 年 1 月奥巴马政府推出了一项名为"开放政府"的计划，将"政府信息公开"以及"基于新 Web 技术促进市民参与政府各项决策过程"视为重点，推出政府政策信息透明性（transparency）、市民参与（participation）、政府间以及官民协作（collaboration）三大目标，并积极加以推进。"开放政府"计划的理念、目标在很多方面与众包相吻合。而且"开放政府"计划本身也在一些项目的实施上运用众包，例如为应对极端天气等气象灾难而推出的数据开放计划和"线上市政会议"（Online Town Hall Meetings）项目等。

2014 年 3 月 8 日，马来西亚航班失联事件牵动了全世界人们的心，因为缺少相关的信息和能力，大多数人没能参与到实际的调查中。在此情

---

① Brabham, D. C., "Crowdsourcing as Amodel for Problem Solving: an Introduction and Cases", *The International Journal of Research into New Media Technololgies*, 2008, 14（1）: 75 - 90.

况下, 3 月 11 日, 美国科罗拉多州一个叫 Digital Globe 卫星成像公司为大家提供了一个参与协助调查的方式。该公司推出一项众包搜索活动,请求公众帮助分析失踪客机可疑迹象的高分辨率图像。Digital Globe 公司将其五个轨道卫星上的摄像头对准了泰国湾海域,该海域是 MH370 航班和地面失去联络的地方。这些摄像头所收集到的图像将在一个名为 Tomnod 的网站上免费向公众开放。任何人都可以点击该网站上的链接,搜索图像,并在可疑的地方作上标记。Digital Globe 公司将利用计算机算法来确定用户标记较多的某些地区,室内卫星影像专家会对这些线索进行跟进研究。在激活 Tomnod 众包平台的一个小时以内,其地图的页面浏览量就达到了6 万次,标签超过了 1000 个;十分钟以后,标签就增加到了将近 2000个。其后两天,我国的百度互联网众包平台"百度众测"也启动了一项类似的众包活动,发动网友共同在卫星图上寻找之前失去联系的马来西亚航空的飞机。百度众测通过技术手段将中国卫星"高分 1 号"的云图切割成大量的局部小图放在百度的服务器上,网友们可以进入百度众测的活动页面查看一张张图片,寻找相关线索,主要是在卫星图上寻找疑似油带、残骸物和漂浮物来获得失联飞机的可能存在的线索。到当天中午 12点,已有 4475 位网民参加了寻找活动,到 14 日时,则有超过 86000 名用户参与了这项众包活动。

二 美国专利商标局的"透视专利"项目

美国专利商标局启动 (U. S. Patent and Trademark Office, USPTO) 的"透视专利"项目,是应用公共服务众包机制的代表性项目。"透视专利"项目 (Peer-to-Patent),也被称为"公众专利评审"项目,是由纽约法学院 (New York Law School, NYLS) 与美国专利商标局在 2007 年 6 月 5 日联合推出的。该项目首次允许公众参与到专利审查过程中来,让公众成为评审员,帮助 USPTO 的专利审查员获得评价未决专利的相关信息,从而提高授权专利的质量。

透视专利项目推出的背景是急剧增长的专利申请量以及日益专业化的专利技术给专利审查工作带来巨大的挑战,专利申请积压问题严重。US-PTO 的专利审查员平均只有约 20 个小时来审查和决定一项专利是否值得授予 20 年的垄断权。而专利审查员掌握的审查技术及途径都是有限的,这使某些没有达到专利标准的申请可能逃过审查而获得专利权,这直接造成了低质量的专利泛滥。加上司法制度更倾向于保护专利权人的利益,专利纠纷常常以支付高额的专利使用费和赔偿费而告终。在专利审查制度缺陷和司法容忍的共同作用下，滋生了具有掠夺性的"专利钓饵"[1] 行业，很多大公司都受到了"专利钓饵"的袭击。而主要目的在于提高授权专利质量，鼓励合法创新、保证公众利益和打击"专利钓饵"的《专利改革法案（2007）》，因为没有获得美国参议院的通过而无法推行。因此，对专利审查制度本身进行改革的呼声越来越大。在这样的情况下，USPTO 开发了"透视专利"项目，通过利用共享知识的全球技术社区和"众包"，旨在借助 USPTO 以外的第三方专家提交现有的技术文献，以改进授权专利的质量和效率。

第一轮的"透视专利"项目为期二年。第一年，只接受美国专利分类号为 TC2100（Technology Center，2100）的专利，即软件专利。由于软件行业的发展速度比专利的发展要快，许多软件发明可能并没有申请专利，不会作为现有技术记载在专利文献中，USPTO 也就无法从检索系统中获得。因此，专利性备受争议的软件专业成为"透视专利"项目的首选。第二年，USPTO 将电子商务及商业方法专利（TC3600）审查纳入该项目。2010 年 10 月 25 日，USPTO 启动第二轮公众专利审查项目，新项目试行时间为一年，并将在之前试行项目的基础上进行扩展，将专利申请的覆盖范围从软件及商业办法这两个领域扩展至生物科技、生物信息学、电信以及语音识别行业。参与"透视专利"项目并提供为公众评审的专利申请的公司包括 CA、GE、HP、IBM、SUN、Microsoft、Red Hat 等。

"透视专利"项目公布的专利申请需要经过申请人的同意，作为回报，USPTO 给予同意公开的专利申请缩短审查期的好处。USPTO 接到专利申请人同意公开专利申请后，把申请档案转给 NYLS，由 NYLS 将专利申请文件上传到"透视专利"项目的运作平台（www. peertopatent. org）上，并组织一个为期 4 个月的公众评审期间，并且向有兴趣的公众评审人员发出电子邀请，形成一个由公众审查人员组成的审查小组对某一特定的专利申请进行审查。"透视专利"项目组建的网络公众审查小组要完成以下几个工作内容：①检视及讨论专利申请案；②检索及研究先前技术；③上传先前技术的相关文献；④注释和评估所有已提交的先前技术；⑤提交排名前十的先前技术供 USPTO 参考。但后续的 USPTO 的专利审查员在正式审查时是否参考，"透视专利"项目方不会干涉，同样地，USPTO 也

---

① "专利钓饵"是指持有专利的企业或个人本身不实施专利技术，即不从事利用其专利技术的生产和制造，也不提供利用其专利技术的服务，而是通过持有专利，向实际从事生产、制造或提供服务的经营者索讨专利使用费；若不从则以恶意侵权为由提起诉讼，并向被指控的企业索取巨额赔偿金。

不会规范"透视专利"项目方的成员与事务,双方是各自独立运作的。公众参与者参与的审查案件、次数越多,提供越多的参考资料和有意义、价值的评论,所获得的回馈分数(feedback score)也越高。作为对公众评审员的鼓励,"透视专利"项目方会通过网站平台自动筛选出杰出的公众评审人员。"透视专利"项目的运作流程如图6—9所示。

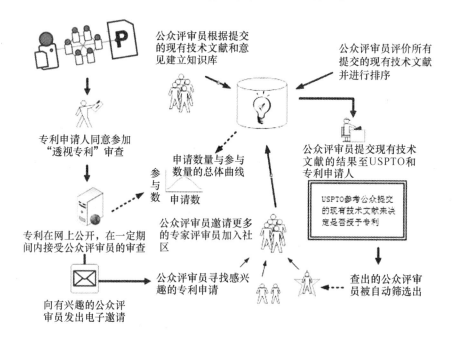

图6—9 "透视专利"项目的运作流程

资料来源:Center for Patent Innovation at New York Law School,Peer to Patent:First Pilot Final Results, June 2012, http://www.peertopatent.org/wp-content/uploads/sites/2/2013/11/First-Pilot-Final-Results.pdf。

众包专利的评审过程,为公众提供了直接参与专利审查过程的机会,也使专利审查员能够获得来自公众、技术人员和技术专家的信息。一是传统的专利审查方式是由一位官方专利审查委员从头到尾独立审查一个案件。"透视专利"项目的专利申请案不会限制审查案件的人数,公众可以在项目运行平台上参与讨论与研究,是利用团队的力量来审查专利。通过众包的方式,不限制参与者的身份,"透视专利"项目能通过众人的力量解决复杂且庞大的专利审查。二是"透视专利"项目的运行平台设计简便,采用模组架构的方式,让参与者可以只针对其有兴趣、有疑问或专业相关的专利项、先前技术，发表意见，便捷高效。三是通过"透视专利"项目，可将隐藏在世界各地的先前技术借由全球各行业的高手呈现出来，并提出专业意见，为 USPTO 后续专利案件审查提供有价值的线索。

2008 年 6 月和 2009 年 6 月"透视专利"项目分别公布了项目运行 1 周年和第二年的年度报告，并在 2012 年发布了该项目第一轮试验的最终结果。报告结果显示，"透视专利"项目的第一轮试验在两年的时间里吸引了来自 161 个国家和地区的 74000 名访问者，其中有 2600 多个访问者注册成为公众评审员，共对 187 个专利申请提交了 438 条现有技术文献以及 411811 页的讨论意见。[①] 从 2012 年的最终结果报告公布的相关数据的分析来看，"透视专利"项目对提高专利质量和评审效率的作用表现在以下几方面。

一是公众的参与和监督有助于专利申请人提交更清楚、更完善、质量更高的专利申请。报告表明，从 2007 年 6 月 15 日到 2008 年 4 月 19 日，平台上的 40 件公开申请中有 36 件向 USPTO 提交了共 173 条现有技术文献，平均每件申请为 4.3 条，低于规定的 10 条。这其中一个重要的原因就是，"透视专利"项目的专利申请要经过申请人的同意，如果申请人认为自己的专利不够好的话，一般不会选择公开审查。而没有更多的现有技术文献提交，是专利本身质量高而不是因为在发现现有技术文献上有缺陷。二是"透视专利"项目确实能吸引专家和技术人员参与到专利审查中来。根据项目第二年的年度报告分析，"透视专利"项目的公众审查员中 35% 是计算机人员，17% 是工程师，其他为律师、企业家和科技人员。三是公众的参与有利于专利审查员获得更多、更准确的技术信息。第二年年度报告显示，该项目的 66 件专利申请通过了 USPTO 的审查，其中的 18 件使用了公众提供的现有技术文献。四是合法的专利将有更强、更明确的效力，因而面临的诉讼会更少，这不仅可以减少低质量专利，降低不必要的司法成本和不必要的许可费用以及对市场秩序的干扰，而且可以从整体上提升专利审查体系，最终保障授权专利的质量。

"透视专利"项目的运行引起了许多国家的广泛关注。全球各国在专利审查中普遍面临与美国相同的问题：专利申请大量积压、审查员的审查时间不足、审查人才不足以及获取现有技术信息困难等。在"透视专利"

---

① Peer to Patent: Second Anniversary Report, The Center for Patent Innovations, New York Law School, June 2009, http://www.peertopatent.org/wp-content/uploads/sites/2/2013/11/CPI_ P2P_ YearTwo_ lo.pdf.

项目运行一年后，2008 年 7 月 16 日，日本率先推出了为期五个月的公众专利评审项目。其间，项目收到了 16 个公司的 39 件专利申请，共有 253 名公众审查员参与并提交了 137 条现有技术文献，其中 13 条被专利审查员采用。2009 年 12 月 9 日，"透视专利"项目扩张到美国以外的地区，澳大利亚 IP Australia 开展了为期 6 个月的"Peer-to-Patent Australia"项目。其间共收到 31 件专利申请，公众评审员提交了 106 条先前技术文献，31 件专利申请案中的 11 件使用了公众提交的先前技术文献，而这 11 件专利申请中又有 8 件是官方审查员没能找到的先前技术文献。①

三 北卡罗来纳州达勒姆市的"ComNet"项目

达勒姆市（City of Durham）是一个位于北卡罗来纳州（North Carolina）拥有约 22 万人口的城市。达勒姆以"医药之城"（City of Medecine）而闻名，约有 1/3 的居民在超过 300 家以上的医药企业或相关机构就业。达勒姆还拥有数家著名的医药企业，如杜克大学医药中心（Duke University Hospital & Medical Center）、杜克儿童医药（Duke Children's Hospital & Health Center）等。全球最大的科学园之一——三角研究园（Research Triangle Park）即位于达勒姆及与其相邻的北卡罗来纳州首府罗利（Raleigh）和教堂山（Chapel Hill）组成的三角地中，也即三所著名学府（达勒姆的杜克大学、罗利市的北卡罗来纳州立大学及教堂山市的北卡罗来纳大学）所形成的三角形的中央。

2008 年 1 月，达勒姆市启动了一项称为"邻里环境追踪"（Neighborhood Environment Tracking，ComNET）项目，利用现代技术将市民主动纳入公共服务绩效管理中，取得了积极的成果，并被 ICMA 授予了 2009 年度的"社区关系奖"（Community Partnership Award）。

ComNET 是由"纽约基金会"（Fund for the City of New York，FCNY）② 下属的政府绩效中心（Center on Government Performance，CG）所创造的项目。ComNet 主要针对街道条件、环境等"可视"的公共管理领域，其运行流程一般为：①ComNet 和地方社区联系，推动社区加入项目，并在社区中选择志愿者进行技术培训；②经过培训的志愿者通过照相机对街道、环境的问题进行照片采集，并用统一、稳定和可重复的技术格式将

---

① Fitzgerald, Brian, F., McEniery, Benjamin, J. & Ti, Jimmy, Peer to Partent Australia: First Anniversary Report, December 2010, http: //eprints. qut. edu. au/39350/.

② "纽约基金会"（Fund for the City of New York）是福特基金会（Ford Foundation）于 1968 年建立的基金会，其目的是改善所有纽约市民的生活质量。

照片上传至计算机；③计算机自动整理照片，形成具体的报告，并将报告提交给相关的政府组织（如图6—10所示）。

图6—10 ComNet 工作方式示例

资料来源：Fund for the City of New York，"Computerized Neighborhood Environment Tracking（ComNet）"，http：//www. fcny. org/cmgp/comnet. htm。

ComNet 的优势在于以可视化、直接的方式让市民来报告公共绩效。而市民对于政府绩效的判断，很多时候是根据对街道、环境的直接观察得出的。例如，汽车丢弃（abandoned vehicles）、乱丢垃圾（litter）、违法倾卸（illegal dumping）、杂草滋生（weedy lots）、涂鸦（graffiti）、坑洞（potholes）等现象，就会直接影响市民对政府的印象。尽管达勒姆市已经具有专门的类似311系统的呼叫中心来处理类似事务，但往往是政府没有足够的权力来解决市民所报告的事项。同时，一旦政府久拖不决，一些非法妨害者（nuisance）就可能有充分的时间来掩饰或削减其不当行为的痕迹。而通过培训志愿者使用照相机和手提电脑等技术来报告公共问题，这就助于城市政府雇员更加清楚地认识到事态的重要性并采取积极行动。而市民也可以在此过程中激发起更加强烈的社区主人感和归属感来解决所在社区的问题，进而改善其与政府的关系。正如达勒姆市市政经理（City Manager）在启动 ComNet 时曾经指出的，"ComNet 的重要意义，就在于利用现代技术在建立公共绩效报告中的市民声音和发现解决这些问题的途径之间建立关联"（City of Durham，2008）。

为了更好地让地方政府雇员了解社区"街道层面"（street level）需要优先处理的事情，并让市民更好地参与到政府绩效中来并发出"声音"，达勒姆市在2007年开始就与纽约基金会展开合作，启动 ComNet 项目，并于 2008 年 1 月正式实施。项目的启动经费约为 17000 美元，包含了服务协议费用、软件/数据库和培训等，而后每年约花费 5000 美元来维持运转，整体的项目成本并不高（ICMA，2009）。

ComNet 项目由达勒姆市社区改善服务部（Neiborhood Improvement Services Department）负责运行，该部门负责与 FCNY 合作，对政府雇员、社区团体和志愿者成员进行培训；经过培训的社区团体、志愿者随后被分成不同的小组，利用 FCNY 提供的设备对社区展开调查，并由他们自主决定哪些是最需要优先解决的领域，并将数据上传至政府部门管理的信息处理中心；相关政府部门在接到整理统计好的报告后，对之做出解释并明确做出解决该问题的时间承诺（time commitment）。实际上，这个项目最为重要的地方，不仅在于市民利用现代技术进行调查和评估，还在于他们有决定调查什么、如何调查以及如何确定优先领域的权力。

ComNet 项目运行以后，在调查者所做出的 300 个以上的优先性服务请求（priority service requests）中，已经有 91% 被政府部门成功地解决。而调查者也可以通过 ComNet 来追踪服务请求的进展情况，从而推动政府更加高效率地运转起来。根据这些调查者的满意度评估，90% 以上的调查者认为项目运行非常成功，并希望项目能够继续运行下去（Thoreson & Svara，2010：37）。

可以说，ComNet 项目充分体现了市民驱动的绩效管理所产生的积极作用——不仅改善了公共服务，也促进了市民与政府间的信任。而与上述温哥华市的大型、正规的市民参与不同，ComNet 关注的是十分明显的、发生在"街头层面"的事情，市民也更有兴趣参与到这些可能影响自身利益的绩效评估过程中来。

目前，ComNet 项目不仅是在达勒姆市，在纽约、西雅图、德梅因（Des Moines）等城市中也得到了较大规模的应用。同时，还有不少地方政府采取类似的技术来进行创新。例如，旧金山市的 ParkScan 项目，就是鼓励市民通过网络的方式，对旧金山的公园进行监督。一旦市民发现公园内存在管理问题和缺陷，就可以通过拍照的方式将照片传送到相关管理部门进行处理。当政府代表通过照片发现问题后，就可以质询实际的管理部门，要求其做出解释并提出解决办法。

又如，亚利桑那州凤凰城社区服务部（Neighborhood Services Department，NSD）所推出的"myPhxAZ"应用软件（APPs），也是类似的创新。"myPhxAZ"是一家服务于亚利桑那州以及地方城市的专业涂鸦清除公司（Graffiti Protective Coatings），苹果手机（iPhone）用户可以在苹果的线上软件商城（APP Store）免费下载。装上该软件后，用户就可以通过苹果手机随时向凤凰城市政府报告涂鸦、垃圾丢弃等明显的违规现象。

第四节　网络性服务供给机制

网络性服务供给机制是指地方政府之间通过协议、转让、合并等方式共享公共服务的方式。本节将阐述网络性服务供给机制在近年来的发展趋势，选择相关案例进行分析，并从网络理论的角度来解释这种实践。

一　从分散到合作：网络性服务供给机制的发展

按照美国的地方自治（home rule）传统，地方政府都比较重视自主性（autonomy）和独立性（independence）。这种反对国家或州政府完全控制地方事务的自治传统，早在19世纪就已经埋下了根基。① 如托克维尔所说的，美国独特的民主生活方式，如乡镇自治的传统，使地方民众更积极地探索管理与自己生活相关的事情，形成了特定的乡镇精神来捍卫自由与秩序。正是这种根深蒂固的自治传统，使地方政府对合作保持了戒心。而各种提供水资源、管道（sewer）等服务的特别区（Special Districts），很大程度上就是城市政府之间管辖权争论不下的副产物。②

在这种情况下，美国地方政府发展成为数量庞大、种类繁多、互不隶属且功能各异的"百纳被"（crazy-quilt）结构形式。根据美国统计局2007年的统计，美国现有地方政府89476个，其中县政府（County）3033个，市政府（Municipal）19492个，乡镇政府（Town or Township）16519个，特别区政府（Special Districts）37381个，学区（School District）13051个。支持这种所谓的"碎片化"（framentation）政府结构的学者认为，大量的小规模政府有利于促进地方之间的竞争，并导向更小、更加有效率的公共部门。③ 但是，一些学者也指出，碎片化很可能导致服务的无效率。例如，里昂斯（W. E. Lyons）和洛尔里（David Lowery）以

① Adrian, C. A. & Griffith, E. D. , *A History of American City Government： The Formation of Traditions, 1775—1870*, Washington, D. C. ： University of America Press, 1983, pp. 40 - 41.

② Ibid. , pp. 62 - 63.

③ Ostrom, V. , R. Bish & E. Ostrom, *Local Government in the United States.* San Francisco： Institute for Contemporary Studies, 1988.

肯塔基（Kentucky）的 Lexington 和 Louisville-Jefferson 为例，指出比起"集中化"（consolidated）的 Louisville-Jefferson，人们对"分散化"的 Lexington 所提供的公共服务持更加消极的态度。[1] 总的来说，关于分散化还是集中化何者能够更好地供给公共服务，一直存在着争论和分歧。

　　不过，无论是主张分散化还是集中化，双方都均承认地方政府之间的自愿合作（voluntary cooperation）正在加强。例如，美国政府间关系咨询委员会（ACIR）的多份报告就指出大量的地方政府正在使用政府间安排（intergovernmental arrangements）来提供警察、消防、道路维护、教育等公共服务。[2] 这种现象出现主要有两个原因。一方面，越来越多的地方政府在提供高质量的公共服务上面临着更多的困难。民众在要求更低税率的同时，对公共服务的需求却在不断增强，而国家和州层面所提供的援助并不充足；另一方面，大量的公共服务均具有跨区域外部性（interjurisdictional externalities）和规模经济性，地方政府的单独行动并不是有效的方法。在这种情况下，一个解决的办法就是使用服务共享协议（service-sharing agreements）或者地方间服务协议（interlocal service agreements）来减少重复的公共服务及其成本，增加服务弹性、质量和规模经济性。

　　一般来说，地方间合作供给公共服务的形式包括以下五个方面：①服务支付协议（pay-for-service agreements）。地方政府向另外一个地方政府购买特定的公共服务。②联合服务协议（joint service agreement）。两个或多个地方政府共同实施一项活动。③委托协议（delegated agreement）。地方政府将特定的服务委托给其他的地方政府所供给，并对该项服务加以监督。④功能转移（transfer of functions）。地方政府将某项服务完全转移给其他地方政府。⑤服务合并（consolidation of services）。两个或多个地方政府通过合并人员、机构等形式共同成立一个新的独立实体来提供公共服务。

　　可以看出，地方之间的这种合作包括了从双边共产（bilateral coproduction）到区域伙伴（regional partnerships）、特别区（special districts）乃至政府合并（consolidated government）等不同程度的形式。区域伙伴如

---

①　Lyons, W. E., Lowery, D., DeHoog, H. R, *The Politics of Dissatisfaction Citizens*, *Service and Urban Institutions*, Armonk, N. Y.: M. E. Sharpe, 1992, pp. 9 - 14.

②　Advisory Commission on Intergovernmental Relations, Metropolitan Organization: Comparison of the Alley and St. Louis Case Studies, 1993, www. library. unt. edu/gpo/acir/Reports/staff/SR-15. pdf.

政府间委员会（Council of Governments，COG）① 能够在一定程度解决外部性和规模经济问题，但它需要众多成员之间进行协调、从而取得一致性或大部分的同意，从而带来较高的决策成本。特别区、政府合并虽然可以更好地解决协调问题，但其涉及不同程度的地方管辖权降低甚至丧失，在实践中并不常见。因此，地方间服务协议或共享服务协议，是城市之间自愿合作的最为普遍的形式。

ACIR 于 1985 年进行的调查表明，52% 的自治市（municipalities）已经和其他地方政府签订了书面或非书面（written or unwritten）的合约来共同供给公共服务（ACIR，1985）。而 ICMA 在 2003 年进行的"地方层面的政府改革"（reinventing government at the local level）调查也得出了类似的结果，在 1072 个调查对象中，约有 45% 正在考虑和另外一个地方政府实施共享服务协议，同时有 479 个被调查者已经实施了一种以上的服务合作形式。② 可以预见的是，地方间服务共享作为一种削减服务成本、增加服务规模经济性的机制，将在今后的一段时间继续受到人们的重视。

二　北卡罗来纳州夏洛特—梅克伦堡的"服务合并"

夏洛特市（City of Charlotte）位于北卡罗来纳州梅克伦堡县（Mecklenburg County），是该州最大的城市，目前约有 70 万人口。夏洛特市是美国重要的金融中心，也是美国仅次于纽约的第二大银行中心。美国最大的金融机构（从资本上看）——美国银行（Bank of America）的总部就坐落在该市。梅克伦堡是北卡罗来纳州最大的县，目前约有将近 100 万的人口。梅克伦堡共有 7 个自治市（municipalities），其中最大的则为夏洛特市。

由于梅克伦堡有 70% 的居民居住在夏洛特市，两者之间具有很大的

---

① 政府间委员会（Council of Governments，COG）主要是大都市范围内的地方政府之间为了解决跨区域的共同问题而成立的非政府性组织。这其中的一个典型代表就是华盛顿政府间委员会（Metropolitan Washington Council of Governments，MWCOG）。该委员会成立于 1957 年，当时只包含了 7 个地方政府。目前，该委员会已经拥有 21 名政府成员。MWCOG 没有正式的权力，不能强迫成员采取行动，其主要的作用在于将联邦和州基础设施和环境治理等方面的拨款分配给其成员，提供跨区域的公共服务（如 AIDS 服务、交通信息服务）等，其发挥作用的领域涵盖了运输、环境、住房与规划、健康与人类服务、国土安全与公共安全、合作性购买、信息公布等领域。参见 http://www. mwcog. org/home. asp。

② International City/County Management Association，Reinventing Government：Implementation at the Local Level，2003，http：//icma. org/upload/bc/attach/｛6CD4799F-0E32-4981-8A00-C6744B246189｝rlg2003web. pdf.

重叠性,因此历史上也一直有合并县和市的尝试。但是,这种将县市并为一个单位(unit)的政治合并(political consolidation)探索一直未取得成功。例如,1927 年、1968 年梅克伦堡和夏洛特曾想通过公投(referendum)进行合并,但经过长久的政治争论后这种探索均不了了之。1990—1995 年,政治合并的主张再次失败,这也促使夏洛特市探索新的整合途径——并吞(annexation)。

从 20 世纪 70 年代以来,伴随着银行业和金融业的发展,夏洛特市崛起,成为具有广泛影响力的城市。与此同时,夏洛特也逐渐并吞了许多郊区(suburbs)来巩固其经济地理优势。到了 90 年代中期,夏洛特周边原本属于梅克伦堡县的大部分郊区已经被合并进来。从 70 年代至 90 年代末期,夏洛特共进行了 85 起合并,新增了将近 170 平方英里的土地和 20 万的人口(Mead,2000)。

随着夏洛特经济地理优势的日渐明朗,它也开始和梅克伦堡探索新的合作形式——通过地方间服务协议(Interlocal Service Agreements)进行功能合并(functional consolidation)。换言之,夏洛特和梅克伦堡通过协议或者合约的形式来界定各自公共服务的领域。通过服务协议,夏洛特市将选举委员会(Board of Election)、征税(tax collection)、公园与休闲(parks and recreation)、建筑检查(building inspection)转移到了梅克伦堡,梅克伦堡则将警察、规划等服务转移到了夏洛特(如表 6—11 所示)。90 年代中期,所有重要的公共服务都是在夏洛特市和梅克伦堡县这一层面供给,而其他另外 6 个自治市,可以参与这种服务网络,也可以选择退出。在这种情况下,梅克伦堡的特别区数量相当少,仅有一个学校特区,而其他的单一功能特区,均被整合到夏洛特市和梅克伦堡县这一层面。

表6—11　　　　　　　　夏洛特—梅克伦堡的"服务合并"

服务(service)	生产者(producer)		年份
	市(city)	县(county)	
公园与休闲(parks and recreation)		√	1988
规划与分区(planning and zoning)	√		1984
警察(police)	√		1993
固体垃圾处理(solid waste disposal)	√		1984
暴风雨管理(storm management)	√	√	1993

续表

服务（service）	生产者（producer）		年份
	市（city）	县（county）	
公共交通（Public transit）	√		1999
计算机服务与执照（computer service and licensing）	√	√	1998/1995
供水和下水道（water and sewer）	√		1972
建筑物监督（building inspection）		√	1982
动物控制（animal control）	√		1982
社区关系（community relations）	√		1989
历史标志/区域（historic landmarks/districts）	√		1989
有线电视规制（cable television regulation）	√		1992
选举（election）		√	1982
采购（purchasing）	√		1982
税收管理（tax administration）		√	1982
通信（Communications）	√	√	1982
县市政府中心（City-county government center）	√	√	1985
救险区/青年协会（Wrecker zones/youth council）	√		1990

资料来源：Mead, T. D., "Governing Charlotte-Mecklenburg", *State & Local Government Review*, 2000, 32 (3): 192 - 197。

到目前为止，夏洛特市共有 14 个部门或职能机构来提供市和县层面的公共服务，这包括警察、供水和下水道、311 和应急管理等；而梅克伦堡则主要提供学校教育、征税、选举和公园等 10 个方面的公共服务。可以说，双方的服务合并已经进行到了比较深入的层次。但是，近年来，金融危机和地方财政压力使得夏洛特市和梅克伦堡开始重新寻求政治合并。在 2009 年，梅克伦堡削减了用于学校、图书馆、公园等公共服务的 8110 万美元的经费；而夏洛特则仍然表现良好的财政健康状况：在削减了 1000 万美元公共服务经费后，仍然支付了 610 万美元使雇员的工资提升了 2%（Harrison，2010）。而正如夏洛特市长福克斯（Anthony Fox）所说，尽管主要是梅克伦堡削减公共服务支出，但民众并不关心这些政治上的"标签"（label），而是关心政府是否为他们工作。而梅克伦堡也试图依赖夏洛特市强劲的财政实力来弥补其经费短缺的局面。在这种情况下，夏洛特和梅克伦堡开始讨论新一轮的服务合并，主要是探讨人力资源、建筑许可（construction permitting）、政府电视台（government TV）、医疗和消防等服务部门进行功能合并,甚至讨论终极的政治合并——创造一个单一的夏洛特—梅克伦堡政府。

人们认为,一个统一的政府能够削减政府自身的支出,并改善服务效率。一个显而易见的事实就是,在统一的政府下,高层管理者将减少,经费自然降低。例如,2009财年夏洛特市政经理、梅克伦堡市政经理分别拥有21.6万美元和25.4万美元的年薪,合并后市政经理将削减为1名,其所节约的费用相当可观。①

总的来看,尽管夏洛特和梅克伦堡还没有进行政治合并,但其通过吞并和服务合并的方式促进了公共服务供给的规模经济性。尤其是,随着夏洛特市的迅速发展,交通和环境问题将更多地需要在大都市区的范围内进行统筹考虑,服务合并的优势将会进一步显现出来。

三　密歇根州奥克兰县的政府间合作

奥克兰县(Oakland County)是密歇根州(Michigan)的一个县,属于底特律大都会区(Metropolitan Detroit)的组成部分。该县建于1819年,目前约拥有910平方英里的面积,120万人口。众所周知,底特律曾被称为"汽车城",是美国东北部传统工业"铁锈地带"的代表。而奥克兰县亦是汽车制造相关产业的重要中心,目前该县约有16.75万名技术工人。

在最近几十年,随着美国传统汽车工业的衰落,底特律市包括奥克兰县亦经历了严重的经济衰退,失业率急速攀升,而各地方政府亦陷入了财政危机的泥潭。在这种情况下,高层级的地方政府更多地将公共服务责任转移至低层级政府,但却没有相关的财政支持。由此,地方政府在公共服务供给方面面临着如下的抉择:增加税收、削减服务或改变服务供给方式。传统上地方政府主要从前两者的角度来考虑,而奥克兰县则从第三种途径——改变供给方式进行改革。这其中一个根本的原因,就是奥克兰县乃至密歇根州服务供给单位的冗余(redundancy)。

在美国奥克兰县,超过60个的市、村和镇(cities, villages, townships, CVTs)是相当独立地供给公共服务的。尽管质量、层次有所不同,而CVTs所提供的许多核心公共服务(如安全、教育等)却是基本相同的。与此同时,每个CVTs还涵盖了一些间接的服务,如工资发放、会计、基础设施维持、采购、信息技术等。这一方面使公共服务供给的机构、技术和人员出现大量的浪费与重复,另一方面使公共服务的质量在不

---

① Harrison, S., "It's Back: Talk of City-county Merger", *Charlotteobserver*, 2010-5-28.

同的辖区内出现较大的差异现象。而在奥克兰县，居民生活和工作的地方常常为不同的辖区，这就可能出现公共服务的不衔接、不连贯现象。

在这种情况下，奥克兰县对地方政府提出新的思考和要求，这包括：①所有层级的地方政府都需要全盘性（holistically）地考虑服务供给；②地方政府不能将自己视为一个独立的、仅向有限的选民或纳税者提供特定服务的实体；③地方政府需要开始考虑将自身视为一个向所有普通顾客（common customers）提供一系列服务的供应者（suppliers）；④地方政府需要意识到区域合作（regional cooperation）比社区间竞争（community competition）更容易达成双赢结果。[①]

奥克兰县认为，两个以上的公共服务供给力量的结合，比单独的公共服务供给的加总具有更大的效果。其原因就在于合作：①更容易达成规模（scale）、范围（scope）和区域（size）的经济性；②能够减少资源的重新，改善服务质量；③提高服务的区域间连贯性；④有利于建设大规模的项目（large-scale projects）；⑤保持那些因预算削减而受到威胁的服务；⑥能够以较低的边际成本（incremental cost）提供新的服务。

目前，奥克兰县的政府间公共服务合作可以从由易至难的程度分为资源共享（Resource Sharing）、服务合约（Service Contract）、政府间合作（Intergovernment Cooperation，IGC）、联合公共服务（Joint Public Service，JPS）、市县合并（City/County Merges），并主要集中在 IGC 和 JPS 方面（如图6—11所示）。

奥克兰县的政府间合作尤其强调县在公共服务供给上的角色，认为那些由市、村和镇提供的服务存在重复、相互分割和效率低下等问题，而由县来统一提供这些公共服务则具有增加使用者的基数（broadening the user base）、获得更大的专业性和规模性、降低采购成本等优势。

例如，奥克兰县向所有的市、村和镇提供免费的公共安全服务，包括统一的巡逻服务、监狱服务、犯罪转移服务。通过合作，奥克兰县还得以实施大规模的公共服务项目，如建立全县范围内的户外警报系统（Outdoor Warning System），该系统为每个社区节省了75%的支出（约15750美元），全县则节省了25%的支出（约5250美元）。

---

① Holdsworth，A.，"Intergovernmental Cooperation"，2006，http://www.oakgov.com/services _index/government/cvt_services_docs/cvt_summit_session_master.pdf.

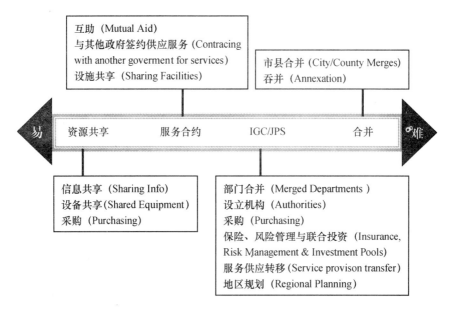

图6—11 奥克兰政府间公共服务合作的连续体

资料来源：Oakland County Government，"What Does Interlocal Cooperation Include?" http：//www. oakgov. com/services_ index/government/cvt_ services_ whatisigc. html。

此外，奥克兰县在采购大型公共服务设备（如有毒物品紧急响应车辆、消毒装置）、社区紧急响应服务、动物控制、土地记录查询、图书馆、医疗和健康服务、信息技术、公园管理等方面还形成了大量的合作关系，尤其是充分发挥了县这一层级的政府在整合、优化公共服务供给方面的优势。同时，奥克兰县还建立了"资本和合作倡导循环基金"（Capital and Cooperative Initiatives Revolving Fund，CCIRF）来支持地方社区建立服务合作项目。

总的来说，奥克兰县的服务合作网络尤其重视县的中心性角色，着重通过县与市、村和镇的合作，使公共服务供给摆脱低水平重复的局面，并达到提高服务质量和减少服务成本的作用。

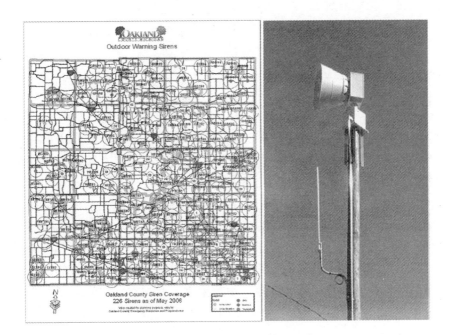

图6—12　奥克兰县的警报系统

资料来源：McCable, M. et al. , Cooperative Services：Case Studies, http：//www. oakgov. com/ services_ index/government/cvt_ services_ docs/cvt_ summit_ session_ coop_ contract_ services. pdf。

四　互惠与共享：网络治理的实践

网络正逐渐成为公共管理的规范。[①] 基于网络的治理认为公共服务的公共性或私人性并不重要，公共组织和私人组织之间的结构配置（configuration）是更为重要的事情。夏洛特—梅克伦堡的"服务合并"以及奥克兰县的政府间合作协议，体现了公共服务供给的网络化趋势，以及网络治理的互惠与共享的特质。

互惠是维系社会网络、产生人际和组织间信任的基础。互惠是产生合作的最基本动力，如图6—13所示，服务供给单位 A 和 B 可以在不同方面发挥比较优势，建立互惠性的政府间合作协议，形成正式（如实线所示）或非正式（如虚线所示）的互惠关系。

---

① Agranoff, R. & McGuire M. , *Collaborative Public Management：New Strategies for Local Governments*, Washington, D. C. : Georgetown University Press, 2003.

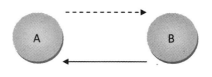

图 6—13　互惠性合作网络

互惠性合作网络能够减少双方的可信承诺问题:一方面,服务的购买者和供应者在某一种服务交易与合作中,它们是互为"人质"的,任何一方的违约都可能伤害到对方,并令自己受损;另一方面,通过多次的互惠性合作后,服务的购买者和供应者之间可以通过形成社会资本、促进互助团结(mutual solidarity)和提高信任等,建立进一步的亲密关系。① 互惠性合作给双方的合作者提供了相互了解以及接触一手经验(first-hand experience)的机会,从而使双方的关系更加稳固。② 这一点,我们可以从夏洛特—梅克伦堡的"服务合并"中看出来。双方在长期的互惠性合作过程中建立了牢固的关系,资金充裕的一方则有更多的机会和途径来帮助资金紧缺的一方。

奥克兰县的服务合作,则体现了共享所带来的优势。一方面,奥克兰县充分发挥了自身的中心性作用,通过资金、政策、人力资助方面的措施,使越来越多的市、村和镇(CVTs)与县签约购买公共服务;另一方面,通过县来统筹公共服务,使公共服务能够以相同的服务质量标准来覆盖更大的区域(如图 6—14 所示)。

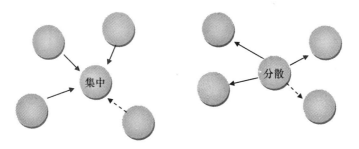

图 6—14　共享性合作网络

---

① Coleman, J. S. , "Social Capital in the Creation of Human Capital", *The American Journal of Sociology*, *Supplement*, 1988, (94): S95 – S120.

② Granovetter, M. , "Economic Action and Social Structure: The Problem of Embeddedness", *The American Journal of Sociology*, 1985, (91) 3: 481 – 510.

总的来说，公共服务供给的网络合作趋势，针对的是服务供给的管辖区域配置问题，尤其是美国服务供给单位过于细碎化、分割化的问题。通过合作、互惠来构建信任，网络合作的方式能够在一定程度上避免盲目与私人机构签约所产生的机会主义风险问题。当然，地方间的网络合作也具有一定的问题。例如，通过将合作协议将公共服务转移至更高层级政府后，虽然该公共服务得以同一的标准在更大的区域范围内提供，但这就出现了富人区向穷人区补贴的问题，因为富人区交纳的财产税更多。这意味着，原有的区域之间用脚流动的竞争效果可能遭到削弱。尽管公共服务的网络合作还处于发展阶段，但是，随着大都市的发展以及社会问题的日益复杂化，合作治理的优势将更好地展现出来。

我国目前出现的基本公共服务一体化规划，也体现了加强公共服务合作网络建设的趋势。例如，2010 年 8 月，广东省出台了《珠江三角洲基本公共服务一体化规划（2009—2020 年）》，指出打破行政区划壁垒，转变政府职能，建立相应的协调机制、成本分担和利益共享机制、法规保障机制、评价机制、监督机制等，确保基本公共服务一体化顺利推进。这包括以下几个方面。①合理划分各级政府在推进珠三角基本公共服务一体化中的职责。确立各级政府公共服务职责分工的体制框架，依法规范政府间公共服务关系，逐步实现政府间公共服务职责划分的法制化。②建立珠三角地区基本公共服务一体化的协调机制。在设立珠三角公共服务一体化领导小组和办公室，负责制定推进珠三角基本公共服务一体化发展的方针政策，对跨行政区域的事务进行管理，协调本地区与中央、省的关系，调解珠三角各市内部关系，监督地方政府间协议执行等。③构建区域交流与协商平台，建立珠三角基本公共服务咨询平台，加快建设基本公共服务信息基础平台，调动全社会对推进基本公共服务一体化的积极性，逐步达到区域内基本公共服务信息共享。④签订基本公共服务一体化的地方间协议。制定非户籍常住人口基本公共服务管理办法、珠三角基本公共服务福利跨区域流转办法和珠三角公共教育一体化推进办法等专项法规、规章，签订推进基本公共服务一体化的各项协议，打破区域、所有制、行政隶属关系等各种界限，有序推进基本公共服务一体化。

以上仅为珠江三角洲基本公共服务一体化规划的部分内容，但它与美国的"地方间服务协议"一样，体现了通过加强网络合作来达成"整体治理"的目的。在我国过去的二三十年间，公共服务的责任不断向下转移，相应的财权和管理权限却未相应跟着转移，这使地方政府提供整合性、均等化公共服务的能力没有得到提升，出现严重的不均衡化现象。同时,随着城市化的发展,传统以地域、管理权限为界线的已经越来越不适应社会发展的需求。对于一般民众来说,他们真正在乎的是解决生活中的实际问题,获得无缝的公共服务,而不是地理、区域、组织之间的界线。如果地方政府能从整体治理的观念,通过建立协调机制和协商平台,将更有助于解决现实问题,并使公共服务更加贴近人民生活。不过,珠三角的区域协调机制仍然是一种非正式的约束,不像美国的"地方间服务协议"一样具备正式的法律效力;而行动主体的协调主要也是通过自上而下的控制方式进行的,而不是建立在对等的位置上进行协商。

当然,珠三角服务供给的整体化和网络化发展,更为重要的政策目标在于破解财政约束,形成次发达地区基本公共服务经费投入稳定增长的机制,实现基本公共服务资源在珠三角的无障碍流转。其主要原因在于,目前珠三角九市之间基本公共服务供给水平差异较大,在各市内部区域、城乡发展也普遍存在发展不均衡、城乡差距大的问题,特别是对于珠三角次发达地区,各项基本公共服务仍处于较低水平。因此,珠三角公共服务一体化的发展,不仅体现了整体治理、网络治理的要求,还体现了破解财政约束的现实需要。

第七章　多重约束下公共服务供给机制的改进途径

在交易成本、公共属性、制度结构等多重约束条件下，公共服务供给机制要更加重视有效性、公正性、准确性和回应性，这就需要我们导入质量、呼吁和行为视角，使公共服务能够更好地反映民情、顺应民意。

第一节　质量途径

质量是判断公共服务是否达到有效供给的重要因素，各国公共行政改革的一项根本任务就是持续提升公共服务的质量。传统的公共服务管理模式是一种"供应方"模式——政府处于核心位置，以生产和供应公共服务为核心功能，市民则处于被动接受的地位。

服务质量原本属于市场营销学的范畴，意指市场组织能够满足或超过顾客期望的能力，也可以理解为顾客的满意度，或者是预期服务质量与感知服务质量的不同。[1] 在波及全球的新公共管理运动期间，源于工商业的管理技术和手段被不断应用于公共管理，而对顾客服务和结果导向的重视也催生了关于公共服务质量的研究与实践。由于公共部门的服务质量远比私营部门复杂——不是简单地满足公民表达的期望，还涉及找出未经表达的需求、设定优先性、分配资源、公开辩护所做的决定等[2]——这就需要公共部门发展更为复杂的手段或机制来持续地驱动服务质量的改善。

实践研究表明，分配更多的公共资源到基本公共服务并不意味着输出

---

[1] Valerie A. Zeithaml, A. Parasuraman and Leonard L. Berry, *Delivering Quality Service*, The Free Press, New York, 1990.

[2] M. Seymour Gowan, J. S. Ibarreche, and C. Lackey, "Service Quality in a Public Agency: Same Expectations but Different Perceptions by Employees, Managers, and Customers", *Journal of Quality Management*, 2001, Vol. 6, No. 2, pp. 275 – 291.

更好的结果。在一个管理不善（mismanagement）、寻租与腐败泛滥、贫困瞄准（poor targeting）不确的环境下，公共投入就可能出现资金漏出（leakage）问题，即有限的财政资源并没有真正地用到改善那些确实需要基本公共服务的人口身上（Asian Development Bank，2008）。在没结果测评和监控系统的情况下，公共服务供给单位就缺乏采用有效的管理与生产技术来降低其服务成本的动力，出现浪费财政投入、随意定价或者罔顾民众权益的机会主义行为。

　　根据当代西方国家的实践，我们可以把持续改进公共服务质量的方式大致分为三种（见表7—1）。

表7—1　　　　　　　　　　　服务质量改进方式的分类

方式	特点	示例
服务质量测定	自下而上的"顾客"满意	市民态度调查、满意度调查
服务质量认证	自上而下的标准设定	服务宪章、服务承诺、质量奖
服务质量管理	组织、制度和技术的内部改变	全面质量管理、质量控制、技术改造

　　（1）服务质量测定。当前国际管理实践中范式转换的一个突出表现是：不论在私营部门还是在公共部门，质量和顾客满意被置于首要地位。马克·霍哲等曾指出，"市民对质量的评价是服务结果的指示灯，而依据市民满意度来改进公共服务质量是一项颇具吸引力的改革途径"[1]。早在20世纪70年代初，美国城市学会（Urban Institute）的维波（Webb）和哈奇（Hatry）就率先提出，借鉴在企业界已经运用比较成熟的"顾客调查"形式，地方政府可以通过"市民调查"形式来搜集民意，以更好地分配公共服务资源。他们指出，市民调查很有可能是——尽管不是唯一的——获取以下方面信息上最有效率的途径：①特定服务质量，包括识别问题区域上的选民满意度；②各种服务的使用者和非使用者的数量和特性；③不喜欢或不使用特定服务的原因；④对新服务的潜在需求；⑤居民在各种不同社区议题上——包括对政府和官员的疏离感——的意见。据此，他们进一步主张实施常规性、年度性的市民调查，通过相同的调查问

---

① ［美］马克·霍哲、金允熙、伊什尼·沙博诺：《勾勒公共服务质量改进的疆域：美国25年来的趋势和实践》，《国际行政科学评论》（中文版）2009年第3期。

题来追踪市民关于城市服务的态度。①

在随后的政府改革实践中，作为政府部门搜集民意的重要手段，"市民调查"受到的关注度不断提高——尤其近年来人们在"市民满意度调查"识别公民偏好、了解市民预期以及评估政府绩效时，"市民调查"更是被视为连接政府公共服务供给与市民需求的桥梁。同时，"市民调查"还具有记分卡功能。从纵向上看，通过常规性、年度性的调查，市民关于公共产品与服务的偏好、态度和意愿的发展趋势就有可能得到比较准确的追踪，决策者也可以由此把准政策的趋向；从横向想看，通过调查分数的排序和比较，我们可以知道不同部门乃至不同区域之间的服务质量优劣，从而有利于刺激那些"短板"提高自身水平。

在具体的测定模型中，SERVQUAL 模型和重要性—满意度（Importance-Satisfaction Analysis，ISA）模型是比较有代表性的两种。SERVQUAL 模型由美国市场营销学家帕拉休拉曼（A. Parasuraman）、泽丝曼尔（Zeithaml）和贝里依据全面质量管理思想提出，它将服务质量分为五个层面：有形设施（Tangibles）、可靠性（Reliability）、响应性（Responsiveness）、保障性（Assurance）、情感投入（Empathy），每一层面又被细分为若干个问题，通过调查问卷的方式，让用户对每个问题的期望值、实际感受值及最低可接受值进行评分。② ISA 模型由马尔蒂拉（Martilla）和詹姆斯（James）提出，其关键之处就在于把满意度和重要性连接起来。③

总的来说，在服务质量评估方面，一直存在两种不同的路径——"硬"测量和"软"测量（Brudney & England，1982），前者以客观的绩效数据为核心，后者则以市民评估数据为基础（Brown & Coulter，1983；Parks，1984），由此也带来了许多具有挑战性的问题——市民对服务的评价能在多大程度上反映绩效现实？市民能否对那些自己并无体验经历的服务做出评价？对于此，美国学者奥斯特罗姆在 1973 年就指出，衡量服务质量的单一指标可能是一种导致歪曲内部诱因的病理学（pathologoies），由此她主张发展一种多重的服务质量评价体系（包括市民感知）并研究

---

① Webb, Kenneth and P. Hatry, Harry, *Obtaining Citizen Feedback: The Application of Citizen Surveys to Local Governments*, Washington, D. C. : The Urban Institute. 1973. pp. 1 - 2.

② A . Parasuraman, Valarie A. Zeithaml, and Leonard. L. Berry, "Servqual: A Multiple-Item Seale for Measuring Consumer Perception of Service Quality", *Journal of Retailing*, 1988, Vol. 64, No. 1, pp. 12 - 40.

③ 转引自 Gregg G. Van Ryzin, "Importance-Performance Analysis of Citizen Satisfaction Surveys", *Public Administration*, 2007, Vol. 85, No. 1, pp. 215 - 226。

软硬指标之间的关系。目前，仍有许多学者在探讨理顺、疏通绩效数据与主观评价之间的关系（Kelly and Swindell，2002），应用标杆伙伴（benchmarking partners）等方式来化解不同服务之间的"不可通约性"（Ammons，Coe，and Lombardo，2001；de Lancer Julnes and Holzer，2001；Rivenbark，2000），并应用 Delphi 法、DEA 法、层次分析法（analytic hierarchy process）、网络层次分析法（analytic network process）、KANO 模型、SERVQUAL 模型和 SERVPERF 模型等多样化的技术和方法来测量、评价公共服务质量。

（2）服务质量认证。这种方式主要是自上而下地由根据国家制定或者国际通行的标准来对公共部门提供的质量进行检查，对合格或表现卓越的机构授予合格证书或荣誉称号。这种方式的核心是要建立清晰的服务标准，主动表达自身的服务承诺。服务宪章、质量奖和公共服务标准化是其中的典型代表。

——服务宪章。公共服务宪章是一种在公共服务过程中主动设定目标和标准，赋予消费者针对公共服务进行咨询、评估和表达不满权利的行政改革方式。从 1991 年英国首相梅杰（John Major）提出"市民宪章"（Citizen's Charter）概念并引入行政部门起，服务宪章——尽管概念五花八门——已经在不少国家落地生根，如比利时的公共部门顾客宪章（Public Sector Customer Charter）、法国的公共服务宪章（Public Service Charters）、葡萄牙的质量宪章（Quality Charter）等。服务宪章的出现不是孤立的现象，作为新公共管理运动"顾客导向"（customer orientedly）和"用者友好"（user friendly）的体现，它不仅为社会公众提供了审视公共服务的机会，还促使服务更加强调适应具体个体，而不是抽象共同体或者服务生产（供给）者的需要。

韩国从 20 世纪 90 年代开始在行政服务领域广泛推行服务宪章制度。1998 年，时任总统金大中提出公共服务宪章，希望通过宪章的形式来建立公共服务标准，带动公共服务整体水平提升。至 2005 年，中央政府和各级地方政府制定的行政服务宪章已从 1999 年的 626 个增至 10709 个，行业涉及建筑、教育、交通、税务、医疗、环境等众多服务领域。[①] 同时，为了避免服务标准成为空谈，韩国着重建立以民众满意度为主的评估制度，推动公共服务满意度调查，以此来真实反映行政机关的服务质量。

印度的服务宪章运动同样兴起于 90 年代。1994 年新德里的消费者权

---

① 李秀峰：《韩国卢武铉政府行政改革评析》，《国家行政学院学报》2008 年第 6 期。

利保护积极分子起早了一份针对医疗服务提供者的市民宪章草案。1996年，时任印度首相瓦杰帕伊开始在国家层面推动市民宪章运动。根据印度行政改革和公众申诉部（DARPG）的设计，市民宪章既要提供公众所期待的服务标准、期限信息和申诉渠道，也要提供市民和顾客团体独立地审查服务质量的途径。DARPG 非常强调让顾客、市民团体及其他利益相关者充分地参与到市民宪章的设计过程，以使宪章更符合终端使用者的要求。至 2006 年，不同政府层级和部门的市民宪章已经达到 767 份，其中中央政府 112 份，州政府 588 份，联邦属地（Union Territory）67 份。为了更好地让各级政府部门实施市民宪章，DARPG 还采取了各种措施，这包括：建立统一的市民宪章网站（goicharters. nic. in）、建立内部和外部评估模型、召开区域会议等。同时，仿照英国的"Charter Mark"系统，印度也设置了顾客服务卓越奖（Sevottam），着重从公众视角来测量公共服务供给的绩效。

新加坡的公共服务质量享誉全球，政局稳定、社会安定、环境安全、服务高效、基础设施良好等是新加坡最具优势的元素。世界银行 2007 年评估各国政府治理的报告中，新加坡的政府效能（Government Effectiveness）居第一，腐败控制（Control of Corruption）居第二，规制质量（Regulatory Quality）居第三。在过去的 40 年中，新加坡公共服务部门一直在寻找提升公共服务质量的渠道，市民宪章的精神则涵盖其中。例如，新加坡要求行政部门根据服务对象、内容建立服务使命和信念，并向公众公开。对可计量的服务制定服务标准，并以私人企业界的最佳作业准则（best practice）作为比较基准（benchmark）。公共服务部（PSD）负责收集民众的反馈，进行调查，并安排秘密的稽查员到处去观察不同机构如何提供服务、服务标准如何，再对这些机构做出反馈。

在我国，随着行政改革的深入，尤其是地方政府创新工作的推进，市民宪章也得到了初步的应用，这尤其表现为服务承诺制。1994 年 6 月，烟台建委系统决定借鉴国外经验，率先进行社会服务承诺制的尝试供水、供煤气、供热、房屋拆迁、公共交通等 10 个部门，均通过新闻媒体向社会公布了各自的社会服务承诺工作目标、服务内容、服务标准、投诉程序和投诉电话，并做出保证，达不到承诺将实行自罚并赔偿。目前，服务承诺制已经在我国许多地方得到推行，尤其是随着行政服务中心的建设而得到进一步的深化。近年来，服务承诺制的形式进一步扩展，出现了更加细化、标准的承诺方式。例如，从 2009 年开始，深圳将往年的各部门年度责任目标白皮书改称为年度公共服务白皮书，所有部门及各区就公共服务公开做出承诺。在白皮书中，除了介绍各部门工作职责或各区情况外，每个部门和各区都将各项公共服务承诺具体化，列出了具体的时间表和任务目标，同时，还公布了电子邮件、服务电话以及市政府绩效评估与管理委员会办公室监督电话，供市民进行咨询、投诉或提供相关建议。

——质量奖。除了在公共机构实行的服务宪章外，作为公共部门消费者权力宣言的一项奖励制度也随之出台，这种是所谓的质量奖。在英国，政府把宪章标识（Charter Mark）颁发给提供优质服务的部门。这种奖励最初在数量固定的优胜者中间竞争产生，后来就演变成一种根据某些固定标准而颁发的奖项。[①] 目前，比较有大型的质量奖有联合国公共服务奖（United Nations Public Service Awards）、欧洲公共部门服务奖（European Public Service Awards，EPS）等。我国在公共服务质量奖机制方面也开始了初步的探索。例如，深圳市龙岗区于 2011 年举办全国首个区长公共服务质量奖活动，引导全区公共服务部门大力推广实施公共服务卓越绩效模式。区长公共服务质量奖以建立在《欧洲通用评估框架》基础上的《公共服务卓越绩效评价准则》为标准，改变以往自上而下的考核方式，由企业、媒体和民众等服务对象给政府机关打分，为公共服务组织提供了科学的自我评估框架。评定对象包括龙岗区提供公共服务的政府组织和非政府组织。评定工作采用第三方专家评审的方式，通过评奖表彰龙岗区在提供公共服务方面取得卓越绩效的组织，引导和激励更多的组织建立和实施公共服务卓越绩效模式，从而提高龙岗区整体公共服务质量水平，持续改进管理绩效。

——服务标准化。主要是在政府部门中引入国际标准化组织（ISO）制定发布的国际质量保证标准，如 ISO9000 质量管理体系等。在 ISO9000 质量管理体系中，时效性、精确性、礼仪性、可靠性、忠实性、可及性、安全性、回应性等标准均被用来衡量服务的质量。目前，全球已有 149 个国家和地区的 50 多万个各类组织导入 ISO9000 并获得第三方认证，如美国白宫、英国唐宁街均实施了 ISO9000。

（3）服务质量管理。主要是将全面质量管理（Total Quality Management，TQM）、流程再造、电子化政府等方式全方位地引入公共部门的组织，从技术、流程、文化等各个层面来全面推动组织和制度的"DNA"改变。

---

① ［英］科林·泰博：《公共管理改革及其悖论：以英国的实践为例》，张春颖译，《国家行政学院学报》2010 年第 4 期。

20世纪90年代以后，美国、英国、日本等先进国家便将全面质量管理用于政府公共管理之中，掀起了公共部门全面质量管理的浪潮，形成公共管理过程中一种全新的管理工具和管理模式。① 公共部门全面质量管理，是指在所有组织和人员都以公共服务质量为核心，把专业技术、管理技术和数理统计技术结合在一起，建立起严密高效的质量控制体系，通过提升顾客满意来提升社会效益。在探讨推行公共部门质量管理过程中，标杆管理、业务流程重塑等管理技术也被纳入公共部门，尤其是随着互联网技术的发展和信息时代的来临，新的电子化技术也开始在政府部门中广泛推行，以为民众更高质量地服务。

作为"全面质量管理"的发源地，日本是一个异常重视质量的国家。美国的戴明（W. Edwards. Deming）博士最早把质量管理介绍到日本。1949年日本科学技术联盟（JUSE）邀请戴明博士在日本举行为期八天的统计质量管理基础讲座。1951年，戴明博士在日本举行为期两个月的统计质量管理讲座，使当时处在幼年期的日本工业的质量控制得到了极大的推动。如今，日本为纪念戴明而设立的戴明质量奖已成为享誉世界的奖项。以医院为例，日本在基础质量、环节质量、终端质量三个管理环节上建立了严格的医疗质量控制体系。基础医疗质量管理环节主要是明确医生的岗位职责和工作规范以及岗位技术要求；环节质量管理主要是建立规范的医疗行为法律法规和制度，并使之成为医务工作者的行为准则；终端质量管理注重平均住院天数、出院病人平均费用等综合指标。目前，日本许多医院已经设有质量管理机构，并配备有专职人员，负责编制医疗流程、医疗质量、信息分析、现场培训等制度，以便提高医疗人员的个人素质和医疗服务水平。

此外，近年来日本公部门不断推动"质量改革"（Reform of Quality），试图提升政府服务的生产力，提高服务使用者的满意度。该方案的一个重要措施，就是引入企业流程再造（Business Process Reengineering，BPR）的做法，以达到行政革新和简政便民的目标。为了缩短民众获得服务的等待时间，简化政府行政流程，提高政府服务的便利性，日本要求中央各政府部门提出导入"企业行政流程"的重点服务，如柜台服务、补助申请、批准流程、执照申请与发放等，并依据社会大众的需求，设定预期目标，作为流程改善的指标。此项改革的目标，就是通过仿效企业界的流程设计，简化行政流程，打造简易和温暖的政府（Simple and Warm Govern-

---

① 党秀云：《公共部门的全面质量管理》，《中国行政管理》2003年第8期。

ment）。

　　——推行电子化政府。在当代，"以公众为中心""惠及所有人""无处不在""无缝整合""开放的政府""集成的政府"（Integrated Government）等新的电子化理念，正在改变着政府提供公共服务的方式。例如，自 2007 年 3 月起，日本已经将约 14000 项中央政府的行政流程改为线上服务（约为政府服务的 95%），中央政府也制定了使用线上服务的行动计划，对于经常使用的 165 项行政流程推广为线上处理，同时通过广泛宣传、建立配套措施，逐步落实单一窗口服务（一站式服务）。近年来，新加坡非常强调整体政府（Whole-of-Government）的建设，认为尽管政府有各自的业务功能，但对于民众来说，政府是一个不可分割的整体。为此，新加坡通过先对政府部门进行流程再造，理顺关系，然后进行电子化的整合，形成"多个部门、一个政府"的服务格局。新加坡政府已经提供了所有的在线服务并已成功地进行整合，为客户提供无缝前台服务。网上商业执照服务项目和移动政府项目就是整合政府的两个典型案例。"目前，新加坡政府……愉快体验"，改为"2010 年，新加坡政府提出了整合政府iGov2010 计划，将电子政务的工作进一步转向整合政府，对所有在线服务进行整合，为客户提供无缝前台服务。"这一计划是新加坡"智慧国2015"计划的重要组成部分，确定了四大推进策略，即提升电子服务的普及性和多样性、增进民众在电子政府中的参与度、强化政府的能力和协同性以及提高国家竞争优势。

第二节　呼吁途径

　　20 世纪下半期以来，受公共选择理论等新自由主义经济学的影响，不少学者强调通过模拟市场的方式来改善公共部门绩效。无论是蒂伯特的"用脚投票"（Tiebout，1956）、奥斯特罗姆的"多中心体制"（Ostrom，V.，et al.，1961），还是弗里德曼主张的"教育券"（Friedman，1962），都强调通过地方政府之间的竞争来为民众创造更多的选择。20 世纪 80—90 年代，新公共管理的"幽灵"徘徊在整个欧美大陆，市场的力量在公共部门爆发。

　　然而，在公共服务领域，即使服务质量下降，使用者也无法随时"改换门庭"来唤醒公共组织的绩效，"退出"的代价往往非常高昂。

　　赫希曼于 1970 年在《退出、呼吁与忠诚——对企业、组织和国家衰退的回应》一书中提出了"退出—呼吁"模型，指出退出机制和呼吁机制是帮助组织恢复绩效的两种机制。他认为任何组织，无论其结构多么合理，制度如何完善，它都必定会有衰退的趋向。这种趋向有可能是短暂性的，也有可能是永久性的。衰退将会成为组织绩效下降、击垮组织理性的恒久性力量。当面对组织的衰退时，组织内部成员和外部消费者都面临两种选择：一是以消费者不再消费组织产品和组织员工离开组织为表现形式的退出选择，另一种就是以消费者和员工表达不满而向作为组织管理者的上层直接反映或抗议为表现形式的呼吁选择。

在赫希曼看来，"当退出机制可望而不可即时，呼吁便成为消费者或会员宣泄愤怒情绪的唯一选择"（赫希曼，2001：36）。近年来，学者们对作为信息传递机制的"呼吁"（voice）的作用日渐重视，认为"呼吁"可以传递"当面对质"的信息来修复公共组织的绩效衰减，激励公共组织采取更加适宜的行动来回应民众的需求。例如，奥克逊等人指出，"与私人经济不同，地方公共经济更依靠公民的呼吁而不是退出机制，来激励与约束地方政府"（奥克逊、帕克斯，2000：430）。

从已有的实践看，公共服务的呼吁机制设计包括以下两个方面。

（1）自上而下的呼吁机制。这主要是指政府通过公共服务满意度调查等方式自上而下了解民意。一个国家一旦登上发展的阶梯，公民的要求就会增加。针对亚太国家的研究发现，国民对他们所接受的公共服务相关联的项目如教育、医疗和公安的满意度在他们对政府绩效的评价中占有最重要的分量。[①] 近年来，不少亚洲国家对公共服务满意度的重视程度日益提高，并且诞生了一些富有特色的做法。

在韩国，为了提高民众对政府事务的信任，提升政策执行效率，政府于2001年颁布《政府事务评估基本法》。该法案包括自我评估与特定评估两个部分，在后者中，顾客满意度占总评估分数的10%，其评估标准主要分为两大项：一是民众对服务过程的评价，包括便利性、速度、正确性、公平性和整体满意度等；二是对政策本身的满意度，包括政策的合理性、成效、稳定性、透明度、回应性和整体满意度。整体评估成绩不对外公布，唯一公开部分就是顾客满意度调查成绩，因此行政机关都非常重视在提供民众服务上的表现。根据政府事务评估基本法，顾客满意度的评价结果将影响隔年度的预算、人事、组织和津贴。

---

① 王正绪：《2011 亚太六国国民对政府绩效的满意度》，《经济社会体制比较》2011 年第 1 期。

　　日本在 2000 年后开始在政府组织内部导入新的政策评价制度，评价的一个重要标准就是依据市民满意度来制定、修订实施或放弃政策。政策评价的内容不仅包括项目的执行程度、效益水平，还包括需求分析。[①] 同时，日本还建立了行政咨询（Administrative Counseling）制度。针对民众对政府可能有抱怨或不满，但不知该向谁投诉、咨询或者已向政府咨询仍得不到满意答复的现象，日本建立了行政咨询制度。市民可以通过拜访、电话、信件、传真和互联网等渠道进行咨询或反映意见，内务省扮演中立机构，协调政府机构、行政法人、国营企业以及相关的郡县政府来解答。

　　在印度的班加罗尔，一种世界银行描述为"寻求使用者对公共服务的反馈的参与式调查"方法——市民评价卡（Citizen Report Card）得到了广泛的应用。市民评价卡最早由一个民间社会团体推出，主要是评定公共服务使用者的感受。评价卡开放了服务提供者和使用者之间的对话，并最终得到了政府部门的积极回应，建立了官方层面的负责机构，并在其他城市进行推广。据统计，班加罗尔从 1994 年使用评价卡后，公众对公共服务的满意度从 1994 年的 9% 上升到了 2003 年的 49%。[②]

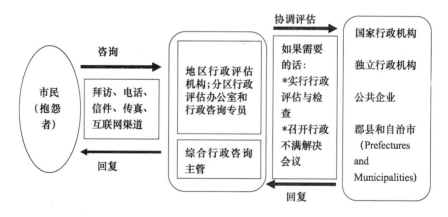

图 7—1　日本的行政咨询架构

　　资料来源：日本行政评估局（Administrative Evaluation Bureau，AEB），http：//www. sou-mu. go. jp/english/aeb/index. html。

[①] 周实：《日本地方政府行政评价制度的特征和启示》，《国家行政学院学报》2007 年第 1 期。

[②] Sita Sekhar，Citizen Report Card（CRC）as an Aid to Improve Service Delivey-Some Experi-ences，www. adb. org/projects/e-toolkit/sita-sekhar. pdf.

在我国，政府绩效评估也开始越来越多地采用公共服务满意度测评的方式。一方面，政府内部的机构开始探讨公共服务评价的方式，以公共服务满意度为主要内容的民意调查正逐步走入政府的决策流程。政府吸纳民意的渠道越来越多。除了传统的发放问卷、走访调查，普通群众还可以通过视频连线、网络直播、论坛互动等方式参与决策会议，也可以自愿报名，申请列席政府常务会议和人大、政协的有关民生专题会议。另一方面，独立的咨询机构和研究机构开始了公共服务满意度的探索。例如，零点研究咨询集团连续以公共评价视角对中国公共服务水平进行了系统性调查研究。除继续对各地省市长行政力和透明度进行调研之外，零点还针对食品药品安全、公共安全感、社会治安、酒驾治理、基本药物制度、新农保和社保满意度等议题进行了系列调查研究。又如，厦门大学和新加坡南洋理工大学于 2010 年联合发布了《中国城市公共服务质量调查》，对全国 32 个重要城市进行了城市公共服务质量的排名。

（2）自下而上的呼吁机制。这样的呼吁方式又被称为公众对公共服务的反应型参与，指公众对所接受公共服务提出具体的投诉或建议。我国目前正在兴起的公共服务热线电话，就是其中的典型代表。我国最早的"12345"公共服务热线出现在沈阳市，当时被称作"12345"市长热线。"12345"热线也随之在北京、杭州、重庆等地先后开通，并伴随着政府服务观念的改变逐渐变成一条为公众服务的公众服务热线。在信息技术以及网络技术快速发展的大背景下，政府公共服务热线开始进入了黄金发展期，特别是从 2000 年起，全国各地不断拓展更多公共服务领域的服务热线来回应公众日益多样化、高标准的公共服务诉求。但是，随着各地政府不断开通越来越多的公共服务热线，一系列由此导致的公共服务热线混淆、公共服务职能重叠等问题开始凸显出来。为了更好地满足公众需求，提高公共服务效率和质量，多地政府的公共服务热线已经由单一的电话接听升级到集网络、短信、电子媒体、多媒体等互动查询于一体的服务平台受理，同时对原有的公共服务热线进行有效整合提升，丰富了百姓的诉求渠道，提高了公众的诉求成效。

现阶段，各地区公共服务热线多实行"一号对外、集中受理、分类处置、统一协调、各方联动、限时办理"的工作机制。服务热线统一采用"12345"作为拨打号码，当拨打该号码时会统一由该热线的前台呼叫中心进行受理，再由受理前台或者服务中心将收到的诉求按建议、咨询、投诉等项目进行分类。除资讯类的诉求可以直接解答外，其他诉求均须工作人员通过书面记录整理后统一送达热线服务中心（有些地区是信访局),由服务中心进一步整理后将诉求件发往有职责权限范围的部门单位进行处理。当相关部门单位的处理意见经服务中心审核通过后,将会以电话或者网上公布的方式告知公众。各地一般对公共服务热线的各个运行流程做出明确的时间限定,从而保证公众诉求解决的时效性和办结率。

除了公共服务热线这种基于个体的机制设计外,还有一些基于集体行动的制度探索,如公共服务使用者委员会、听证会等。公共服务使用者委员会不同于消费者协会,其服务的对象是公众,它的作用是要保护公众获得公共服务的合法权益,对公共服务提供者提供的服务进行监督,并对公众所反映的相关公共服务问题进行及时的处理并给予相关的咨询。听证会制度最早发源于英美,它是一种把司法审判的模式引入行政和立法程序的制度。由于公共服务关系到公众的切身利益,实行听证会制度可以使公共服务的过程和内容更加公开透明并且符合公众利益。

第三节　组织途径

从公共服务本身的属性来看,不同的物品(产品或者服务)属性是不同的。按照奥斯特罗姆等人的观点,可以对具有交易价值的物品属性作进一步的分析,诸如可再生性、规模经济、外部性、排他性和竞争性等维度对物品作进一步的细分①。公共服务属性的不同,相应的生产或提供的制度安排也可以不同或者应有所不同,且不同的制度安排最终将影响乃至决定物品供给效率和需求满足情况。在以往,人们对公共服务属性的认识是相当模糊的,甚至认为公共服务是一个整体性的、一致性的范畴,以致政府的直接管辖与提供似乎具有不证自明的合法性。从 20 世纪 50 年代起,公共经济学家就开始探索对公共服务的组织单位进行"供应"(provision)与"生产"(production)功能的分离,将服务的供应方和生产方进行区分,每一方各自履行不同的职责。

正如奥斯特罗姆夫妇指出的,集体消费单位(公共服务供应方)起着购买代理人的作用,从潜在的承包商那里得到有关成本和生产可能性信息,与承包商签约,从用户那里收听对应服务的意见、监督承包商提供服务的绩效和生产单位分离以后,而生产单位即承担企业家的责任,把生产

---

① Elinor Ostrom, Roy Gardner and James Walker, *Rules*, *Games*, *and Common-Pool Resources*, The University of Michigan Press, 1994.

要素综合起来，组织和监督生产团队的绩效，使其提供适当水平的物品或者服务。① 一般来说，服务的供应方涉及的主要是一些集体选择行为，他们就下述事项做出决定：①需要提供什么样的产品和服务（以及哪些产品和服务应留给私人去解决）；②应对什么样的私人活动进行规制，所应用的规制程度和类型；③需要筹措的收入数量，如何筹措（是以各种税收的形式还是以用户按价付款的形式）；④需要提供的产品和服务的数量和质量标准；⑤如何安排产品和服务的生产，即如何将供应和生产连接在一起。②

从上可知，公共服务组织途径改革的基本方式就是实现"供应"与生产的分离。这两者的区分实际上为公共服务供给机制的可抉择性奠定了制度性条件，这在制度分析学派中已经得到充分的阐述。政府作为公共服务的安排者和提供者，承担起宏观的财政筹措、业务监督和绩效评估的责任，主要把握公共服务的生产是否符合社会福利最大化、均等化、效率和合意性，确保公共服务的生产和输送不偏离公共利益的目标。同时，多元的市场主体和自组织结构在政府的监督下形成竞争性的制度安排，充当公共服务的"生产者"和"供给者"角色。公共服务生产者和提供者的分离，扩大了公共服务的供给范围，使政府拥有了多种获得公共服务的选择。由此，政府可以不直接实施微观管理，但它可以采取契约外包、对外招投标、政府内投标、民办公助、政府购买服务等形式，利用企业、居民和 NGO 等组织力量，借助市场化手段，促进公共服务提供和生产的竞争，提高公共服务供给的公平性、高质量，保证公共服务生产的专业化和高效率。

我国目前针对事业单位的组织改革，也是按"安排"（管）与"生产"（办）的逻辑开展的，即政府充当公共服务的"安排者"和"提供者"角色，承担起财政筹措、业务监督和绩效评估的责任，而事业单位则在竞争性的制度安排中，充当公共服务的"生产者"角色。这样，政府可以视为一个集体消费单位，扮演公共服务总规划师的角色。

众所周知，传统上我国公共服务的提供结构主要是"政府部门—事业单位"的分类提供模式，对教育、科技、文化和卫生等领域公共服务进行垄断供给。由于受传统计划经济体制的影响，政府机关、事业单位和

---

① ［美］文森特·奥斯特罗姆、埃莉诺·奥斯特罗姆：《公益物品与公共选择》，载麦克尔·麦金尼斯《多中心体制与地方公共经济》，上海三联书店 2000 年版，第 111 页。

② ［美］罗纳德·J. 奥克森：《治理地方公共经济》，万鹏飞译，北京大学出版社 2005 年版，第 5 页。

国有企业常常交织在一起，使事业单位和其他公共部门机构之间的界限模糊不清，事业单位的管理体制滞留在传统的计划经济轨道，未与企业部门改革一起与时俱进。"事业单位在政府职能部门保护下的优势地位，使公共服务和准公共产品成为准入限制性很大的行业，国民差别待遇问题严重，民间参与困难。"① 同时，由于事业单位的财务制度不像政府部门那么严格，使不少政府部门把事业单位当作创收工具。② 按照原本的制度设计，事业单位的重要目的之一就是提供公共服务，然而，在这种"政事不分、管办合一"的治理格局下，我国的事业单位出现了四个关键性问题：所有者缺位造成的"内部人控制"；监督层外置容易造成监督者的缺位；服务对象或顾客没有选择机会和缺乏利润评价机制造成目标实现与绩效评价困难。尤其是，长期计划体制下政府对事业单位的"大包大揽"和"一管到底"，使事业单位形成了对政府的"人身依附"关系，政府对事业单位的过分控制造成了其自身活力的缺乏。③

基于"供应"和"生产"分离逻辑的"管办分离"模式，可以在根本上转变政府职能，重点强化宏观调控职能、公共服务职能、开放市场职能和行业监管职能，从根本上打破过去"政事不分、管办不分"的格局，摆脱以往政府既办又管，办又办不好，管又管不了，既当运动员又当裁判员的尴尬局面。其本质特征在于所有权与管理权分开，通过管办分离，拥有所有权的政府必须把管理权交给事业单位，由事业单位来行使管理权，充分保障事业单位的自主权。事业单位的举办单位和政府相关部门，不再充当"婆婆"，而是作为事业单位提供公益服务的保证者和监督者，从而实现举办者和管理者真正意义上的分开，促使事业单位成为真正独立的法人实体。

（1）管办分离的模式

当前，"管办分离"已经成为我国公共服务组织改革的重要原则，然而究竟如何"分离"，仍处于探索阶段。当前的实践主要包括四种模式。

——内设机构模式。即将事业单位举办职能从原有行政管理部门中分离出来，由新成立的一个下属机构来承担。比如，在"卫生局"内部设

---

① 赵锡斌、查竞春：《论政府职能的第二次转变——政事分开、管办分离改革的理论与实践》，《武汉大学学报》（社会科学版）2007 年第 3 期。

② 世界银行东亚和太平洋地区减贫与经济管理局：《中国：深化事业单位改革，改善公共服务提供》，中信出版社 2005 年版，第 3、13 页。

③ 陈英：《公共事业治理结构、模式与中国公共事业改革》，《财经政法资讯》2006 年第 5 期。

立二级局，承担医疗卫生机构举办职能。其优势在于：有利于减少改革时的对口衔接矛盾，有效降低了管办机构的协调障碍。但其管办一体模式的弊端难以破解，且增加了管理层次，使行政机构更加庞大，不符合改革的精神。

——外设机构模式。即将行业管理部门所属事业单位从行业管理部门分离出去，成立一个新的独立于行业管理部门的"管理机构"或"管理中心"，来管理从行业管理部门分离出来的事业单位的人、财、物等事务，即具体承办事业单位。例如，无锡分别成立医院管理中心、学校管理中心、文化艺术管理中心、体育场馆和训练管理中心等四个管理中心，举办相应的事业单位。这种模式容易执行，初步实现了角色分化的目标，但同样增加了管理层次和机构，容易造成管理机构过度增加。

——市场管理模式。即将行业管理部门直接举办的事业单位与行业管理部门脱钩，不再设立独立的事业单位管理机构。2000年，江苏宿迁曾对该地区的134家公立医院进行产权制度改革，包括124所乡镇卫生院和10所县级以上医院，形成了合伙制、混合所有制、股份制、独资等办医主体，走完全的市场化之路。这种模式比较彻底，但消除了事业单位的公益色彩，不利于基本公共服务的均等化和均衡化发展。

——独立机构模式。在各行业管理部门之外，新成立一个大部制式的独立管理机构，将必须由政府出资、面向公众提供公共服务的公益性事业单位从原政府职能部门的管理中分离出来，由举办机构统一管理，与其他行业管理部门之间是平行关系。2005年以来，北京、上海、无锡等地以"政事分开""管办分离"为突破口，探索公共服务组织机制改革的新路径，改善公共服务质量，成为我国建设服务型政府的重要内容。例如，北京市海淀区于2005年成立公共服务委员会，以区卫生局、区文化委作为公共服务试点，将这两个部门所属的26家医院、图书馆、文化馆、博物馆等29个承担公共服务职责的事业单位的人事任免、财政物资管理等纳入公共服务委员会管理范畴。这种模式相对不会造成机构膨胀和管理成本加大，保证了政府作为这些基本公共服务主要出资人角色的实现，制度创新的挑战性和执行难度相对更大。从组织体制上看，公共服务委员会体现了"政事分开、管办分离"的新型结构：政府负责宏观统筹规划；行业主管部门与事业单位脱钩，负责业务指导；公共服务委员会代表政府举办公共服务，对下属事业单位公共服务供给进行资源整合与规划、监督考核，促进其发挥公益性功能。成都则探索建立一个更加独立的政府机构，2010年1月成立专门的医院管理局负责全市公立医院的管理。医管局虽然和成都市国资委合署办公，实行一套班子、两块牌子，但成都市医管局设有独立党组，既独立于国资委，又平行于卫生局，即医管局与卫生局、国资委是平行运行的兄弟单位。

（2）管办分离的途径

在未来，我国应该探索一种新型的管办分离模式，为事业单位体制改革提供借鉴。我们认为，事业单位管办分离的基本途径是按照"安排"和"生产"相分离的理念，建立一个事业单位的大部门决策机构，并在公共服务提供过程中充分引入选择和竞争机制。

一是建立公共服务大部门决策机构。该机构的职责是在宏观层面制定公共服务发展规划，集中制定政策、规划、标准的权力以及重要行政资源的分配权，确定公共服务的生产者，确定公共服务的数量与质量，确定它们的供给方式。这种模式是独立机构模式的"升级版"。目前国内各地的独立机构模式还承担了微观的指导和评估功能，从而和原有的行业主管部门形成了职能交叉，带来了新的职能整合问题。而建立大部门决策机构，要着重将事业单位的行业管理决策权力集中起来，将同一领域重大问题的决策权交给一个政府部门统合管理，明确政府制定公共服务政策与实行宏观监管的主体职责。决策机构与事业单位的关系主要是契约关系，双方定期签订绩效合同。事业单位按照双方绩效协议，合理使用公共资源，提高服务供给的质量和效率，定期向行政主管部门提交绩效报告，接受主管部门的绩效评估。

二是通过引入选择和竞争机制组建网络化的公共服务生产体系。通过引入选择和竞争机制，大多数公共服务都可以从政府、事业单位和私营部门的协作生产中得到有效的提供和传递。但是，有些公共服务，如执法、环境保护、社会福利、警察、消防和其他紧急的服务，也就不适合于完全的市场提供。因此，管办分离之后的政府就可以根据不同的公共服务内容和属性确定公共服务提供的制度安排：联合生产与合同生产。联合生产是指在政府部门作为供给单位做出公共物品和服务供给决策的前提下，按照效率原则选择与其他组织一起完成生产过程。它意味着政府部门作为生产单位，与其他组织一起而不是单独完成生产过程。合同生产是指政府部门只负责监督公共物品和服务生产的数量与质量，生产的具体职责通过合同的方式交由其他组织完成。政府间合同生产、私人合同生产、特许生产、凭证服务生产都属于合同生产。可以预见，合同方式将是未来政府引导事业单位乃至私营部门提供公共服务的管理方式。一般来说，具体的合同机制有以下几种。

——服务合同。一个政府机构与一个民营机构签订合同，在一定的时期内提供某一种特定的公共服务。在美国，联邦、州和地方政府与私人机构签订合同，来帮助公共机构提供仅凭其自身无法提供的基础设施与服务。美国的城市政府将25%以上的服务合同签给民营机构。最常见的外包给民营公司的项目是路灯养护、垃圾收集、街道维修、医院经营、心理健康诊所、日托、急救、公交等。

——经营合同。政府在保有所有权控制的条件下，使用经营合同来提供服务也很有效。在巴西的巴西利亚，州政府与私人公司签约来经营由政府投资建设的新的公立医院。州政府与私人机构签订经营合同以图转移运营风险，改善医护质量，提高服务效用。通过持续5年的合同，私人公司招聘员工、管理设施，并向所有来院就诊的患者提供服务。政府按患者的目标容量为医疗服务付费，而经营方在实现不少于目标容量80%的情况下获得补偿。

——租赁合同。租赁合同在公共服务和商业经营中都广泛应用。在拉丁美洲和非洲，国有工业被长期租赁给私人公司。在科特迪瓦，政府出租了供电供水的公司；在多哥，政府出租了铁矿和炼钢厂；在牙买加，政府出租了宾馆和农场。

在所有三种合同形式——服务、管理和租赁中，政府保有公共设施的所有权而控制着公共服务，同时也从私人机构管理和经营中取得利益，从租赁、管理费或服务特许中获得收入。

三是完善事业单位的法人治理结构。事业单位法人治理结构构建的核心是合理划分决策权、执行权和监督权，形成三权适度分离又相互协调的制度安排。第一，要推动事业单位成立理事会，行使事业单位内部的决策权，同时也负责对事业单位经营管理进行总体监督。政府将所有者行使的举办权的一部分及具体经办管理的权力委托给理事会，理事会负责事业单位发展规划的制定，行使事业单位经营管理重大决策权。理事会成员的构成要充分体现社会公众的广泛参与，既包括政府或政府部门委派的代表，也包括服务对象代表、专业人士、职工代表及其他利益相关者代表，理事会成员在形式上需要政府任命。第二，面向社会招聘专业的管理层，行使事业单位具体经营管理权，负责事业单位日常管理工作。行政负责人由理事会决定，或由理事会提名，由主管部门批准后任命。行政负责人通常是事业单位的法定代表人，对理事会负责。第三，设置专门的监督机构，加强对事业单位内部管理的监督。监督机构对政府与社会公众负责，对事业单位管理层经营管理行为进行全面监督。[①]

　　四是完善事业单位的监管方式。决策机构可以通过制定规则监督和约束事业单位,以纠正其外部性。由于存在不完全竞争、不对称信息、外部性以及社会公平等问题,政府部门必须运用公共权力制定和实施规则和标准,监督事业单位提供公共服务的经济和社会活动,包括产品和服务的准入资格、价格、服务质量、进入和退出,竞争秩序和公共补贴等经济性内容以及安全、健康、卫生、环境保护等社会性内容。决策机构减少干预的随意性,让事业单位拥有自主权和灵活性,不再成为政府部门的附属机构。决策机构也可以委托代表公众利益的各种委员会、社会组织、行业协会等来实施第三方监管。

第四节　行为途径

　　近二十年来,认知神经科学等学科的迅速发展,使深入理解人类的社会和行为过程的生物学基础成为可能,也为公共服务研究领域增加对行为机制的探讨奠定了科学基础。

　　(1) 理解公共服务行为

　　John Cacioppo 和 Gary Berntson 最早在《美国心理学家》期刊上提出社会神经科学这一概念,强调社会和生物两大领域之间的内在联结,倡导从分子、细胞和神经水平理解人类心智和社会行为的生物学基础。国际社会认知神经科学学会(SSN)在 2006 年先后创办了《社会认知和情感神经科学》和《社会神经科学杂志》,进一步激发了研究者对社会行为认知神经基础的探索。以 Singer 等人为代表的科研团队于 2006 年在英国《自然》杂志上发表的研究显示,个体对他人行为公正性的感知影响着个体同情反应的脑神经活动,人类的社会正义、同情等信念或行为有着重要的生物学基础。[②] 这些研究将理解人类社会行为和信念的认知神经基础活动推向高潮。

　　从认知的角度看,公民对公共服务的满意度是公共服务主体提供的服务与公民需求之间匹配程度的直接反映。对公共服务的主体而言,其服务

---

　　① 叶响裙:《对事业单位"管办分离"改革的思考》,《行政管理体制改革》2014 年第 10 期。

　　② Singer, T., Seymour, B., O'Doherty, J., et al., "Empathic Neural Responses are Modulated by the Perceived Fairness of Others", *Nature*, 2006, 439: 466 - 469.

动机和决策是影响公共服务提供的核心要素。由此，理解公共服务主体即公务员的服务动机、决策行为背后的认知神经基础，对理解、解释公务员的行为有着重要意义。公共服务动机（如责任、同情、社会正义、承诺等信念）是推动公务员提供良好公共服务的内在动力，直接关系着公共服务输出的质量。

从实践的角度看，公共服务作为复杂的社会互动活动，服务的生产、提供、传输和使用等环节都涉及多个利益相关方。因此，公共服务实践活动的任何环节及不同环节之间都可能产生潜在的利益冲突，如自我利益与他人利益的冲突，短期利益与长远利益的冲突，情感与理性思考之间的冲突，等等。既有研究基于游戏理论分析了人们在简单冲突情境下认知神经活动。例如，Sanfey 等人在《科学》杂志发表了题为《从游戏理论和认知神经科学洞察社会决策》的论文，分析了社会决策行为的神经生物学基础，指出大脑纹状体区域的激活状态与个体对决策结果（如社会奖励和惩罚）的编码密切相关，影响个体的决策行为。决策过程中有关竞争、合作、协调、策略推理的思考以及情感反应亦有相应的认知神经生物学基础。[①] 遗憾的是，关于公务员在复杂冲突情境下的行为决策选择及其认知神经机制与特点仍不尽清晰。

除认知、动机外，情绪以及情绪劳动作为人类心理活动的一个重要组成部分，也逐渐被从商业服务、经济决策领域引入公共服务的研究领域。美国科罗拉多大学教授玛丽·E. 盖伊（Mary E. Guy）等学者的《公共服务中的情绪劳动》可以视为其中的代表作。盖伊指出，公共部门的工作一般需要面对面的、公开的人际交流，这便是情绪劳动，这种劳动往往难以量化和测量，但对完成公共部门的工作非常重要。例如，应急管理机构的工作人员在考察百姓家园被毁、生活困难，地方狱警和执法人员每日尝试让不合作公民"自愿服从"，儿童与家庭服务机构调查家庭虐待事件，以及非营利部门提供一些敏感的公共服务之时，像药物滥用、精神卫生服务、房屋援助、家庭暴力、自杀热线等。[②] "虽然情绪和情感通常被误解为非专业的和干扰性的，但如果要实现公共服务的有效传递的话，这些技

---

① Sanfey, A. G., "Social Decision-making: Insights from Game Theory and Neuroscience", *Science*, 2007, 318: 598 – 602.

② ［美］玛丽·E. 盖伊：《公共服务中的情绪劳动》，周文霞、孙霄雪、陈文静译，中国人民大学出版社 2014 年版。

能都是必须的。"① 遗憾的是，我国目前对公共服务部门的情绪劳动研究较少，只有少数经济学家探讨情绪对公共物品合作决策的中介影响，可谓"公共行政研究的遗珠"②。

总之，关于公共服务的行为机制研究试图从新的视角回答以下问题：不同社会公共服务情境下公务员服务动机的脑神经活动特点是什么？如当公务员相信某件事情是参与者的选择错误，他们是表达同情还是拒绝同情？影响其动机行为的脑神经基础是什么？又如，公务员在面对服务的被提供者为什么会表现出同情疲乏（即面对同情情境的同情心缺失）？同情疲乏发生的神经基础又是什么？对类似研究问题脑神经活动的探索，有助于研究者理解和解释公务员动机行为的认知神经基础，对改进公务员的公共服务行为亦有着重要的现实意义。

（2）"助推"公共服务

早在几十年前，行为学家、心理学家就逐渐发现了人类作为不充分信息处理者或认知吝啬者（cognitive misers）的本质特点。尽管商业管理领域早已经应用"潜意识引诱"（subliminal seduction）等心理机制来开展市场营销，但公共政策领域的应用却是近年来的事情。近年来，行为科学的研究成果越来越强烈地建议政府通过心理和社会机制——而不是限制人们的选择或使选择更加昂贵——来改善公众的福利。2008年，芝加哥大学行为经济学家泰勒（Thaler）教授和哈佛大学法学家桑斯坦（Sunstein）教授提出了"助推"理论，指出政府可以使用更"隐性"（covert）的策略来引导公众达成特定选择。

所谓的"助推"，是指一种能够改变人们的行为，使之按预期的方式进行的选择结构（choice architecture），它不会限制人们选择的机会，也不会显著地改变其中的经济诱因。"选择结构"的实质是一个框定个体选择的"环境"。换言之，通过情境打造和物质安排，我们就可以如同建筑设计师一样，促进使用者做出设计者所倾向于产生的行为或决定，整个过程就像是"用胳膊肘轻推一下"。③ 一个能称为"助推"的策略，其干预不能建立在显著物质诱因和行为限制的基础上，例如，补贴、税收、罚款、监禁等举措就不属于"助推"范畴。

① ［美］梅瑞迪斯·纽曼：《情绪劳动：为什么以及如何教授》，《国家行政学院学报》2011年第1期。
② 邓剑伟：《情绪劳动：公共行政研究的遗珠——评〈公共服务中的情绪劳动〉》，《公共行政评论》2016年第1期。
③ 艾博·索瓦尔：《轻推一下，你的理性行为哪里去了》，《IT经理世界》2015年第20期。

"助推"理论的论证基础在于，由于信息、认知能力和自我控制等因素的限制，人在日常决策领域经常表现出"有限理性"、"过度自信"、"损失厌恶"（loss aversion）、"现状偏见"（Status Quo Bias）、"心理定格"（framework）等特征，由此，人们经常会做出与其自身福利不相符的低效决策。泰勒和桑斯坦把"助推"理论的哲学基础定义为"自由主义式的家长制"（libertarian paternalism），在他们看来，"助推"理论在刺激行为选择、改善个体福利上具有家长式作风，但它毕竟让目标个体或群体有自由选择的机会。在"助推"理论的实际运用上，他们至少列举了七种机制，包括①：默认（defaults）——如默认所有公民都捐赠器官除非他们明确登记不愿意捐赠；说服、竞选和辅导（persuasive，campaigning and counselling）；设计（design）——如将商店物品有序摆放，健康的食品摆放在比较醒目的位置；承诺（commitments）；交易捷径（transactional shortcuts）——如通过信用卡使捐赠行为更为便捷和可记录；信息机制（information mechanisms）——如对养老保险供应商提出信息披露要求，以便人们能更清楚地获悉自己在退休后的月收入情况；警示和提醒（warnings and reminders）——如在香烟包装上做警示图像和标记。

"助推"理论一经提出，就受到了各界的广泛注意。有学者认为，"助推"可以视为继科层（hierarchy）、市场（markets）、网络（networks）和说服（persuasion）之后的第五种政府治理模式②。近年来，"助推"被认为在解决一系列问题上具有重要作用，这包括提升退休积蓄、器官捐赠、慈善捐赠和消费者健康等。"助推"理论在受到广泛关注的同时，也受到不少学者的批评和质疑。一些研究者基于新自由主义的立场质疑"助推"策略的伦理基础。还有一些研究者认为"助推"理论难以针对公共政策中的"棘手问题"（wicked problem）——复杂、混乱、没有明确解决方案、涉及多种价值观的问题（如气候变化）——提供有效的解决手段，不应该把"助推"视为万能药。2015 年，针对学界提出的质疑与批评，桑斯坦指出，"助推"并不意味着要降低"人类组织"（human a-gency）在治理过程中的地位，也不会威胁服务使用者的选择权。我们所要做的，是要使"助推"机制的设计更符合人性基础，更加重视伦理议

① ［美］理查德·泰勒、卡斯·桑斯坦：《助推：事关健康、财富与快乐的最佳选择》，刘宁译，中信出版社 2009 年版。

② Mols, F., Haslam, S. A., Jetten, J. and Steffens, N. K., "Why a Nudge is not Enough: A Social Identity Critique of Governance by Stealth", *European Journal of Political Research*, 2015, 54（1）: 81–98.

题，更加关注文化和民族的差异性，从而避免政策实践过程中出现"动态不一致性"（time inconsistency）问题（即决策者在 t 时按最优化原则制定一项 t + n 时执行的政策，但这项政策在 t + n 时已非最优选择）。①

世界银行的《2015 年发展报告：思维、社会与行为》也对"助推"等行为经济学理论在公共政策领域的应用做出了肯定的回应。该报告传达的一个信息是：在理解和改变人的行为方面我们可以做得更好，基于心理、社会和文化的行为机制，可以显著改善服务的供应。例如，对于是否让孩子上学、采取预防措施以及储蓄资本供未来创业等关键问题，情境、便利性和显著程度上的微小差异会影响人们的选择。② 目前，国内对"助推"理论的研究只有个别学者进行概念上的介绍和国外经验的梳理工作，还没有根据我国的现实问题提炼研究主题，开展应用分析和效果评估，具有很大的研究潜力和扩展空间。

2010 年，英国政府在全球率先邀请行为经济学专家成立 Nudge 特别小组，探索将行为经济学和心理学的学术研究应用于公共政策与公共服务领域。这个小组由 13 人组成，尽管外界不乏怀疑的目光，但他们的工作披露了"助推"行动在服务优化中的成果。例如，在提升就业率方面，Nudge 特别小组会同英国试点城市的 Job Center 一起，帮助设计重找工作的过程，使之降解为更可控的一个步伐（从而提升求职者的韧劲和动力）；找到方法让求职者做出某些具体的"主动承诺行为"（从而减少消极松懈和半途而废的现象）；在提升慈善捐赠参与度方面，政策设计小组鼓励潜在的捐赠人承诺在下一次获得加薪（而不是下一次拿到工资）的那一天做出捐款，从而使筹款效率更优。

在英国政府的 Nudge 行动初战告捷后，美国政府亦于 2014 年成立了"白宫社会和行为科学组"（White House Social and Behavioral Sciences Team），旨在应用行为科学来帮助制定更高效、更低成本的公共政策（理查德·泰勒，2015：379—380）。实际上，曾于 2009—2012 年担任美国白宫信息与监察事务办公室（OIRS）负责人的桑斯坦教授，就应用"助推"理论来推动政府的简化，以简单、低成本的方式，"循循善诱"地实现政府对人民的承诺，提升人民的生活水平，延长人民的寿命。例如，OIRS 就要求监管机构区别"要点披露"和"全面披露"，前者旨在简化

---

① Sunstein, C. R., "Nudges Do Not Undermine Human Agency", *Consume Policy*, 2015, 38: 207 – 210.

② 世界银行：《2015 年世界发展报告：思维、社会与行为》（概述），华盛顿，2015 年版。

和标准化产品信息，确保消费者了解产品的关键属性，方便消费者对相同市场上的产品进行比较。① 当然，政府部门注意到"助推"等行为经济学理论并将其应用于监管、政策和服务领域，迄今还不到十年历史，这些理论仍有巨大的空间和潜力待学术机构和决策部门挖掘和发挥，正如现任哈佛大学经济系主任戴维·莱布森（David Laibson）指出的，行为经济学才刚刚将其影响力扩展到公共政策领域，"瓶子刚装了 5% 的水，没有理由认为它最终不会装满"②。国外学术界已经开始期待，"当某一天我们醒来打开收音机时，国家首脑郑重地宣布：在咨询我的首席心理师后，我非常肯定地告诉大家，我们新的福利政策提升了 34% 的国民幸福度却无须社会支付额外的成本——这一切都归功于行为的再构造（reframing）"③。

在我国，"十三五"规划建议增加公共服务供给，从解决人民最关心、最直接和最现实的利益问题入手，增强政府职责，提高公共服务共建能力和共享水平。当前由国务院提出的公共服务供给侧改革，实际上具有一定的行为经济学理论色彩。例如，国务院要求简化公共服务办事程序，公开、全面梳理和公开公共服务目录清单，对服务事项逐项编制指南，列明流程、示范文本和时限。这些政策措施与"助推"理论体系中的"简化"机制具有某种程度的相似之处。实际上，我国公共服务质量领域出现的大量问题，迫切需要我们引入行为经济学的分析框架，以更加深入地了解决策者的行为基础、执行者的心理特点以及服务对象的需求匹配程度。例如，我国各地出台了大量的公共服务措施，但是否考虑到服务使用者易于接受和理解呢？一些公共服务政策执行效果欠佳，除了法令、制度和投入的客观原因，是否还有政策对象的行为或心理问题？一个经常出现的场面就是，不少公共服务政策，如创业扶持政策、人才服务政策、就业支持政策、医疗保健政策、社会保障政策，被"藏在深闺"，知之者少，受惠者更少。据《中国青年报》报道，团浙江省委调查显示，针对"对政府颁布的创业扶持政策了解多少"，选择"很了解"的同学仅为 5.4%，有 60.6% 的同学选择"不了解"，还有 11% 的同学选择"没有渠道了解"④。而在另一份对浙江 11 个大学生创业园的 3566 名创业大学生的调查中，37.2% 的创业者不了解大学生创业优惠政策，39.2% 没有享受到优

---

① ［美］卡斯·桑斯坦：《简化：政府的未来》，陈丽芳译，中信出版社 2015 年版。
② 转引自江庆勇《行为经济学视角下的全球政府监管改革》，《经济学家》2014 年第 11 期。
③ Amir, O., Ariely, D., Cooke, A., et al., "Psychology, Behavioral Economics, and Public Policy", *Marketing Letters*, 2005, 16（3 - 4）：443 - 454.
④ 董碧水：《逾六成大学生不了解创业扶持政策》，《中国青年报》2016 年 2 月 23 日。

惠政策。①

　　可见，在公共服务决策领域纳入行为经济学的分析框架有很强的理论和现实意义：第一，有助于拓展公共服务质量的理论体系，将研究对象从抽象的组织分析转向具体的人的行为分析；第二，有助于提供新的"政策工具"——如简化信息、改变默认选项、将刺激限定为损失而非获得、设定冷静期等，使服务使用者更好地了解与获得服务；第三，有助于更好地了解现行政策的预期结果，例如，将"惰性"（inertia）引入评估框架就可以更好地了解政策的实施效果，或者通过建立控制组，开展实验分析来发现实际的政策影响；第四，有助于减少决策过程中出现的粗心（inattention）、短视（myopia）等主观过错，更好地意识到实际决策能力的制约。总之，我们期待在这一领域出现新的知识要素、分析框架和经验证据，推动我国的公共服务质量研究与实践继续向前发展。

---

　　①　郭立场:《让创业扶持政策走出"深闺"》,《中国教育报》2016 年 2 月 25 日。

第八章 基于多重约束的机制选择：
公共服务的改革逻辑

第一节 多重约束下服务供给机制选择的理论逻辑

根据关于交易成本、公民偏好、制度能力和财政投入等四个约束条件的分析以及相关的案例实践，我们可以初步建立我国公共服务供给机制选择的逻辑框架。我们认为，选择一种服务供给机制，应该考虑以下六个方面的问题。

——该项服务的交易成本是否高。一般来说，资产的专用性越高，组织就越倾向于将该项服务内部化。但这并不是直线关系，在特定服务（如电力）资产专用性过高的时候，由于承担的风险超过了运营该项服务的收益，组织也可能需要从自行生产转向外部购买。从厦门市的分析我们可以看出，我国公共服务的交易成本与合同外包之间的关系并不清晰。例如，部分交易成本高的服务（如基本医疗服务、紧急医疗服务）政府承担的作用并不明显，而是交由在公立框架下按私人方式运营的机构（如事业单位）承担。因此，公共服务供给机制的选择首先要对服务的资产专用性、可测量性、交易频率等进行分析，并进而对合同风险（如成本控制能力、市场供应能力、代理人的可信度）进行评估。

——该项服务的公共利益程度是否高。这里所指的公共利益，不是抽象的，而是立足于每一个具体的公民的利益。和私人组织不一样，政府部门不仅要考虑特定服务的交易成本，还要考虑公共利益。对于许多服务来说，公众并不满意于只是获得了该项服务，而是还要求服务能够及时、高质量地进行输送。同样，公众对于某些服务具有较高的兴趣，也寻求进一步的参与，这就需要政府引入更多的参与措施。公共利益程度较高的服务，往往是那些具有高资产专用性和测量难度的服务，如住房、养老服务、犯罪预防、紧急医疗救护车、警察服务、水资源分配等。这些服务既需要适当减低合同外包的程度，也需要更多倾听公众的声音。

——安排者与生产者能否区分。这主要是针对我国目前特殊的公共服务管理制度而设置的约束条件。针对厦门市的分析表明，我国目前在公共服务市场机制方面的制度基础还相对薄弱，这其中一个重要原因就是安排者与生产者之间的区分不清晰，导致管理不透明，监督不到位。同时，目前我国大量的事业单位实际上充当了公共服务生产者的角色，而政府部门则为安排者。不过，这两者的关系并不清晰。因此，引入可替代性的公共服务供给机制，就需要考虑安排者与生产者区分的制度架构能否建立。假如不能区分，就需要适当地回归直接的政府供给；如果能进行制度上的分离，就可以考虑引入多样化的市场手段。当政府部门处于安排者的地位时，它就可以扮演公共服务的总规划师，并从竞争和多元的自由市场中选择合作的私营公共服务生产部门。它既可以对公益性比较强、利润性较弱的公共服务采取完全的自我生产和经营途径，也可以对成本收益效应较强的公共服务采取完全的私人生产和经营途径，同时也可以通过契约安排保留公共服务的所有权，把经营权转让给私营部门。

——公众对该项公共服务偏好方案是否存在冲突。对于公共服务供给而言，偏好的显示、集合，以及对偏好优先次序的确定，都是非常重要的一环。这是因为，由于经济、文化传统、习俗、种族甚至遗传的不同，人们有着不同的偏好。这些因素加上教育、训练以及环境的变迁，人们的需求偏好表现出明显的多样性。不仅如此，随着收入水平的提高，人们的需求偏好将会发生变化。需求偏好多样性和不确定性，对公共服务供给机制和资源配置将发生显著的影响。这就需要我们建立适当的表达机制，将个人的偏好转变成集体的偏好。尽管在阿罗看来，将每个个体表达的偏好次序聚合成整个群体的偏好次序是不可能的，但正如阿马蒂亚·森所指出的，"问题不在于理性社会选择的可能性，而在于运用恰当的信息基础来进行社会判断和决策"，而"被认可的社会安排和适当的公共政策，并不要求有一个唯一的、对所有可供选择的社会可能状态完整地排出高低的'社会排序'"。[①] 因此，公共服务供给机制选择的一个重要的目标就是摆脱那种"不需要其他信息"来制定规则的狭隘投票方式，通过公共讨论和相互交流的方式来形成共享的价值观和承诺，在此过程中，"公众是变

---

① ［印度］阿马蒂亚·森:《以自由看待发展》，任赜、于真译，中国人民大学出版社 2002 年版，第 254、274 页。

革的能动的参与者，不是指令或资助配给的被动的、顺从的接受者"。①
这意味着，信息是公共服务行动的重要激励，也是变革的催化剂；信息的
创造和传播也可以改善公共服务的质量。例如，印度班加罗尔的公众报告
卡通过评估公共服务使用者的感受，开放了服务提供者和使用者之间的对
话，最终促使了公共服务质量的改善。

　　——是否需要惠及穷人。中国和美国的公共服务供给情境的一个重要
不同，就是我国还存在大量的低收入群体。针对厦门市乃至福建省的分析
表明，在一部分先富群体享受较为健全的基础服务的同时，普通公众群体
获得基础教育、医疗卫生服务、可支付住房等公共服务的能力还相对薄
弱，需求也较为强烈。这不仅仅表现为"支付能力的贫困"，还表现为
"实际权利的贫困"。一般来说，"富有者持有更可靠的契约，他们更惹人
注意——用赫尔斯彻曼的术语就是，呼声更高"，② 并且他们擅长运用他
们的呼声获得更广泛的服务（例如，专业的门诊病人会诊、诊断测试、
住院病人的治疗，更好的教师资源，等等）。因此，当服务需要惠及穷人
的时候，我们尤其需要扩大他们在政策制定过程中的发言权，提高他们在
服务供给中的选择权。这可以"增加他们对决策者的影响——而且可以
减少由于政治庇护造成的公共服务朝向非穷人的转向。决策者通过奖励有
效率的服务供给和惩罚无效率的服务供给，能够促使提供者更好地为穷人
服务"③。

　　——是否具有财政可承受能力。财政可承受能力有两个方面的考虑因
素：一是总体财政支出中可以用于公共服务的比例；二是经济发展的实际
水平。从厦门市和凤凰城的比较我们可以看出，即使在沿海经济发展水平
的地区，公共服务供给的支出仍然存在非常大的改善空间。从经济发展水
平的角度看，我们认为经济发展程度较低的地区一方面不利于形成充足的
服务竞争者，另一方面也难以形成充足的服务能力。可以说，政府供给和
市场供给都存在弊端。我们认为这就需要重新额定政府间公共服务的财权
和事权，或者扩大转移支付的力度，或者将该项服务的事权转移至上一级
政府。根据辅助性原则，凡是地方政府能够有效提供的公共服务，一般不
由中央政府提供；凡是低一级政府能够单独，或与其他政府或私人企业联

---

①　[印度] 阿马蒂亚·森：《以自由看待发展》，任赜、于真译，中国人民大学出版社 2002
　　年版，第 276 页。

②　Hirschman, A., *Exit, Voice, and Loyalty*. Cambridge：Harvard University Press, 1970.

③　世界银行：《让服务惠及穷人——2004 年世界发展报告》，中国财政经济出版社 2004 年
　　版，第 1 页。

合提供的，一般不由上一级政府提供。满足不了上述条件的，则可以由上级政府提供辅助性支持（如转移支付安排），或直接由上级政府出面提供。

上述六个方面的条件可以从服务特性、供给面、需求面和客观因素四个维度进行总结。由此，我们可以得出多重约束条件下公共服务供给机制选择的逻辑路线（如图8—1所示）。

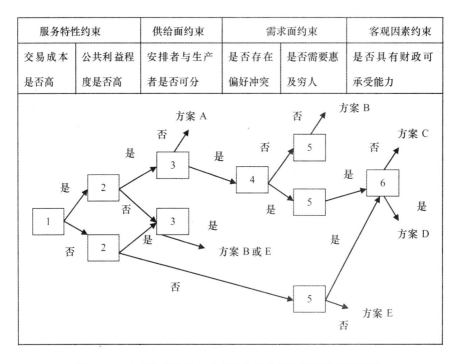

图8—1　多重约束条件下公共服务供给机制选择的逻辑路线

根据以上逻辑路线，我们可以形成公共服务供给机制选择的五项方案，具体如下。

（1）方案A：政府供给。主要是指在交易成本高、公共利益程度高、安排者与生产者不可分或者区分的成本过于高昂的情况下，公共服务应该保持政府供给。这部分的服务主要是基本公共服务（如基本教育、基本医疗服务、公共安全）和防护性保障（即为那些遭受天灾人祸或其他突发性困难、收入在贫困线以下或年老、残疾的人，提供扶持的社会安全网）。对于这部分服务来说，无论是市场提供还是志愿者提供，都会出现失灵的现象。同时，这类服务的成本效率只是一个方面，普遍性、及时性、可信性和质量更为重要。

(2) 方案 B: 引入竞争机制。主要是在交易成本高、公共利益程度高、安排者与生产者可以区分、偏好冲突程度较低、不需要过多地考虑惠及穷人的情况下,公共服务必须重点进行制度上的突破,通过安排者与生产者的区分来引入竞争机制,包括合同外包、凭单、特许经营等。这部分的服务主要是一些体现质量、效率的服务,如高端医疗卫生和高端教育领域。实际上,我国的民营资本进入医疗卫生、教育等已经有一段历史,但一直徘徊在低水平状态,甚至是作为基本公共服务的一种替代形式而存在的(如针对农民工子弟创办的民办学校)。而民营资本涉足基础性公共服务,既不利于服务的公平性发挥,也无法满足资本的逐利性偏好。引入竞争机制不仅需要考虑服务的公平性,还必须考虑经济是否发展到具有充足的潜在服务供应者程度。假如经济发展水平仍然较低,那么引入竞争机制的作用就非常有限。例如,当前我国部分农村进行了公共服务市场化的改革,但效果非常有限,因为人们发现无法从市场找到充分的服务供应者进行竞争。同时,政府也没有足够的合同管理能力来处理垄断、信息不对称等问题。

(3) 方案 C: 转移至上一级政府。指在交易成本高、公共利益程度高、存在偏好冲突、需要惠及穷人、不具有财政承受能力的情况下,需要重新划分该项服务的层级安排,并转移至上一级政府,加强协调机制和一体化建设。我国公共服务投入不足的一个重要原因就是,政府间财政关系的不合理,尤其是税收收入系统过于集中,而财政支出任务则过于分散,这使一些地区缺乏足够能力来提供基础教育、公共健康和社会福利等基本公共服务。[①] 同时,必须调整和优化公共支出结构,把稀缺的公共财政资源优先用于基础教育、基本医疗保障、基本住房保障、环境保护、社会安全网、基础设施维护以及其他具有比较优势的用途上。我们认为,在不具有财政承受能力的情况引入市场机制是非常危险的。第一,在财政承受能力较差的地区,其经济发展水平也相应较低,市场中不可能存在充足的潜在服务供应者来进行竞争。第二,政府的合同管理能力普遍较低,引入市场机制往往成为一种甩包袱的行为,将公共服务的责任不适当地推卸给市场。第三,无法抑制私人经营的过度自利行为。如杭州市余杭区将医院改制为民营化后,医院的收入更是转让依赖药品,大处方司空见惯,导致一

---

① Zhao, Z. Jerry, "Fiscal Decentralization and Provincial-level Fiscal Disparities in China: A Sino-U. S. Comparative Perspective", *Public Administration Review* (Special Issue), 2009, 69 (7): 567 –574.

些卫生院医患纠纷频发,群众满意度下降。在这种情况下,我们认为必须改变该项公共服务的管理权限,考虑将之划归上级政府管辖。

(4)方案 D:加强参与性与偏好表达。指在交易成本高、公共利益程度高、安排者与生产者可以区分、存在偏好冲突、需要惠及穷人、具有财政承受能力的情况下,中央政府必须充分授权地方政府进行供给。这些服务主要是与人民生活密切相关,或随着社会经济发展而要求新增设的服务。这类服务供给的共同特点就是人们的需求差异极大,这就更要求分散决策,并通过参与和偏好表达等形式,增加公民的选择权,这包括:通过拓宽选择(如发放凭单)来扩大客户权力、增加有关服务和提供者的信息,使社会的大多数阶层,包括穷人和非穷人都能从中获益。加强参与性和偏好表达是改善服务质量、提高服务回应性的重要途径。这种途径的代表有印度的公众报告卡、巴西的参与式预算等,其核心在于开放服务提供者与使用者之间的对话,通过信息的创造和传播来提升服务满意度。

(5)方案 E:服务放弃,转交中介组织或行业协会。指在公共利益程度低的情况下,政府从那些"不该管、管不了、管不好"的领域中退出,尽量转移出那些可以由社会公共组织来承担、由市场自行调节的职能。这就需要理顺政府与社会中介组织以及行业协会的关系,推进包括事业单位体制改革、社团管理体制改革在内的公共组织管理制度改革,从制度上保证社会公共组织的独立性和中介性,以便社会公共组织能够以自身的名义、根据相应的法律规范承担相应的法律责任,履行公共服务的职责。

第二节　多重约束下服务供给机制选择的实践路径

弗里曾(Scott A. Fritzen)和吴逊(Wu Xun)曾经用"钟摆"(pendulum)和"黄金分割"(golden mean)的隐喻(metaphor)来分析关于当前服务供给过程中"国家回归"的理论主张。"钟摆"论者认为,当前出现了加强服务公共性的趋势,是对之前新公共管理所推崇的私有化、管理主义的反弹与回拨;"黄金分割"论者则强调,重申国家作用并不意味着回到以往的公共垄断模型,而是要寻找市场、国家和民主价值之间的最佳平衡位置。[①] 本研究的发现支持第二种观点,则认为多重约束条件下,

---

① Ramesh, M., et al. ed., *Reasserting the Public in Public Services: New Public Management reforms*, New York: Routledge, 2010, pp. 210 – 211.

服务供给机制的选择与变迁,并不遵从简单的向左向右路线,也不是全盘否定某种特定供给机制的作用和意义,而是要在国家、市场和社会的不同位置中选择合适的平衡点。而这种选择,既取决于某种服务本身的特性,也取决于市场的成熟程度和政府的能力大小,更取决于我们的价值选择。

实际上,在多重约束条件下,公共服务供给机制的任何选择都存在失灵的可能性。根据市场失灵理论,"市场运行在推动某些涉及全局性的、理想的以及其他一些有益的事物等方面是失败的。因此,政府干预可以用来修正这些已发觉的失误"。① 但是,非市场的干预同样存在缺陷,如成本与收入的分离、内在性、派生的外部性、权力和特权等。② 公共选择学派更是对政府纠正问题的能力表示怀疑,在他们看来,即使"在民主社会中政府的许多决定并不真正地反映公民的意愿,而政府的缺陷至少和市场一样严重",由此,他们得出的结论是,"凡有可能,决策应转交私营部门"。③ 不过,类市场供给机制的缺陷,如难以形成市场、合约成本高昂、社区价值的丧失等,也同样不可忽视。志愿供给机制也不例外,萨拉蒙(Lester M. Salamon)曾经指出政府和市场在提供公共和集体物品存在的失灵现象,使营利组织的作用日益重要。但是,非营利组织也可能产生"志愿失灵"(voluntary failure)的现象,如慈善的不充分(philanthropic insufficiciency)、慈善的特殊性(philanthropic particularism)、慈善的家长制(philanthropic paternalism)、慈善的业余性(philanthropic amateurism)等。④ 总而言之,没有任何一种供给机制是完美的,也不存在可以一劳永逸的改革措施。

由此,我们认为多重约束条件下公共服务改革的选择应遵循以下路径。

第一,精明的政府管理能力。在服务供给领域,政府失灵的确存在不仅表现为传统的政府垄断供给所造成的服务无效率,还表现在服务合同外包过程中的政府能力不足问题。这是因为,许多地方公共服务的性质非常

---

① ［美］沃尔夫·查尔斯:《市场或政府:权衡两种不完善的选择》,谢旭译,中国发展出版社 1994 年版,第 31 页。

② 同上书,第 55—57 页。

③ ［美］詹姆斯·M. 布坎南:《民主财政论——财政制度和个人选择》,穆怀明译,商务印书馆 1993 年版,第 281—282 页。

④ Salamon, L. M., *Partners in Public Service*:*Government-nonprofit Relations in the Modern Welfare State*,Baltimore,M. D.:John Hopkins University Press,1995,pp. 44 - 48.

复杂而难以测量，这就使政府很难制定准确的合约来规范双边的职责和作用。有研究曾经指出，政府制定和监督合约的成本，可能占到整个项目成本的20%左右。① 人们对政府垄断供给所开出的药方是通过竞争来改善效率，但是，要达到竞争的充分效果，政府就必须成为一个"精明的买家"（smart buyer）、"灵活的采购代理人"（skillful purchasing agent）和"老练的监督者"（sophisticated inspector），对于这一点，无论是私有化的赞成者还是反对者，均没有否认。这些条件，实际就是凯特（Kettle）所说的公共部门能力，如合同管理经验、政策专家、协商谈判能力、监督和项目审计能力、政治技巧等。② 总而言之，无论是私有化，还是合同外包，都不意味着我们可以忍受一个软弱无为的公共部门，相反，它要求有更强、更有领导能力的政府和行政官员来确保服务竞争效果的达成。这也意味着，私有化或合同外包都是有额外的公共管理成本的，如发展绩效评估工具、提高合约监督能力、建构竞争秩序、承担政治风险等。在缺乏这些政府能力的情况下，服务供给的无效率将不会因某种特定服务供给机制的采用而得到改善。

　　第二，明确的政府责任框架。国家（政府）的作用是有限、不完美的，但却相当关键。公共服务输送机制的政府过度垄断和控制，就抑制了社会支持力量的释放，公共服务的财政经费的紧张状态就不可能真正缓解。由国家全包全揽的公共服务供给体系是难以持续的，这一点在西方国家20世纪70年代末以来的福利危机中得到了充分的证明。也正是在这种背景下，70年代的政府改革深深地烙上了新自由主义（neo-liberalism）的痕迹，对"小政府"的理论与实践诉求催生了大规模的私有化和解除规制潮流。此后，盛行于全球的新公共管理运动，更是提高了公共服务供给对市场的依赖程度，也使"国家"似乎离公共服务供给渐行渐远。但是，正如彼得斯所指出的，尽管公共服务供给远离国家（政府）的潮流在一定程度上获得了效率或者（可能是）某种类型的民主化，但它同样创造了大量的治理问题，如国家去中心化后所形成的大量机构如何协调等，这

---

① Prager, J., "Contracting out Government Services: Lessons from the Private Sector", *Public Administration Review*, 1994, 54 (2): 176–184.

② Kettl, D. F., *Sharing Power: Public Governance and Private Markets*, Washington, D. C.: Brookings Institution, 1993.

就使改革的成本可能高过了收益。①

对于国有企业的私有化而言,其收益可能是显而易见的。但是,在社会政策领域,人们对私有化的失望之情是相当之高的。例如,在医疗服务领域,极端的市场失灵(如信息不对称和外部性)使私有化不过是为服务供应者提高价格创造了更好的机会。其后果就是服务的质量,尤其是非医疗(non-clinical)方面,可能会得到改善,但是政府对服务支出却可能远远超出改革者的预期。长此以往,"国家空洞化"(Hollow State)的现象绝非无稽之谈。②

实际上,国家的角色并不像人们所说的那样"懒惰"(inert)、"无能"(inept)并被推到了治理的边缘位置,相反,国家远比那些批评者所说的更具有调适性(adaptable)和创造性(creative)。即使是在重塑政府运动方兴未艾的美国,公共服务的政府供给(Public Employee Entirely)从20世纪80年代起至今仍然牢牢占据了主导位置,其比例长期保持在60%左右。同时,美国近年来还出现了"合同回撤"以及加强地方交换的现象。在英国等欧洲国家,整体治理(Holistic Governace)、元治理(Metagovernance)、新韦伯国家(Neo-Webrian)、新治理(New Governance)等强调国家作用的理论不断出现。种种迹象表明,国家在公共服务供给中的角色仍然是相当关键的。而与传统的国家控制与垄断不同,这一次国家的角色更多的是一种"软导航"(soft steering)——国家依然导航,但是在一定距离外实施(do it at a distance)。③ 只有当"软导航"(如责任框架、政策法律、标准设定、标杆管理等)不起作用时,国家回归到"硬形式"(harder forms)的治理,如垄断与直接供给。

第三,循证(evident-based)的选择过程。所谓的循证逻辑,是指决策者通过科学推理的原则(包括系统地使用资料和信息系统),根据公众的价值观(如公平、质量、时效、可及性等)来设置、执行和评估公共服务供给机制。循证实践主要起源于欧美等国家,强调将证据植入从决策制定到评估的整个过程,使法律与制度设计更具有科学性、前瞻性、可行

---

① Peters, G. B., "The Role of the State in Governing: Governance and Metagovernance", In Ramesh, M., et al. ed., *Reasserting the Public in Public Services: New Public Management reforms*, New York: Routledge, 2010, pp. 18 – 21.

② Milward, H. B., "Nonprofit Contracting and the Hollow State", *Public Administration Review*, 1994, 54 (1): 73 – 77.

③ Kickert, W., "Steering at a Distance: A New Paradigm of Public Governance in Dutch Higher Education", *Governance*, 1995, 8 (1): 135 – 157.

性，而不是迫于短期压力的解决方案。例如，在 20 世纪 50 年代，美国高等法院在布朗诉教育局（Brown v. Board of Education）一案的判决书中，就应用社会科学的证据——现代社会中教育的本质与功能——来反对种族隔离的教育措施。

应用循证逻辑来选择服务供给机制，这主要是因为每一种特定服务供给机制的成效往往不在于机制设计本身，而在于服务特性、市场结构与政府能力等多重因素。目前针对私有化等市场供给机制的成效分析结果常常是矛盾甚至针锋相对的。我们知道，关于私有化、重塑政府的主张都是建立在案例研究基础上的，亦有充足的经验研究指出私有化带来成本节约。但是也有学者同样根据私有化的实践得出完全不同的结论，认为私有化的效果被高估了。[①] 这并不意味着某种机制的设计有问题的，而是意味着在服务特性、市场结构和政府能力的不同会导致完全不同的结果。

对服务特性的研究表明，在容易测量、监督的公共服务领域（如拖吊车、数据处理等），合同外包的成本节省效应是比较明显的。但对于一些复杂的服务领域，如医疗卫生、住房、就业等，成功的例子就较少。这意味着，合同外包的成功依赖于特定服务的类型。对市场结构的研究表明，具有足够的竞争者来参与服务投标是合同外包产生成本节约效果的重要条件，市场竞争性的较低直接影响公共服务市场供给的效果。而遗憾的是，具有充足可替代供应者的竞争性市场往往是不存在的。对政府能力的研究也表明，能够建立竞争性、规范性的投标程序，对于建构服务的竞争市场具有重要作用。但是，现实情况中由于缺乏选择和监督能力等问题，政府往往和某些特定的合约者建立紧密的、持续的关系，但这也可能削弱了竞争效果，导致成本攀升和腐败等。[②] 以上研究表明，对于服务供给机制的选择，必须充分考虑特定服务的类型、市场的竞争充分程度、政府的能力建构等，根据实践的经验和证据进行决策，避免先入为主或"一刀切"。

第四，网络性、混合性和整合性的供给体系。研究表明，政府和非营利组织、营利组织越来越多形成了复杂的网络关系，共同承担起公共服务责任，共同承担风险与压力，共同享受利益和资源，这一点已经是不可逆转的趋势。而这种复杂的网络机制，不仅存在于政府与社会之间，还存在

[①] Stein, R. M., *Urban Alternatives*: *Public and Private Markets in the Provision of Local Services.* Pittsburgh, P. A.: University of Pittsburgh Press, 1990.

[②] Sclar, E., *You Don't always Get What You Pay for*: *The Economics of Privatization*, Ithaca, N. Y.: Cornell University Press, 2000.

于政府之间。这尤其表现为地方交换协议（interlocal agreements）、服务分享等内部网络体系的形成和发展。

服务供给机制的网络性发展和公共事务治理中"难缠问题"（wricked problem）的增多有一定的联系。所谓的"难缠问题"，是在 20 世纪 70 年代由瑞特尔和韦伯提出来的概念，用以指那些表述不清的、界定不良的社会问题，即有关该问题的信息十分混乱，该问题涉及众多的利益相关者和决策者，他们对该问题的看法或观点存在严重的价值冲突，该问题与整个社会系统错综复杂地交织、缠绕在一起。① 这些问题随着现代社会复杂性和多样性发展而有加剧的趋势，如枪支管理、污染治理等。对于这些问题的治理也有赖于多重利益相关组织联合起来，形成行动网络。例如，美国的"加州城市枪支预防网络"（The California Cities Gang Prevention Network）就是鲜活的例子。

服务供给的混合性发展是指不存在某种特定机制占据全部供给形式，而是维持多元化的比例关系。研究表明，服务供给机制的冗余可以产生一种标杆学习（benchmarking）的效应，使每一种供给机制能够相互参照并促进竞争。② 例如，一个地方的公共交通系统可以分为公共供给、私人供给乃至志愿供给等多元体系。实际上，萨瓦斯也曾指出，"服务输送的多样化选项是非常关键的，完全依赖于某一个单一的供应者，无论是政府机构还是私人公司，都是危险的"。③

服务供给的整合性发展是指运用现代电子信息技术，改变部门分割和各自为战的做法，为公民提供响应及时、无缝隙的服务。这种现象与当前出现的"整体治理""联合治理"（Joined-up governance）是遥相呼应的，体现了加强服务机构之间联系的发展趋势。这不仅表现为美国的 311 服务机制，加拿大于 2005 年成立的网络化的服务部（Service Canada）同样是很好的例子。该部门联合了 14 个联邦政府机构及其他各级政府机构共同提供一体化的、以公众为中心的公共服务。作为一种新型的政府服务方法，服务部能够将全国各级政府的所有个性化服务与权益都整合到一个渠道的服务供给网络中，使公民可以轻松地通过网络和呼叫中心电话等手段

① Rittel, H. W. J. & Webber, M. M., "Dilemmas in a General Theory of Planning", *Policy Sciences*, 1973, 4 (2): 155–169.

② Miranda, R. & Lerner, A., "Bureaucracy, Organizational Redundancy and the Privatization of Public Services", *Public Administration Review*, 1995, 55 (2): 193–200.

③ Savas, E. S., *Privatization: The Key to Better Government*, Chatham, N. J.: Chatham House, 1987, p. 251.

获得政府在医疗、保险、养老等方面提供的一站式服务。

混合性的供给体系意味着分层次的供给机制。以交易成本、公共利益、安排者与生产者、财政可承受能力为依归，我们必须考虑建立一个分层次的服务体系，不同层次的服务体系选择不同的供给机制。例如，第一层次的公共服务为交易成本高、公共利益高、安排者与生产者不可分的公共服务，这部分保留以税收方式作为融资手段的政府供给机制；第二层次为安排者与生产者可以分开、能够创造收益、不涉及公平的公共服务，这部分服务即考虑通过保险、用者付费的方式作为融资手段，赋予或者增强顾客选择公共服务的能力；第三层次的服务是一些偏好异常多元、涉及社会公平的服务，这部分的服务通常需要引入参与机制，改善原有服务的效率。

第五，以公众为中心。公共服务供给通过生产和供给的分离而导入多元竞争机制已经是当代政府运行的重要事实，这意味着政府将越来越多地减少其直接控制权。但是，在此过程中，政府必须对每一种服务供给的社会效果进行全方位的描述，确保那些不容易准确写入合同的社会效益随着外包而丧失。而一些公共服务的收益往往是远超过其自身的，如救济权（legal rights of redress）、表达自由（freedom of expression）和公共渠道（public access）等。① 这意味着我们应该建立一种库伯所提倡的"市民中心的协作性公共管理"模式，重视以下因素在服务供给过程中的作用。（1）参与和协商。公共服务供给并不是纯粹的技术过程，它还是一个社区构建的过程。美国出现的以市民为中心的绩效评估，就体现了这一点。（2）公平。对于公共服务的绩效来说，效率（efficiency）、效益（effectiveness）和公平（equity）是三个相互联系而不可或缺的评判标准。（3）市民呼声和评价。在公共物品和公共服务领域，市民是服务的终端用户，是所有利益相关者最为重要的。因此，"市民对质量的评价是服务结果的指示灯"，② 我们也必须重视市民作为终端使用者在评估服务质量（包括实际水平、可获得性、及时性、经济性、准确性和响应性等）上的作用。

以公众为中心，还意味着在采取竞争机制的同时必须保持政府的公共责任，保持传统服务体制的有益价值。正如彼得斯指出的，"传统的公共

---

① Sullivan, H., "Privatization of Public Services: A Growing Threat to Constitutional Rights", *Public Administration Review*, 1987, 47（6）: 467.

② ［美］马克·霍哲、金允熙、伊什尼·沙博诺：《勾勒公共服务质量改进的疆域：美国25年来的趋势和实践》，《国际行政科学评论》（中文版）2009年第3期。

服务模式及其在政府中的角色,不仅仅是赋予公务员制定政策的合理性问题。它也体现了一些基本的价值观如廉洁、责任、义务,而这些价值观却是其他模式(尤其是市场模式)很少提及的"。① 而即使是新公共管理运动推动者——奥斯本和盖布勒,也十分强调,"政府的基本使命是'办好事',而不是挣钱","我们可以把个别的掌舵性职能加以私有化,但是不能把治理的全过程都私有化。如果我们这样做,我们就会失去做出集体共同决定的机制,就没有为市场制定规章条文的途径,就会失去强制执行行为规范的手段。我们就会丧失社会公平感和利他主义精神,不管是为无家可归者提供住房还是为穷人提供健康医疗,任何不能赚钱盈利的社会服务都将不复存在"。在这个意义上,"那些从意识形态出发大肆鼓吹私有化的人,相信私人企业总是优于政府,事实上是在向美国人民卖骗人的蛇药"②。

第三节　我国公共服务供给机制改革的政策建议

如果不再以先验的视角来审视当代政府部门的改革,我们就会发现当代社会公共服务供给机制的设计与选择逻辑产生了新的变化:不再追求单纯的市场化效率,而是平衡经济发展与社会福利;不再设定单一的服务供给机制,而是建立更加混合的公私合作机制;不再局限于服务供给方的改革,而是促进公共服务更加敏感地回应公众需求。这其中,归结到最后,就是重新强调政府的责任框架,并且使服务供给不仅考虑供给面,更要重视需求面。正如拉姆什(M. Ramesh)和阿拉雷(Eduardo Aratal Jr.)所说的:"国家正在回归,尽管显得犹豫,甚至不情愿,但人们普遍认为,这是拯救市场自身缺陷的不二选择。"③ 我们认为,选择有效的公共服务供给机制,需要考虑以下几个方面的因素。

第一,重视多重约束条件。公共服务供给机制的选择是在多重约束条件的背景中产生的,这包括交易成本、公共利益、市民偏好、制度安排、

---

① [美] B. 盖伊·彼得斯:《政府未来的治理模式》,吴爱明译,中国人民大学出版社2001年版,第156页。

② [美] 戴维·奥斯本、特德·盖布勒:《改革政府:企业精神如何改革着公营部门》,周敦仁等译,上海译文出版社1996年版,第22—23页。

③ Ramesh, M., et al. ed., *Reasserting the Public in Public Services: New Public Management Reforms*, New York: Routledge, 2010, p. 1.

经济发展、财政可承受能力等。任何的机制选择，都应该充分考虑这些约束条件，根据不同的约束条件选择适应的供给机制。这也提醒我们，服务供给机制的选择与应用应该是多元化、混合性的，既不是全盘的政府供给，也不是全盘的市场供给，而是形成一个相互学习、互为"标杆"的体系。

第二，重申公共价值。公共部门的任务是管理多元化的利益相关者和相互冲突的价值，创造出适应社会需要的公共价值。这是因为，政府永远不可能像市场一样运作，因为它所关注的是集体的、巨大的、致力于寻求最佳社会结果的公民和纳税者，而不是基于个体选择和自身喜好的市场消费者。因此，政府不仅要向下看，注意自己行动的有效性和优先顺序，同时也要向外看，注意自己正在创造什么。[①]

第三，重新确立国家（政府）责任。在高度竞争与分化的现代社会，每一个个体都不可能仅靠自身的力量来幸福而有尊严地生存，而是都要依赖社会、依赖国家（政府）。因此，正如德国著名的行政法学家厄斯特·福斯多夫（Ernst Forsthoff）所说，个体的"生存照顾"应该由"个人负责"转化为"集体负责"，最后转入"政治负责"之中。因此，政治权力者负有满足人们生存照顾，创造一个合乎正义和社会现状的"取用机会"之义务。[②] 正如波利特（Pollitt）和鲍克尔特（Bouckaert）于 2004 年所提出的"新韦伯国家"一样，新的治理模型将重新确立国家在解决全球化、技术变迁、人口转移和环境威胁等新问题上的主要协调者（facilitator）角色。换言之，国家将仍然维持其在治理格局中的强势位置，并使用传统工具（如行政法、公共价值）来进行治理，只不过是还应用市场技术来作为传统工具的补充，以提高效率。[③] 尽管"新韦伯国家"模型仍然处于概念构想的阶段，但在欧洲国家中，其已经显现出端倪。[④]

第四，注重网络合作。哈耶克曾经指出，"政府职能的集中与分散（centralization versus decentralization）的问题重要性方面绝不亚于国际关

---

① Moore, M. H., *Creating Public Values: Strategic Management in Government*, Harvard University Press, 1995.

② 转引自陈新民《公法学札记》，中国政法大学出版社 2001 年版，第 52 页。

③ Pollitt, C. & Bouckaert, G., *Public Management Reform: A Comparative Analysis*, Second Edition. Oxford: Oxford University Press, 2004, pp. 99 – 102.

④ Kuhlmann, S., Bogumil, J. & Grohs, S., "Evaluating administrative modernization in German local governments: Success or failure of the 'New Steering Model'?", *Public Administration Review*, 2008, 83 (5): 851 – 863.

系问题".① 传统的理论强调分散竞争,但是,在规模效益、关系资本等约束因素的影响下,我们认为 21 世纪高绩效政府的关键就在于要"释放网络的力量"(unlocking the power of networks),形成协作性公共管理(Collaborative Public Management)的治理模式。② 网络合作所应对的是日益剧增的跨部门、跨区域公共服务供给与治理问题,如交通运输、空气污染、犯罪等。传统的研究焦点是政府间关系(Intergovernmental Relations, IGR),而新的模式更加注重利害相关者的参与、不同价值观的交融以及结构性、多层次的治理体系。网络合作(治理)包含了政府服务的私有化(the privatization of government services)、公私伙伴关系的发展(the development of public-private partnership)以及合作治理(collaborative governance)的达成。总的来说,无论是跨部门协调、协作性公共管理,还是网络治理,其核心均是"协作"(collaboration),只不过所着重的方向或领域不同而已。

第五,关注公民呼声(citizen voice)。获得公共服务是公民的权利,"让人民生活得更加幸福、更有尊严"(温家宝语)的基本保障。获得足以维持生计的收入、拥有工作、获得健康服务、拥有能够满足基本需求的住房等,都是个体所应该拥有的积极权利。正如丹哈特夫妇在其新公共服务理论中针对新公共管理质疑那样——"当我们急于掌舵时,我们是否正在淡忘谁拥有这条船?"根据新公共服务理论,政府应该更加关注公民的需要和利益,鼓励越来越多的人去履行他们作为公民的责任,进而特别关注他们的声音。③ 这意味着,当代政府在提供公共服务的过程中,更加强调以"使用者"(或者"公民")的导向来设计服务提供机制,或者在原有的服务提供机制中增添"公民"的声音。

总的来说,我国的公共服务发展水平以及群众的需求和美国有着诸多的不同。但是,两者共同的地方都是社会对养老、医疗、住房、就业等方面的需求日益突出。对于我国来说,公共服务供给还面临着众多的发展中国家问题,如投入不足、体制不顺、能力不够乃至腐败等问题。根据美国的经验和中国的实践情况,从多重约束条件的背景出发,我们提出以下政

---

① [英] 弗里德里希·冯·哈耶克:《自由秩序原理》(上),邓正来译,上海三联书店 1997 年版。

② Goldsmith, S. & Kettl, D. F., *Unlocking the Power of Networks*: *Keys to High-Performance Government. Washington*, D. C.: Brookings Institution Press, 2009.

③ Denhardt, J. V. & Denhardt, R. B., *The New Public Service*: *Serving, Not Steering*, Armonk, N. Y.: M. E. Sharpe, 2006.

策建议。

第一，重视公共服务投入的均衡发展。"在现实的公共政策中，无论是关于教育、能源、住房、外贸政策，还是国防政策，分配问题通常较效率问题对于形成对市场结果的成功与缺点的判断有更大的影响。"① 投入是指财政经费投入基本公共服务的数量和比例，如公共教育投入占 GDP 的比例等。公共服务的财政能力与投入均衡性是测量均等化最为直接的方法与途径，它直接反映一个政府是否真正把提供公共服务作为核心职能。由于我国的公共服务投入水平普遍较低，因此必须调整和优化公共支出结构，把稀缺的公共财政资源优先用于基础教育、基本医疗保障、基本住房保障、环境保护、社会安全网、基础设施维护以及其他具有比较优势的用途上。同时，理顺政府间财政关系对于保证政府的公共服务能力亦非常重要。为此，我们一方面可以考虑赋予地方政府一定的税收立法权，逐步探索开征物业税，建立以财产税为主体税种的地方税体系，并在各级地方政府间合理划分税种；另一方面，探索将一些具有较大外溢和分配效果的基本公共服务事权（如基础教育、医疗）转移至更高层级的政府（如省级政府），从而使基本公共服务得以从更大的范围内进行整体协调和发展。

第二，保持政府的公共责任框架。在越来越多的公共服务可以由营利组织、非营利组织或其他机构来提供的今天，政府仍有必要按照"新公共服务"核心原则之一——"强调公共利益在政府服务中的中心性"来进行服务供给。保持基本公共服务的公共性，意味着公共服务的资源支持来源于税收，而关于服务质量、数量、分布等决定权也掌握在公共决策者手中。换言之，即使政府通过合同外包、凭单、特许经营、志愿等合作形式，从各类社会中介组织中购买公共服务，公共服务仍然保持其普遍性、连续性和可及性等公共特征。保持公共责任框架，还要在服务接收者与服务安排者或生产者之间建立责任关系，使公民或客户的服务需求信息以及对服务的评价信息能及时反馈到公共服务供给链中。如世界银行报告所指出的，这种责任关系可以分为长线和短线两个方面（世界银行，2004）：短线责任关系的方式是增强客户选择服务能力，而不是直接投资于服务供应者。例如，通过发放凭单的方式增强客户对于提供者的权力，赋予客户更多关于服务和提供者的信息，增强客户的组织能力和集体力量等；长线责任关系是指公民通过不同渠道（如选举、非营利组织的协调、媒体宣

---

① ［美］沃尔夫·查尔斯：《市场或政府：权衡两种不完善的选择》，谢旭译，中国发展出版社 1994 年版，第 17 页。

传等）将服务需求信息表达到政治家和政策制定者中，进而政策制定者选择合适的提供者或供给机制，监督合同执行以及对服务绩效进行评估等。

第三，增强政府的服务供给网络管理能力。在现代社会，单靠政府自身的结构调整，而不关注政府与社会以及市场关系调整的改革是很难取得成功的，没有社会和市场对政府功能的参与和分担，政府改革就不可能取得突破。可以说，传统的官僚体系的、层级制的公共服务供给模型正在转变为网络化的模式。美国传统的过于强调地方分权和自治的服务供给格局已经形成不少负面效果，尤其是地方政治和行政领导们未能识别来自地方间合作规划的潜在利益，似乎任何授权地方间合作规划的指令都侵犯了地方自治的宪法权利。他们普遍视发生在他们城市边界外的事情与他们无关，犯上了"哥伦布综合征"（Columbus Syndrome）——"这个地区的地方政府官员行动时仿佛地球是平的，他们的职责终止在各自的共同界限上。他们表现得好像如果离开自己的政治边界就会从地球边上掉下去一样。"结果是，一个城市的发展能力有限，也缺乏跨地区的资源整合，同时对当地居民的生活质量造成了严重影响。① 基于我国人口基数大、城市化快速推进的特征，我们应更多重视建立强有力的都市区政府（power metropolitan government），优先在政府管理能力较强和具有共同财产来源

---

① 例如，雅各布（Jacobs）在比较了底特律和名古屋地区的都市发展模式后指出，底特律地区和名古屋地区的经济都由汽车制造业所带动，但是由于国家嵌入的不同，这种相似性没有给它们带来相同的发展结果。美国的情况是：分权式的美国联邦政治体系，强调联邦、州和市独立的权力；密歇根州的地方政府法律，以强大的地方自治名义鼓励城市分裂；美国对发展奉行的反干涉的国家手段，使底特律自治地区的城市之间出现竞争激烈的、非合作性的关系。这种环境对地方间的合作规划给予很少的制度支持。由此，不断强化的城市间竞争，以及缺乏国家和州对都市规划的激励和授权，这些因素加剧了自1969年以来该地区非均衡的都市发展。与此相比较，日本的情况是：单一政府，强调中央和官僚权威；地方政府体系以效率和城市相互独立的名义鼓励城市合并；主张运用干涉的手段促进城市间的平等；国家、县和市发展规划的整合，使名古屋自治地区城市之间产生了合作的关系。这种环境为地方间发展规划提供了强大的制度支持。合作性发展规划带来的最终结果是，过去30多年该地区产生了相对均衡的就业、人口和人均收入的增长。该研究指出，中央政府不需很强大，但它必须在需要介入地方发展时整合各种资源，协调地方趋向于共同的目标。片面提倡快速私有化和地方分权的观点固然值得警惕，但满足于以相邻城市的损害为代价的地方自治，对整个国家来说则只是一场零和博弈。参见 Jacobs, A. J., "Embedded Autonomy and Uneven Metropolitan Development: A Comparison of the Detroit and Nagoya Auto Regions, 1969–2000", *Urban Studies*, 2003, 4 (2): 335–360; 何艳玲:《"嵌入式自治":国家—地方互嵌关系下的地方治理》，《武汉大学学报》（哲学社会科学版）2009年第4期。

的地区间,推进社公共服务合作,获取联合收益,进而形成覆盖区域更广的公共服务体系。网络性的发展趋势要求政府确立其在网络中的协调者和促进者角色。除了和私人组织、非营利组织等利益相关者组建合作关系外,我国还必须重视地方之间的合作关系,尤其是国家必须通过合作性的发展规划,促进区域之间的服务合作。

第四,形成混合性、整合性的服务供给体系。我国传统的公共服务供给框架比较强调"权威"和"全能"模式,力求通过单一的行政杠杆调节公共服务,对社会问题实行一揽子的解决方案。实际上,在多元流动的现代社会体系中,这种供给途径在资源配置和利用上并不是最优的,而且难以回应异质性不断增强的服务需求。因此,基于我国现实公共服务需求的层次性和多元性、政府执行能力的差异、潜在服务供应者的充分性程度不同等原因,我们应该进一步根据实际的服务目标构建混合性、可供抉择的工具箱,使不同的供给机制能够发生标杆学习的作用,而不是完全依赖某种特定的供给机制来进行公共服务供给。在每一个服务领域,都可以在公共责任的框架下,形成具有竞争效果的服务供给格局。同时,我们应该充分认识现代信息技术在降低政府与客户的交易成本、全面提升政府公共服务品质方面的革命性意义。可以在政府内部探索利用网络信息和通信技术建立电子化、数字化及网络化的公共服务信息管理体系,利用交互网络技术实现政府与终端用户之间的联络机制,构建一个统一开放的基本公共服务运作与配置平台。

第五,推动服务供给从"政府中心"走向"社会中心"。20世纪90年代以来,基于对私有化、新公共管理的反思推动了服务供给从"政府中心"和"市场中心"走向"社会中心"。无论是所谓的"新治理""软导航""新公共服务",还是"以市民为中心的协作性公共管理""重新发现市场的公共基础",一个共同的面向就是重申公共服务的公共性,强调服务供给的"社会中心"。"在公民中心的政府管理模式下,政府的角色应转变为以回应性、责任、合作为核心的服务型政府,而不是凌驾于公民之上的管制型政府;行政人员的角色应转换成帮助公民表达利益并满足其共享利益,而不是试图控制或导航社会。"[1] 推动服务供给走向"公民中心",关键的途径就是形成能够拓宽客户或公民的表达渠道,通过公众会议、议题评价、咨询委员会、焦点团体等来收集并处理信息,并向公民

① 张成福、李丹婷、李昊城:《政府架构与运行机制研究:经验与启示》,《中国行政管理》2010年第2期。

提供有意义、可接近和可理解的信息与必要资源;扩大客户选择权力,建立支付者制度和供应者制度间的关联结构等方式,使服务生产者所能获取的收益决定于他们是否满足客户或公民的需求;建立面向市民的质量持续改善渠道,着重从满意度和公民需求的角度对公共服务质量进行评估,如通过市民满意度调查或者态度调查等,为未来的公共服务规划提供需求评估,促使地方政府提供的公共服务真正符合社会需求,起到改善生活质量的作用。

第六,推动基于循证原则的机制选择。根据我国新修订的立法法,制定地方性法规的权力下放到"设区的市",为未来地方根据多样化社会需求设计不同的公共服务供给机制奠定了法律基础。但是,立法权限的下放只是第一步,更加关键的是要提升公共服务机制设计的质量,使公共服务能够代表民意、体现民利、反映民情。在这方面,我们建议在公共服务机制设计过程中推广循证原则。一是系统构建公共服务机制选择的证据库,一项机制在提出与制定过程中,必须以相应的证据材料作为陈述基础。这些证据材料来源于政府资料库、专家知识、利害关系人咨询、民意调查、研究报告、统计资料等。二是公共服务供给机制在大规模实施之前,要进行小规模的实验或者准实验设计,有系统地收集证据资料,并据此来修改法律方案,从而提高法律的可行性和公众的可接受性。三是鼓励科研单位设立中立性、独立性的公共服务质量评估机构,通过开展公共服务供给机制的社会影响评估(Social Impact Assessment)等方式,全方位识别、监测和评价公共服务行动机制的各种有意或无意、积极或消极的社会影响和社会变化,促进利益相关者对相关改革行动的参与,规避可能出现的社会风险。

附　　件

附件1：厦门市公共资源市场化配置项目

主办单位	项目名称	内容和做法
房屋和土地管理局	经营性土地使用权	一律进入土地交易市场进行招、拍、挂
	矿产资源开采权	新设探矿权、采矿权一律进行招、拍、挂；已设采矿权改变过去到期延续无偿取得方式，施行有偿协议出让
	加油站用地使用权	新建加油站用地使用权一律实行招、拍、挂
	直管公有非住宅房屋出租	所有空置店面向社会公开招租
	房屋拆迁拆除委托业务	对财政投融资的房屋拆迁和拆除业务面向社会招标选择
市交通委	出租车经营权	向社会公开招标
	公交线路经营权	新设线路一律推出向社会公开招标，在营线路将在整合规划的基础上分期分批实行招投标
	道路绿化养护	向社会公开招标确定养护单位
市政园林局	制水、污水处理特许经营权	向社会公开招标，实现产权主体多元化
	燃气特许经营权	向社会公开招标，实现产权主体多元化
	垃圾处理特许经营权	拓宽融资渠道，推进垃圾处理产业化进程
	市政道路清扫保洁	向社会公开招标确定保洁企业
	公共绿地养护	向社会公开招标确定养护单位
	海域保洁	向社会公开招标确定保洁企业
	绿化储备苗木	公开招标确定供应商。批量采购的苗木通过公开招标的方式选择苗木供应商，单一品种采购的苗木则采取询价方式确定。
市工商局	户外广告设置权	向社会公开招标拍卖

主办单位	项目名称	内容和做法
市建设局	财政投融资建设工程	采取经评审最低价中标办法确定建筑商
市文化局	吸纳社会资本举办重大文化活动	按照"政府扶持、市场运作"的模式，通过出让冠名权，提供公益性广告牌（位）等做法，广泛筹措资金
	网吧审批工作	新增80家网吧指标分配给各区并实行社会公开招标
	向社会资本开放文化市场	吸引社会资本投资公益性文化项目
		吸引社会资本投资文化旅游业
		吸引社会资本参与重大文化设施的建设和经营
市教育局	学校后勤社会化	学校食堂经营权实行招投标
		可经营项目与非经营项目分离，将可经营项目交由社会投资建设，实行市场化运作
		学校物业管理社会化
	学生统一着装定点生产	向社会公开招标确定学生装定点生产企业
市卫生局	农村合作医疗保险	招标引入商业保险机构对农村合作医疗保险基本的专业化管理
	向社会开放社区卫生服务市场	向社会公开招标确定社区卫生服务中心
	向外资、社会资本开放医疗市场	鼓励各种经济成分参与医疗基础设施建设及医疗机构经营管理
市体育局	举办重大体育赛事	按照"政府扶持、市场运作"的模式，通过出让冠名权，提供公益性广告牌（位）等做法，吸纳社会资本。在无须财政拨款的情况下，通过此种模式已成功举办过多届厦门马拉松赛
	大型公共体育设施的建设和经营	奥林匹克网球中心、马蜂山国家乒乓球训练基地、奥林匹克游泳馆及市游泳跳水馆等项目通过挂牌招商等形式，吸引社会资金参与建设和经营。
市海洋与渔业管理局	海域使用权	实行招标、拍卖、挂牌
市港口管理局	航道疏浚与扩建、航道设备采购	航道疏浚与扩建、航道设备采购都实行市场化运作，近两年来按此模式已实施或正在实施的航道工程项目共十余项

续表

主办单位	项目名称	内容和做法
市机关事务管理局	机关闲置用房出租	通过招标、拍卖、挂牌形式确定承租人
	公务车统一保险	市直机关事业单位车辆统一投保、统一险种、统一保险计价标准,以系统为单位统一进入产权交易中心,采取最低价中标方式选定保险公司
	公务车更新处置	市直机关更新后的旧公务用车今后一律通过公开拍卖方式处理
城管办 市政园林局	咪表停车位	咪表停车位收费项目过去为行政事业性收费,实行"收支两条线",但管理体制不畅,现对部分停车位资源实行市场化运作,由财政核定的公共资源占有费上缴基数,向社会挂牌出让经营权
市民政局	救灾救济物资采购	厦门市每年救灾救济物资金额为50万—80万元,自2003年起,都通过政府采购形式向社会公开招标采购
市粮食局	储备粮轮出	向社会公开拍卖
	储备粮采购	向社会公开采购
思明区	银行贷款合作项目	招标选择贷款银行
	公车维修、统一保险	招标选择服务商

附件2：厦门市思明区公共服务科学发展调查问卷

尊敬的调查对象：

您好！

思明区是福建省第二批开展深入学习实践科学发展观活动单位，为了更加全面、准确地了解广大群众对我区贯彻落实科学发展观、建设服务型政府等方面的意见和建议，我们恳请占用您的宝贵时间就您的意见和建议回答有关的问题。本次调查为匿名填写，遵守《中华人民共和国统计法》第15条保密规定。

敬谢您的支持，期待您为思明区经济社会科学发展献计献策！

××大学公共事务学院

2009年4月

您对以下选项的满意程度进行回答（序号"⑤"至"①"是表示满意度的标记，不代表分值，▲表示不清楚）	很满意	满意	一般	不满意	很不满意	不清楚
1. 您对思明区经济社会科学发展的整体印象						
A. 您生活在思明区的幸福感	⑤	④	③	②	①	▲
B. 您生活在思明区的安全感	⑤	④	③	②	①	▲
C. 思明区的经济发展效益	⑤	④	③	②	①	▲
D. 思明区的经济发展前景	⑤	④	③	②	①	▲
E. 思明区的社会和谐程度	⑤	④	③	②	①	▲
F. 思明区的行政管理服务与效率	⑤	④	③	②	①	▲
G. 总体而言，您对思明区经济社会发展的质量是否满意？	⑤	④	③	②	①	▲
2. 您对思明区经济结构的看法						
A. 先进制造业发展（如光电与软件产业）	⑤	④	③	②	①	▲
B. 思明区商贸业发展（如购物商圈）	⑤	④	③	②	①	▲
C. 思明区商务楼宇发展（如商务运营中心）	⑤	④	③	②	①	▲
D. 思明区旅游业发展（旅游设施和景点）	⑤	④	③	②	①	▲
3. 在上述关于"经济结构"的选项中，您认为哪两项是当前政府最需要大力加强的？						

第一选择：_____　第二选择：_____

4. 您对思明区财政投入的看法

A. 促进经济增长的投入	⑤	④	③	②	①	▲
B. 促进社会事业的投入（如教育、科技、文化与卫生事业）	⑤	④	③	②	①	▲
C. 保护资源和环境的投入	⑤	④	③	②	①	▲
D. 改善公共基础设施的投入	⑤	④	③	②	①	▲

5. 在上述关于"财政投入"的选项中，您认为哪两项是当前政府最需要大力加强的？第一选择：_____　第二选择：_____

6. 您对思明区全面协调可持续发展的看法

A. 物质文明、政治文明与精神文明协调发展	⑤	④	③	②	①	▲
B. 经济社会全面协调发展	⑤	④	③	②	①	▲
C. 人与自然和谐发展	⑤	④	③	②	①	▲
D. 老城区与新城区协调发展	⑤	④	③	②	①	▲
E. 生态环境保护与可持续发展	⑤	④	③	②	①	▲

7. 在上述关于"全面协调可持续发展"的选项中，您认为哪两项是当前政府最需要大力加强的？

第一选择：_____　第二选择：_____

8. 您对思明区社会和谐程度的看法

A. 权力规范，依法治区（民主法治）	⑤	④	③	②	①	▲
B. 人人平等，是非分明（公平正义）	⑤	④	③	②	①	▲
C. 诚实守信，融洽相处（诚信友爱）	⑤	④	③	②	①	▲
D. 思想解放，争先创优（充满活力）	⑤	④	③	②	①	▲
E. 安居乐业，安定团结（安定有序）	⑤	④	③	②	①	▲
F. 环境优美，人与自然和谐相处（生态文明）	⑤	④	③	②	①	▲

9. 您对思明区推出的民生保障与公共服务特色项目的看法

A. 爱心超市（针对扶贫济困）	⑤	④	③	②	①	▲
B. 安康计划（针对低保、三无老人）	⑤	④	③	②	①	▲
C. "金包金"工程（针对被征地村民）	⑤	④	③	②	①	▲
D. "968180"（社区服务网络）	⑤	④	③	②	①	▲
E. 阳光工程（行政资源和社会公共资源配置市场化改革）	⑤	④	③	②	①	▲
F. 公共部门绩效评估系统	⑤	④	③	②	①	▲

10. 在上述关于"特色项目"的选项中，您认为哪两项是当前政府最需要大力加强的？

第一选择：_____　第二选择：_____

11. 您对思明区公共事业的看法

A. 公共教育设施与资源（学有所教）	⑤	④	③	②	①	▲
B. 劳动条件与就业环境（劳有所得）	⑤	④	③	②	①	▲
C. 医疗设施与服务质量（病要所医）	⑤	④	③	②	①	▲
D. 养老保险与养老机构（老有所养）	⑤	④	③	②	①	▲
E. 廉租住房与住房保障（住有所居）	⑤	④	③	②	①	▲

12. 在上述关于"公共事业"的选项中，您认为哪两项是当前政府最需要大力加强的？

第一选择：_____　第二选择：_____

13. 您对思明区人居环境的看法

A. 所居住社区的人际关系	⑤	④	③	②	①	▲
B. 城市景观与园林绿化	⑤	④	③	②	①	▲
C. 消遣和娱乐场所（如电影院等）	⑤	④	③	②	①	▲
D. 公共文化设施（如图书馆、博物馆等）	⑤	④	③	②	①	▲
E. 户外运动场地（如篮球场等）	⑤	④	③	②	①	▲
F. 市容市貌与文明习惯	⑤	④	③	②	①	▲

14. 在上述关于"人居环境"的选项中，您认为哪两项是当前政府最需要大力加强的？

第一选择：_____　第二选择：_____

15. 您对思明区公共安全（人身与环境安全）的看法

A. 警察服务与治安	⑤	④	③	②	①	▲
B. 交通规则的执行	⑤	④	③	②	①	▲
C. 火灾监测与消防	⑤	④	③	②	①	▲
D. 地质灾害预防（如防台风）	⑤	④	③	②	①	▲
E. 食品药品安全	⑤	④	③	②	①	▲
F. 传染病预防控制	⑤	④	③	②	①	▲
G. 公共突发事件应急管理	⑤	④	③	②	①	▲

16. 在上述关于"公共安全"的选项中，您认为哪两项是当前政府最需要大力加强的？

第一选择：_____　第二选择：_____

17. 您对思明区公共部门服务能力的看法

A. 在过去的一年里，您是否接触过思明区的党政机关和事业单位？

（1）是（请回答17B-E问题）　　（2）否（跳至问题18）

B. 办事的便利程度	⑤	④	③	②	①	▲
C. 机关人员的服务态度	⑤	④	③	②	①	▲
D. 机关人员的作风纪律	⑤	④	③	②	①	▲
E. 回应问题的速度（办事效率）	⑤	④	③	②	①	▲

F. 问题解决的程度（办事质量）	⑤	④	③	②	①	▲
G. 所提供信息的准确程度	⑤	④	③	②	①	▲

18. 在上述关于"公共部门服务"的选项中，您认为哪两项是当前政府最需要大力加强的？

第一选择：_____　　　第二选择：_____

19. 您对思明区的总体评价

A. 作为一个投资兴业的地方（宜业）	⑤	④	③	②	①	▲
B. 作为一个旅游休闲的地方（宜游）	⑤	④	③	②	①	▲
C. 作为一个消费购物的地方（宜商）	⑤	④	③	②	①	▲
D. 作为一个培养孩子的地方（宜学）	⑤	④	③	②	①	▲
E. 作为一个生活居住的地方（宜居）	⑤	④	③	②	①	▲

20. 总的来说，您认为制约我区经济社会科学发展的主要因素是（请选择四项）：

A. 社区服务设施不完善，生活不便利　　　H. 治安不好，没有安全感

B. 看病难，看病贵　　　　　　　　　　　I. 交通不便利，出行难

C. 工作不好找，就业压力大　　　　　　　J. 环境污染加剧，空气质量下降

D. 生活缺保障，不敢消费　　　　　　　　K. 商机太少，不好赚钱

E. 孩子教育难，找不到好学校　　　　　　L. 贫富分化日益严重

F. 房价太高，住不起房子　　　　　　　　M. 政府领导科学发展的能力不够

G. 反腐倡廉形势严峻　　　　　　　　　　N. 其他_____（可填写具体内容）

21. ［选择性回答］您认为当前思明区发展面临的最重要问题是？（列举最重要的两项）

22. 您的基本情况

A. 您的性别：（1）男　　　　　　　　（2）女

B. 您的最高学历：

（1）小学及小学以下　　　　　　（4）大专

（2）初中　2　　　　　　　　　（5）大学本科、双学位

（3）高中、职高、中专或技校　　（6）研究生、硕士、博士

C. 您的年龄：

（1）25岁以下　　　　　　　　　（4）45—54岁

（2）25—34岁　　　　　　　　　（5）55—64岁

（3）35—44岁　　　　　　　　　（6）65岁以上

D. 您的职业：

（1）党政机关、社会团体的干部

（2）企事业单位管理人员

（3）普通职员

（4）学生

（5）无业、失业、待业、下岗

（6）离退休人员

（7）军人

（8）其他【请注明】

E. 您家庭平均月收入水平相当于下面哪一个档次？包括工资、奖金、股票收入或者其他的兼职：

（1）2000 元以下	（5）8000—9999 元
（2）2000—3999 元	（6）10000 元及以上
（3）4000—5999 元	（7）无固定收入
（4）6000—7999 元	（8）拒答

F. 请问您在思明区居住了多长时间？

（1）2 年以下	（3）5 年到 10 年
（2）2 年到 5 年	（4）10 年以上

调查到此结束，谢谢您的配合！

参考文献

中文部分

陈振明、薛澜：《中国公共管理理论研究的重点领域和主题》，《中国社会科学》2007 第 3 期。

陈振明：《战略管理的实施与公共价值的创造》，《东南学术》2006 年第 2 期。

马骏：《中国公共行政学研究的反思：面对问题的勇气》，《中山大学学报》（社会科学版）2006 年第 3 期。

黄新华、黄培茹：《中国公共管理理论研究的进展——近 10 年研究的评述》，《东南学术》2009 年第 5 期。

杨团：《推进社区公共服务的经验研究——导入新制度因素的两种方式》，《管理世界》2001 年第 4 期。

赵黎青：《公共服务的概念界定》，《学习时报》2008 年 7 月 18 日。

张序：《与"公共服务"相关概念的辨析》，《管理学刊》2010 年第 2 期。

姜晓萍：《中国公共服务体制改革 30 年》，《中国行政管理》2008 年第 12 期。

孟春、陈昌盛、王婉飞：《在结构性改革中优化公共服务》，《国家行政学院学报》2004 年第 4 期。

张开云：《地方政府公共服务供给能力：影响因素与实现路径》，《中国行政管理》2010 年第 1 期。

王敬尧：《基层治理中的政府公共服务能力分析——以中部 Y 区为例》，《社会主义研究》2009 年第 4 期。

安体富、贾晓俊：《地方政府提供公共服务影响因素分析及均等化方案设计》，《中央财经大学学报》2010 年第 3 期。

中国行政管理学会课题组：《加快我国社会管理和公共服务改革的研究报

告》,《中国行政管理》2005 年第 2 期。

包国宪、孙加献：《政府绩效评价中的"顾客导向"探析》,《中国行政管理》2006 年第 1 期。

何精华等：《农村公共服务满意度及其差距的实证分析——以长江三角洲为案例》,《中国行政管理》2006 年第 5 期。

张永民：《"基本公共服务均等化"浅析》,《中国行政管理》2009 年第 11 期。

胡均民、艾洪山：《匹配"事权"与"财权"：基本公共服务均等化的核心路径》,《中国行政管理》2009 年第 11 期。

蔡春红：《完善财政转移支付制度的政策建议——兼论推进基本公共服务均等化和主体功能区建设的关系》,《中国行政管理》2008 年第 4 期。

陈振明、李德国：《基本公共服务均等化与有效供给的创新战略——以福建省为例》,《中国行政管理》2011 年第 1 期。

李文钊：《中国事业单位改革：一个概念性框架》,《中国行政管理》2009 年第 12 期。

竹立家：《事业单位的基本社会功能》,《瞭望》2007 年第 6 期。

彭勇：《回归"公共服务"本色》,《瞭望》2007 年第 6 期。

赵立波：《我国事业单位公共性分析》,《国家行政学院学报》2009 年第 5 期。

赵立波：《关于政事关系若干理论与实践问题的思考》,《中国行政管理》2009 年第 12 期。

贾智莲、孔春梅：《公共服务供给机制创新研究——兼评事业单位改革》,《中国行政管理》2009 年第 4 期。

朱德米：《我国新一轮行政改革的趋势分析》,《中国行政管理》2007 年第 7 期。

朱光明：《政事分开与事业单位改革的路径选择》,《政治学研究》2006 年第 1 期。

吴江：《模式创新：事业单位与政府应形成法定绩效责任关系》,《中国行政管理》2003 年第 2 期。

于小千、段安安、王京、徐长甫：《公共服务绩效考核"海淀模式"实践与创新》,《党政干部论坛》2010 年第 1 期。

朱仁显、周蕾：《事业单位改革与发展的政策选择》,《未来与发展》2010 年第 3 期。

杨宇立：《事业单位改革的路径与"夹生化"后果》,《学术月刊》2007

年第 1 期。

伏玉林:《事业单位改革:公共服务提供与生产的民营化》,《学术月刊》
2007 年第 1 期。

张安:《事业单位改革与公共服务体制建设》,《宏观经济管理》2005 年
第 3 期。

王轶军、郑思齐、龙奋杰:《城市公共服务的价值估计、受益者分析和融
资模式探讨》,《城市发展研究》2007 年第 4 期。

韩传峰、曲丹:《城市公共服务设施的一类价值评估计算模型》,《同济大
学学报》(自然科学版)2004 年第 9 期。

龙奋杰、郑思齐、王轶军、郭明:《基于空间计量经济学模型的城市公共
服务价值估计》,《清华大学学报》(自然科学版)2009 年第 12 期。

高军波、周春山、江海燕、叶昌东:《广州城市公共服务设施供给空间分
异研究》,《人文地理》2010 年第 3 期。

陈锡文、韩俊、赵阳:《我国农村公共财政制度研究》,《宏观经济研究》
2005 年第 5 期。

蔡昉、杨涛:《城乡收入差距的政治经济学》,《中国社会科学》2000 年
第 4 期。

陈洁等:《村级债务的现状、体制成因及其化解——对 223 个行政村及 3
个样本县(市)的调查》,《管理世界》2006 年第 5 期。

贾康、孙洁:《农村公共产品与服务提供机制的研究》,《管理世界》2006
年第 12 期。

顾昕:《公共财政转型与政府卫生筹资责任的回归》,《中国社会科学》
2010 年第 2 期。

蔡立辉:《分层次、多元化、竞争式提供医疗卫生服务的公共管理改革及
分析》,《政治学研究》2009 年第 6 期。

王俊华:《变财政投入为政府购买——公共卫生服务体制的新改革》,《中
国行政管理》2002 年第 12 期。

钟雯彬:《公共安全产品与服务供给的新秩序模式》,《中国人民公安大学
学报》2004 年第 1 期。

傅树京:《发展多元化服务主体:公共教育改革的路径选择》,《中国行政
管理》2007 年第 11 期。

邓国胜:《公共服务提供的组织形态及其选择》,《中国行政管理》2009
年第 9 期。

张昕:《走向公共物品和服务的可抉择供给体制——当代政府再造运动述

评》，《中国人民大学学报》2005 年第 5 期。

蔡晶晶：《西方可抉择公共服务供给机制的经验透视》，《东南学术》2008 年第 1 期。

郁建兴、吴玉霞：《公共服务供给机制创新：一个新的分析框架》，《学术月刊》2009 年第 12 期。

贾凌民、吕旭：《创新公共服务供给模式的研究》，《中国行政管理》2007 年第 4 期。

何精华：《区分供给与生产：基于政府公共服务职能实现方式的分析框架》，《中国行政管理》2007 年第 2 期。

陈奇星、胡德平：《我国特大城市政府公共服务制度供给的模式构》，《国家行政学院学报》2009 年第 3 期。

涂晓芳：《公共物品的多元化供给》，《中国行政管理》2004 年第 2 期。

李艳波：《关于公共服务市场化的思考》，《中国行政管理》2004 年第 7 期。

宋世明：《工业化国家公共服务市场化对中国行政改革的启示》，《政治学研究》2000 年第 2 期。

李学：《不完全契约、交易费用与治理绩效——兼论公共服务市场化供给模式》，《中国行政管理》2009 年第 1 期。

李彬：《关于我国公共服务市场化的思考》，《管理世界》2003 年第 6 期。

汪锦军：《公共服务中的政府与非营利组织合作：三种模式的分析》，《中国行政管理》2009 年第 10 期。

唐兴霖、刘国臻：《论民间组织在公共服务中的作用领域及权利保障》，《经济社会体制比较》2007 年第 6 期。

顾昕：《能促型国家的角色：事业单位的改革与非营利部门的转型》，《河北学刊》2005 年第 1 期。

王佃利：《美英澳三国新公共管理改革的新进展》，《中国行政管理》2004 年第 2 期。

张志斌：《新公共管理与公共行政》，《武汉大学学报》（哲学社会科学版）2004 年第 1 期。

陈国权、曾军荣：《经济理性与新公共管理》，《浙江大学学报》（人文社会科学版）2005 年第 2 期。

张成福：《公共行政的管理主义：反思与批判》，《中国人民大学学报》2001 年第 1 期。

朱德米：《发展中国家公共管理变革：从官僚到市场》，《中国行政管理》

2002 年第 3 期。

张庆东:《"重塑政府"改革去向何方?——兼评对新公共管理的定位》,《中国行政管理》2002 年第 4 期。

黄健荣、杨占营:《新公共管理批判及公共管理的价值根源》,《中国行政管理》2004 年第 2 期。

俞可平等:《中国离"善治"有多远——"治理与善治"学术笔谈》,《中国行政管理》2001 年第 9 期。

戴长征:《中国政府的治理理论与实践》,《中国行政管理》2002 年第 2 期。

胡仙芝:《治理理论与行政改革》,《中国行政管理》2001 年第 1 期。

刘银喜、任梅:《治理理论与公共产品的相关性探析》,《中国行政管理》2006 年第 9 期。

楼苏萍:《治理理论分析路径的差异与比较》,《中国行政管理》2005 年第 4 期。

郁建兴、刘大志:《治理理论的现代性与后现代性》,《浙江大学学报》(人文社会科学版)2003 年第 2 期。

孙柏瑛:《我国政府城市治理结构与制度创新》,《中国行政管理》2007 年第 8 期。

孙柏瑛、李卓青:《政策网络治理:公共治理的新途径》,《中国行政管理》2008 年第 5 期。

王诗宗:《治理理论与公共行政学范式进步》,《中国社会科学》2010 年第 4 期。

丁煌:《政府的职责:"服务"而非"掌舵"——〈新公共服务:服务,而不是掌舵〉评介》,《中国人民大学学报》2004 年第 6 期。

王丽莉、田凯:《新公共服务:对新公共管理的批判与超越》,《中国人民大学学报》2004 年第 5 期。

蔡晶晶:《新公共服务:新公共管理的一种替代模式》,《广东行政学院学报》2004 年第 6 期。

许源源:《新公共服务理论视角中的行政服务中心建设》,《中国行政管理》2007 年第 10 期。

彭未名、王乐夫:《新公共服务理论对构建和谐社会的启示》,《中国行政管理》2007 年第 3 期。

黄新华、于正伟:《新制度主义的制度分析范式:一个归纳性述评》,《财经问题研究》2010 年第 3 期。

朱德米：《新制度主义政治学的兴起》，《复旦学报》（社会科学版）2001
　　年第 3 期。

胡永佳：《新制度主义国家理论述评》，《政治学研究》1997 年第 4 期。

秦海：《制度范式与制度主义》，《社会学研究》1990 年第 5 期。

张建伟：《现实主义、制度主义与中国经济学发展》，《中国社会科学》
　　2000 年第 4 期。

何俊志：《结构、历史与行为——历史制度主义的分析范式》，《国外社会
　　科学》2002 年第 5 期。

何俊志：《新制度主义政治学的流派划分与分析走向》，《国外社会科学》
　　2004 年第 2 期。

魏姝：《政治学中的新制度主义》，《南京大学学报》（哲学·人文科学·
　　社会科学）2002 年第 1 期。

顾昕：《单位福利社会主义与中国的"制度性失业"——从新制度主义的
　　角度看"下岗问题"》，《经济社会体制比较》1998 年第 4 期。

陈天祥：《政府绩效合同的设计与实施：交易费用理论的视角》，《公共行
　　政评论》2008 年第 3 期。

马骏：《官僚组织、交易费用和区别性组合：新的思路》，《中山大学学
　　报》（社会科学版）2004 年第 2 期。

马骏：《交易费用政治学：现状与前景经济研究》，《经济研究》2003 年
　　第 6 期。

马骏：《中国省级预算中的非正式制度：一个交易费用理论框架》，《经济
　　研究》2004 年第 10 期。

马骏：《收入生产、交易费用与宪政体制》，《开放时代》2003 年第 4 期。

句华：《公共服务合同外包的适用范围：理论与实践的反差》，《中国行政
　　管理》2010 年第 4 期。

宋全喜：《公共服务的制度分析：以公共安全服务为例》，中国人民大学，
　　硕士学位论文，2001 年。

周志忍：《整体政府与跨部门协同》，《中国行政管理》2008 年第 9 期。

竺乾威：《从新公共管理到整体性治理》，《中国行政管理》2008 年第
　　10 期。

胡象明、唐波勇：《整体性治理：公共管理的新范式》，《华中师范大学学
　　报》2010 年第 1 期。

胡佳：《迈向整体性治理：政府改革的整体性策略及在中国的适用性》，
　　《南京社会科学》2010 年第 5 期。

胡佳：《整体性治理：地方公共服务改革的新趋向》，《国家行政学院学报》2009 年第 3 期。

曾维和：《西方"整体政府"改革：理论、实践及启示》，《公共管理学报》2008 年第 4 期。

李瑞昌：《公共治理转型：整体主义复兴》，《江苏行政学院学报》2009 年第 4 期。

叶先宝、李纾：《公共服务动机：内涵、检验途径与展望》，《公共管理学报》2008 年第 1 期。

李小华：《公共服务动机的结构及测量》，《武汉大学学报》（哲学社会科学版）2008 年第 6 期。

曾军荣：《公共服务动机：概念、特征与测量》，《中国行政管理》2008 年第 2 期。

张梦中、杰夫·斯特劳思曼：《美国联邦政府改革剖析》，《中国行政管理》1999 年第 6 期。

解亚红：《"协同政府"：新公共管理改革的新阶段》，《中国行政管理》2004 年第 5 期。

陈艳、龚华生：《新公共管理在日本的实践——兼谈对中国的启示》，《中国行政管理》2005 年第 11 期。

王庆兵：《英国地方政府公共服务改革：最佳价值模式的评析》，《中国行政管理》2003 年第 5 期。

罗之芹：《英国"灯塔地方政府计划"及其启示》，《中国行政管理》2001 年第 4 期。

甘峰：《公共物品供给：从 BOT 向 PFI 转换中的低成本路径——基于英国 PFI 创新的服务型政府视角》，《中国行政管理》2008 年第 6 期。

贾涛、陈翔：《国外一站式政府服务机构建设的做法及对我国的启示》，《中国行政管理》2007 年第 5 期。

靳永翥：《德国地方政府公共服务体制改革与机制创新探微》，《中国行政管理》2008 年第 1 期。

高小平、林震：《澳大利亚公共服务发展与改革》，《中国行政管理》2005 年第 3 期。

王廷惠：《美国监狱私有化：目标与效果分析》，《中国行政管理》2005 年第 6 期。

周志忍：《英国执行机构改革及其对我们的启示》，《中国行政管理》2004 年第 7 期。

张成福、李丹婷、李昊城：《政府架构与运行机制研究：经验与启示》，《中国行政管理》2010 年第 2 期。

刘亚平：《协作性公共管理：现状与前景》，《武汉大学学报》（哲学社会科学版）2010 年第 4 期。

句华：《美国地方政府公共服务合同外包的发展趋势及其启示》，《中国行政管理》2008 年第 7 期。

胡伟、杨安华：《西方国家公共服务转向的最新进展与趋势——基于美国地方政府民营化发展的纵向考察》，《政治学研究》2009 年第 3 期。

刘穷志：《公共支出归宿：中国政府公共服务落实到贫困人口手中了吗》，《管理世界》2007 年第 4 期。

敬义嘉：《中国公共服务外部购买的实证分析——一个治理转型的角度》，《管理世界》2007 年第 2 期。

蓝志勇：《美国公共管理学科的发展轨迹及其对中国的启迪》，《中国行政管理》2006 年第 4 期。

杨冠琼、范力：《公共问题性质与特征初探》，《新视野》2009 年第 3 期。

褚燚：《参与式预算与政治生态环境的重构——新河公共预算改革的过程和逻辑》，《公共管理学报》2007 年第 3 期。

［美］马克·霍哲、伊什尼·沙博诺、金允熙：《勾勒公共服务质量改进的疆域：美国 25 年来的趋势和实践》，《国际行政科学评论》（中文版）2009 年第 3 期。

王亚南：《中国官僚政治研究》，中国社会科学出版社 1981 年版。

邹谠：《二十世纪中国政治》，（香港）牛津大学出版社 1994 年版。

俞可平主编：《治理与善治》，社会科学文献出版社 2000 年版。

陈振明：《政府再造——西方新公共管理运动述评》，中国人民大学出版社 2003 年版。

陈新民：《公法学札记》，中国政法大学出版社 2001 年版。

中国社会科学院财政与贸易经济研究所：《走向"共赢"的中国多级财政》，中国财政经济出版社 2005 年版。

句华：《公共服务中的市场机制：理论、方式与技术》，北京大学出版社 2006 年版。

周志忍：《当代国外行政改革比较研究》，国家行政学院出版社 1999 年版。

陈振明：《政府再造——西方"新公共管理运动"述评》，中国人民大学出版社 2003 年版。

彭和平、竹立家等编译:《国外公共行政理论精选》,中共中央党校出版社1997年版。

国家行政学院国际合作交流部编译:《西方国家行政改革述评》,国家行政学院出版社1998年版。

宋世明:《美国行政改革研究》,国家行政学院出版社1999年版。

薛刚凌:《行政体制改革研究》,北京大学出版社2006年版。

席恒:《利益、权力与责任:公共物品供给机制研究》,中国社会科学出版社2006年版。

孙晓莉:《中外公共服务体制比较》,国家行政学院出版社2007年版。

中国(海南)改革发展研究院:《聚焦中国公共服务体制》,中国经济出版社2006年版。

复旦大学发展与政策研究中心:《公共服务与中国发展》,上海人民出版社2008年版。

李军鹏:《公共服务学:政府公共服务的理论与实践》,国家行政学院出版社2007年版。

丁元竹:《非政府公共部门与公共服务:中国非政府公共部门服务状况研究》,中国经济出版社2005年版。

李军鹏:《公共服务型政府》,北京大学出版社2004年版。

中国(海南)改革发展研究院:《建设公共服务型政府》,中国经济出版社2004年版。

李亚平:《第三域的兴起——西方志愿工作及志愿组织理论文选》,复旦大学出版社1998年版。

菅和平等:《公共服务职能与公共财政体制》,上海财经大学出版社2003年版。

蔡守秋:《环境资源法学教程》,武汉大学出版社2000年版。

世界银行:《中国:深化事业单位改革,改善公共服务供给》,中信出版社2005年版。

卫生部基层卫生与妇幼保健司编:《农村卫生改革与发展文件汇编(1951—2000)》2001年编印。

福建省发展和改革委员会和统计局:《2007年福建省社会发展水平综合评价结果》,http://www.stats—fj.gov.cn/fxwz/tjfx/0200811170143.htm。

杜冰:《部分城市市长热线难打通》,《人民日报》2007年6月22日。

董碧水:《逾六成大学生不了解创业扶持政策》,《中国青年报》2016年2月2日。

郭立场：《让创业扶持政策走出"深闺"》，《中国教育报》2016 年 2 月 25 日。

邓剑伟：《情绪劳动：公共行政研究的遗珠——评〈公共服务中的情绪劳动〉》，《公共行政评论》2016 年第 1 期。

［印度］阿马蒂亚·森：《以自由看待发展》，任赜、于真译，中国人民大学出版社 2002 年版。

［美］K. Yin, Robert：《案例研究：设计与方法》，周海涛等译，重庆大学出版社 2005 年版。

［美］戴维·奥斯本、特德·盖布勒：《改革政府：企业精神如何改革着公营部门》，周敦仁等译，上海译文出版社 1996 年版。

［美］戴维·奥斯本、彼德·普拉斯特里克：《摒弃官僚制：政府再造的五项战略》，谭功荣、刘霞译，中国人民大学出版社 2004 年版。

［美］埃莉诺·奥斯特罗姆：《公共事物的治理之道：集体行动制度的演进》，余逊达、陈旭东译，上海三联书店 2000 年版。

［美］罗伯特·D. 帕特南：《使民主运转起来》，王列、赖海榕译，江西人民出版社 2001 年版。

［丹］阿尔贝克等：《北欧地方政府：战后发展趋势与改革》，常志霄、张志强译，北京大学出版社 2005 年版。

［美］凯特：《有效政府：全球公共管理革命》，朱涛译，上海交通大学出版社 2005 年版。

［美］莱斯特·赛拉蒙：《第三域的兴起》，载李亚平、于海编选《第三域的兴起——西方志愿工作及志愿组织理论文选》，复旦大学出版社 1998 年版。

［英］托尼·马歇尔：《我们能界定志愿域吗》，载李亚平、于海编选《第三域的兴起——西方志愿工作及志愿组织理论文选》，复旦大学出版社 1998 年版。

经济合作与发展组织：《分散化的公共治理：代理机构、权力主体和其他政府实体》，国家发展和改革委员会事业单位改革研究课题组译，中信出版社 2004 年版。

［美］理查德·博克斯：《公民治理——引领 21 世纪的美国社区》，孙柏瑛等译，中国人民大学出版社 2005 年版。

［美］约翰·罗尔斯：《正义论》，何怀宏等译，中国社会科学出版社 1988 年版。

［美］沃尔夫·查尔斯：《市场或政府：权衡两种不完善的选择》，谢旭

译，中国发展出版社 1994 年版。

［英］戴维·威尔逊、克里斯·盖姆：《英国地方政府》，张勇等译，北京大学出版社 2009 年版。

［美］G.J. 斯蒂格勒：《产业组织与政府管制》，潘振民译，上海人民出版社 1996 年版。

［古希腊］亚里士多德：《政治学》，吴寿鹏译，商务印书馆 1997 年版。

［德］魏伯乐、［美］奥兰·扬、［瑞士］马塞厄斯：《私有化的局限》，周缨、王小卫译，上海人民出版社 2006 年版。

世界银行：《让服务惠及穷人——2004 年世界发展报告》，中国财政经济出版社 2004 年版。

［美］弗雷德·E.弗尔德瓦里：《公共物品与私人社区：社会服务的市场供给》，郑秉文译，经济管理出版社 2007 年版。

［美］阿尔伯特·O.赫希曼：《退出、呼吁与忠诚——对企业、组织和国家衰退的回应》，卢昌崇译，经济科学出版社 2001 年版。

［美］乔治·伯恩：《公共管理改革评价：理论与实践》，张强等译，清华大学出版社 2008 年版。

［美］菲利普·海恩斯：《公共服务管理的复杂性》，孙健译，清华大学出版社 2008 年版。

［美］约翰·威尔逊：《公共服务财政管理》，高鹏怀、孙健译，清华大学出版社 2008 年版。

［美］埃莉诺·奥斯特罗姆、拉里·施罗德、苏珊·温：《制度激励与可持续发展》，陈幽泓、谢明、任睿译，上海三联书店 2000 年版。

［美］迈克尔·麦金尼斯主编：《多中心治道与发展》，王文章、毛寿龙等，上海三联书店 2000 年版。

［美］斯蒂格利茨：《政府为什么干预经济》，郑秉文译，中国物资出版社 1998 年版。

［美］曼瑟尔·奥尔森：《集体行动的逻辑》，陈郁等译，上海三联书店、上海人民出版社 1995 年版。

［澳］休·史卓顿、莱昂内尔·奥查德：《公共物品、公共企业和公共选择——对政府功能的批评与反批评的理论纷争》，徐济旺、易定红译，经济科学出版社 2000 年版。

［美］乔·史蒂文斯：《集体选择经济学》，杨晓维译，上海人民出版社 1999 年版.

世界银行：《中国：深化事业单位改革，改善公共服务提供》，中信出版社 2005 年版。

［美］莱斯特·M. 萨拉蒙等：《全球公民社会》，贾西津等译，社会科学
文献出版社 2002 年版。

［美］詹姆斯·M. 布坎南：《民主财政论——财政制度和个人选择》，穆
怀明译，商务印书馆 1993 年版。

［美］丹尼斯·C. 缪勒：《公共选择理论》，杨春学等译，中国社会科学
出版社 1999 年版。

［美］菲利普·库珀：《合同制治理——公共管理者面临的挑战与机遇》，
竺乾威等译，复旦大学出版社 2007 年版。

［美］查尔斯·林德布洛姆：《政治与市场》，王逸舟译，上海三联书店
1992 年版。

［英］弗里德里希·冯·哈耶克：《自由秩序原理》（上、下），邓正来
译，上海三联书店 1997 年版。

［美］文森特·奥斯特罗姆：《复合共和制的政治理论》，毛寿龙译，上海
三联书店 1999 年版。

［法］托克维尔：《论美国的民主》（上卷、下卷），董果良译，商务印书
馆 2004 年版。

［美］玛丽·E. 盖伊：《公共服务中的情绪劳动》，周文霞等译，中国人
民大学出版社 2014 年版。

［美］卡斯·桑斯坦：《简化：政府的未来》，陈丽芳译，中信出版社
2015 年版。

［美］理查德·泰勒、卡斯·桑斯坦：《助推：事关健康、财富与快乐的
最佳选择》，刘宁译，中信出版社 2009 年版。

世界银行：《2015 年世界发展报告：思维、社会与行为》，华盛顿，
2015 年。

英文部分

Adler, M. (1999). Been there, done that: The Privatization of Street Cleaning in 19th century. *The New Labor Forum*, Spring/Summer, New York.

Adrian, C. A. & Griffith, E. D. (1983). A History of American City Government: The Formation of Traditions, 1775–1870. Washington, D. C.: University of America Press.

Advisory Commission on Intergovernmental Relations (1967). *A Handbook for Interlocal Agreements and Contracts.* Washington, D. C.: Government Printing Office.

Advisory Commission on Intergovernmental Relations (1985). *Intergovernmental Service Agreements for Delivering Local Public Services: Update 1983.* Washington, D. C.: Government Printing Press.

Advisory Commission on Intergovernmental Relations (1993). Metropolitan Organization: Comparison of the Alley and St. Louis Case Studies. www. library. unt. edu/gpo/acir/Reports/staff/SR-15. pdf.

Agranoff, R. (1991). Human Service Integration: Past and Present Challenge in Public Administration. *Public Administration Review*, 51 (6).

Agranoff, R. & McGuire M. (1998a). The Intergovernmental Context of Local Economic Development. *State and Local Government Review*, 30 (3).

Agranoff, R. & McGuire M. (1998b). Multinetwork Management: Collaboration and the Hollow State in Local Economicpolicy. *Journal of Public Administration Research and Theory*, 8 (10).

Agranoff, R. & McGuire M. (2001). American Federalism and the Eearch for Models of Management. *Public Administration Review*, 61 (6).

Agranoff, R. & McGuire M. (2003). Collaborative Public Management: New Strategies for Local Governments. Washington, D. C.: Georgetown University Press.

Alter, C. & Hage, J. (1993). *Organizations Working Together.* Newbury Park, CA: Sage.

Araral, E. (2009). Infrastructure Regulation and Privatization: A Framework for Analysis. *Policy & Society: An Interdisciplinary Journal of Policy Research*, 27 (3).

Arnstein, S. R. (1969). A Ladder of Citizen Participation. *Journal of the American Institute of Planners*, 35 (4).

Arnstein, S. R. (1972). Maximum Feasible Manipulation. *Public Administration Review*, 32.

Artz, K. W. & Brush T. H. (2000). Asset Specificity, Uncertainty and Relational Norms: An Examination of Coordination Costs in Collaborative Strategic Alliances. *Journal of Economic Behavior and Organization*, 41 (4).

Asian Development Bank（2008）. Equity in the Delivery of Public Services in Selected Developing Member Countries. www. adb. org/Documents/TARs/REG/41480-REG-TAR. pdf.

Auger, D. A. （1999）. Privatization, Contracting, and the States: Lessons from State Government Experience. *Public Productivity & Management Review* 22 （4）.

Ballard, M. J. & Warner, M. E. （2000）. Taking the High Road: Local Government Restructuring and the Quest for Quality. In *Power Tools for Fighting Privatization*, 6/1 – 6/53. American Federation of State, County and Municipal Employees: Washington, D. C. . Available online at http: //www. cce. cornell. edu/restructuring/.

Bardach, E. （1998）. *Getting agencies to Work Together: The Practice and Theory of Managerial Craftsmanship.* Washington, D. C. : Brookings Institution Press.

Bartle, J. R. & LaCourse （1996）. Are City Managers Greedy Bureaucrats? *Public Administration Quarterly*, 20.

Barzel, Y. （1982）. Measurement Costs and the Organization of Markets. *Journal of Law and Economics*, 25 （1）.

Becker, F. W. 2001. *Problems in Privatization Theory and Practice in State and Local Governments.* Lewiston, N. Y. : Edwin Mellen Press.

Bel, G. & Warner, M. （2008）. Challenging Issues in Local Privatization. *Environment and Planning C: Government and Policy*, 26 （1）.

Bennett, R. （1990）. Decentralization, Intergovernmental Relations and Markets: Towards a Post-welfare Agenda? In *Decentralization, Local Government and Markets: Towards a Post-welfare Agenda*, pp. 1 – 26. Ed. by Robert Bennett. Oxford: Clarendon Press.

Bennett, J. T. & Johnson. M. H. （1981）. *Better Government at Half the Price.* Ottawa, IL: Carolina House.

Bingham, L. B & O'Leary, R. （eds. ）（2008）. *Big Ideas in Collaborative Public Management.* Armonk, NY: M. E. Sharpe, Inc. .

Boschken, H. L. （1998）. Institutionalism: Intergovernmental Exchange, Administration-centered Behavior, and Policy Outcomes in Urban Agencies. *Journal of Public Administration Research and Theory*, 8 （4）.

Bovaird, T. （2007）. Beyond Engagement and Participation: User and Community Coproduction of Public Services. *Public Administration Review*, 67 (5).

Box, R. C. (1998). *Citizen Governance: Leading American Communities into 21st Century*. Thousand Oaks: Sage.

Box, R. C., Marshall, G. S., Reed, B. J. & Reed, C. M. (2001). New Public Management and Substantive Democracy. *Public Administration Review*, (61) 5.

Boyne, G. A. (1996). Competition and Local Government: A Public Choice Perspective. *Urban Studies*, 334 (5).

Boyne, G. A. (1998a). *Public Choice Theory and Local Government: a Comparative Analysis of the U. K. and the U. S. A.* Houndmills: MacMillan and St. Martin's Press.

Boyne, G. A. (1998b). Bureaucratic Theory Meets Reality: Public Choice and Service Contracting in U. S. Local Government. *Public Administration Review*, 58 (6).

Boyne, G. A. (1998c). The Determinants of Variations in Local Service Contracting: Garbage in, Garbage out. *Urban Affairs Review*, 34 (1).

Bozeman, B. (2002). Public-value Failure: when Efficient Markets may not do. *Public Administration Review*, 62 (2).

Brierly, A. B. (2004). Issues of Scale and Transaction Costs in City-County Consolidation. In *City County Consolidation and its Alternatives*, ed. Jared Carr and Richard Feiock. M. E. Sharpe.

Brown, T. L. & Potoski, M. (2001). *The Influence of Transaction Costs on Government Service Production Decisions*. Presented at the 6th National Public Management Research Conference, Indiana University, October.

Brown, T. L. & Potoski, M. (2003). Contract Management Capacity in Municipal and County Governments. *Public Administration Review*, 63 (2).

Brown, T. L. & Potoski, M. (2003). Managing Contract Performance: A Transaction Costs Approach. *Journal of Policy Analysis and Management*, 22 (2).

Brown, T. & Potoski, M. (2006). Contracting for Management: Assessing Management Capacity under Alternative Service Delivery Arrangements. *Journal of Policy Analysis and Management*, 25 (2).

Brown, T. L. & Potoski, M. (2003). Transaction Costs and Institutional Explanations for Government Service Production Decisions. *Journal of Public Administration Research and Theory*, 13 (4) .

Brudney, J. and England, R. (1982) . Urban Policy Making and Subject Service Evaluations: are they Compatible? *Public Administration Review*, 42 (2) .

Brudney, J. , Hebert, T. & Wright, D. S. (1999) . Reinventing Government in the American States. *Public Administration Review*, 59 (1) .

Bureau of Justice Statistics (*2000*) . *Census of State and Federal Correctional Facilities.* Washington, D. C. : Author, U. S. Department of Justice.

Calabrese, W. H. (1993) . Low Cost, High Quality, Good Fit: Why not Privatization. In G. W. Bowman, S. Hakim & P. Seidenstat (Eds.), *Privatizing Correctional Institutions*, p. 176. New Brunswick, N. J. : Transaction Publishers.

Callahan, K. & Holzer, M. (1999) . Results-Oriented Government: Citizen Involvement in Performance Measurement, In *Performance and Quality Measurement in Government: Issues and Experiences*, edited by Arie Halachmi. Burke, VA: Chatelaine Press.

Campbell, G. & McCarthy, E. (2000) . Conveying Mission through Outcome Measurement: Services to the Homeless in New York City. *Policy Studies Journal*, 28 (2) .

Carr, J. B. & Feiock, R. C. (2004) . *Reshaping the Local Landscape: Perspective on City County Consolidation and its Alternatives.* Armonk, N. Y. : M. E. Sharpe.

Chen, Zhenming, Li, Deguo & Wang, Jing. (2010) . Citizen Attitudes on Local Government Services: A Comparative Analysis between the City of Xiamen and the City of Phoenix. *Public Performance & Management Review*, 34 (2) .

Chi, K. S. (1993) . Privatization in State Government: Options for the Future. *State Trends and Forecasts*, 2 (2) .

Chi, K. S. (1998) . Privatization in State Government. *Public Administration Review*, 58 (4) .

Chi, K. S. , et al. (2003) . Privatization in State Government: Trends and Issues. *Spectrum: Journal of State Government*, 76 (4) .

City of Durham 2008. Durham Debuts New Technology to Help Citizens Address

Neighborhood Disrepair, http：//www. fcny. org/cmgp/press/durham_ de-buts. htm.

Clingermayer, J. C. , Feiock, R. C. & Stream, C. （2003）. Governmental Uncertainty and Leadership Turnover：Influences on Contracting and Sector Choice for Local Services, *State & Local Government Review*, 35 （3）.

Coleman, J. S. （1988）. Social Capital in the Creation of Human Capital. *The American Journal of Sociology*, Supplement, （94）.

Collins, S. （2006）. *Interlocal Service-sharing Agreements*. Washington, D. C. ：ICMA.

Cooper, T. L. , Bryer. T. A. & Meek, J. M. （2006）. Citizen-Centered Collaborative Public Management. *Public Administration Review*, Special Issue, （66）.

Cooper, T. L. , Bryer T. A. & Meek, J. W. （2008）. Outcomes Achieved through Citizen-Centered Collaborative Public Management. In Bingham, L. B. & O'Leary, R. *Big Ideas in Collaborative Public Management*. Armonk, N. Y. ：M. E. Sharpe, Inc. .

Coursey, D. & Bozeman, B. （1990）. Decision Making in Public and Private Organizations：A Test of Alternative Concepts of "publicness" . *Public Administration Review*, 50 （5）.

Crane, D. , Rigors, P. N. & Hill, M. B. , Jr. （2001）. *Home Rule in America：A Fifty- state Handbook*. Washington, D. C. ：Congressional Quarterly Press.

DeHoog, R. H. （1984）. *Contracting out for Human Services：Economic, Political, and Organizational Perspectives*. Albany, N. Y. ：State University of New York Press.

DeHoog, R. H. （1990）. Competition, Negotiation, or Cooperation：Three Models for Service Contracting. *Administration and Society*, 22 （3）.

DeLeon, L. & Denhardt, R. B. （2000）. The Political Theory of Reinvention. *Public Administration Review*, 60 （2）.

DeLeon, P. （1995）. Democratic Values and the Policy Sciences . *American Journal of Political Science* , 39 （4）.

Denhardt, J. V. & Denhardt, R. B. （2006）. New Public Service：Serving, not Steering. Armonk, N. Y. ：M. E. Sharpe.

DeSantis, V. S. & Renner, T. （2002）. City Government Structures：An Attempt at Clarification. *State & Local Government Review*, 34 (2).

Domberger, S. & Jensen, P. (1997). Contracting out by the Public Sector: Theory, Evidence, Prospects. *Oxford Review of Economic Policy*, (13) 4.

Domberger, S. & Rimmer, S. (1994). Competitive Tendering and Contracting in the Public Sector: a Survey. *International Journal of the Economics of Business*, (1) 3.

Donahue, John D. (1989). *The Privatization Decision: Public Ends, Private Means*. New York: Basic Books.

Dowding, K. (1995). Model or Metaphor? A Critical Review of the Policy Network Approach. *Political Studies*, 43 (1).

Dudley, L. S. (1997). New Insights into Old Theories: Contracting Relationships and the Separation of Powers. *Journal of Health and Human Services Administration*, 20 (2).

Dunleavy, P., Margetts, H., Bastow, S., Tinkler. J. (2005). New Public Management is Dead – Long Live Digital-era Governance. *Journal of Public Administration Research and Theory*, 16 (3).

Durant, R. F. (1998). Agenda Setting, the "Third Wave," and the Administrative State. *Administration and Society*, 30 (3).

Dyer. J. H. (1997). Effective Interfirm Collaboration: How Firms Minimize Transaction Costs and Maximize Transaction Value. *Strategic Management Journal*, 18 (7).

Ebdon, C. and Franklin, A. (2006). Citizen Participation in Budgeting Theory. *Public Administration Review*, 66 (3).

Eggers, W. D. (1997). The Incredible Shrinking State. *Reason*, 29 (1).

Eggers, W. D. (2005). *Using Technology to Improve Education, Cut red Tape, Teduce Gridlock, and Enhance Democracy*. Lanham, M. D.: Rowman & Littlefield Publishers.

Feigenbaum, H. & Henig. Je. (1994). The Political Underpinnings of Privatization: A typology. *World Politics*, 46.

Fernandez. S., Smith, C. R. & Wenger, J. B. (2006). "Employment, Privatization, and Managerial Choice: Does Contracting out Reduce Public Sector Employment? *Journal of Policy Analysis and Management*, 26 (1).

Ferris, J. M. (1986). The Decision to Contract out: An Empirical Analysis. *Urban Affairs Quarterly*, 22 (2).

Ferris, J. M. & Graddy, E. (1986). "Contracting Out: For What? with Whom?", *Public Administration Review*, 46 (4).

Ferris, J. M. & Graddy, E. (1991). Production Costs, Transaction Costs, and Local Government Contractor Choice, *Economic Inquiry*, 29.

Ferris, J. M. & Graddy, E. (1994). Organizational Choices for Public Service supply. *Journal of Law, Economics, Organization* 10.

Franciosi, R. (1998). Garbage in, Garbage out: An Examination of Private Public Competition by the City of Phoenix. *Arizona Issue Analysis* 148. Phoenix, AZ: Goldwater Institute.

Franklin, A. (2001). Involving Stakeholders in Organizational Processes. *International Journal of Public Administration*, 24 (4).

Frant, H. (1996). High-powered and Low-powered Incentives in the Public Sector. *Journal of Public Administration and Theory*, 6 (3).

Frederickson, H. G. (1976). Public Administration in the 1970s. *Public Administration Review*, 36 (5).

Frederickson, H. G. (1990). Public Administration and Social Equity. *Public Administration Review*, 50 (2).

Frederickson, H. G. (1996). Comparing the Reinventing Government Movement with the New Public Administration. *Public Administration Review*, 56 (2).

Frederickson, H. G. & Johnson. G. A. (2001). The Adapted American City: A Study of Institutional Dynamics. *Urban Affairs Review*, 36 (6).

Frederickson, H. G., Johnson, G. A. & Wood. C. (2004). The Changing Structure of American Cities: A Study of the Diffusion of Innovation. *Public Administration Review*, 2004, 64.

Frederickson, H. G. (2010). *Social Equity and Public Administration: Origins, Developments, and Applications*. Armonk, N. Y. : M. E. Sharpe, Inc..

Friesema, H. P. (1970). Interjurisdictional Agreements in Metropolitan areas. *Administrative Science Quarterly*, 15 (2).

Frug, G. E. (1998). City Services. *New York University Law Review*, 73 (23).

Frug, G. E. (1999). Alternative Conceptions of City Services. In *City Making: Building Communities without Building Walls*. Princeton: Princeton University Press.

Fund for the City of New York, Center on Municipal Government Performance (2000). Computerized Neighborhood Environment Tracking (ComNET). www. fcny. org/html/home. htm.

GASB (2003) . *Reporting Performance Information*: *Suggested Criteria for Effective Communication*. Governmental Accounting Standards Board, Norwalk, CT.

GASB (2002) . *Report on the GASB Citizen Discussion Groups on Performance Reporting*. Governmental Accounting Standards Board, Norwalk, CT.

Ghosal, S. & Moran, P. (1996) . Bad for Practice: A Critique of the Transaction Cost Theory. *Academy of Management Review*, 21 (1) .

Gibelman, M. (1996) . Contracting for Social Services: Boom or Bust for the Voluntary Sector? *Journal of Health and Human Services Administration*, 19 (1) .

Goldin, K. D. (1977) . Equal Access vs. Selective Access: A Critique of Public Goods Theory, *Public Choice*, 29 (1) .

Goldsmith, S. (1997) . *The Twenty-First Century City*: *Resurrecting Urban America*. Washington, D. C. : Regnery Publishing.

Goldsmith, S. & Kettl, D. F. (2009) . *Unlocking the Power of Networks*: *Keys to High-Performance Government*. Washington, D. C. : Brookings Institution Press, 2009.

Goldsmith, S. & Eggers W. D . (2004) . *Governing by Network*: *The New Shape of the Public Sector* . Washington, D. C. : Brookings Institution.

Gorham, W. (1983) . Foreword. In H. P. Hatry (Ed.), *A Review of Private Approaches for Delivery of Public Services* (p. 25) . Washington, D. C. : Urban Institute.

Gormley, W. T . (1991) . The Privatization Controversy. In William T. Gormley, ed . , *Privatization and its Alternatives*. Madison, WI: University of Wisconsin Press.

Granovetter, M. (1985) . Economic Action and Social Structure: The Problem of Embeddedness. *The American Journal of Sociology*, (91) 3.

Gray, B. (1989) . *Collaborating*: *Finding Common Problems for Multiparty Problems*. San Francisco: Jossey-Bass.

Gray, B. & Wood, D. J. (1991) . Collaborative Alliances: Moving from Practice to Theory. *Journal of Applied Behavioral Science*, 27 (2) .

agement: Into the Ageof Paradox? *Journal of Public Administration Research and Theory*, 14 (3).

Hooghe, L. (1996). Subnational Mobilization in the European Union. *West European Politics* 18 (3).

Hooghe, L. & Marks, G. (2001). *Multi-level Governance and European Integration.* Oxford: Rowman & Littlefiel.

Hooghe, L. & Marks, G. (2003). Unraveling the Central State, but how? Types of Multi Level Governance. *American Political Science Review*, 97 (6).

House of Representatives Abt Associates, (1998). *Private Prisons in the United States.* http://www. abtassociates. com/reports/ES-priv-report. pdf.

Howe, C. W. & Ingram, H. (2005). Roles for the Public and Private Sectors in Water Allocation: Lessons from Around the World. In Douglas S. Kenney (ed.) In *Search of Sustainable Water Management: International Lessons for the American West and Beyond*, Cheltenham, UK: Edward Elgar.

Hoxby, C. M. (2003). School Choice and School Productivity: Could School Choice be a Tide that Lifts all Boats? In *The Economics of School Choice*, Ed. by Caroline M. Hoxby (pp. 287 – 342). Chicago: University of Chicago Press.

Innes, J. E. & Booher, D. E. (2003). Collaborative Policymaking: Governance through Dialogue. In *Deliberative Policy Analysis: Understanding Governance in the Network Society*, edited by Maarten A. Hajer & Hendrik Wagenaar, Cambridge: Cambridge University Press.

International City Management Association. (1989). *Service Delivery in the 90s: Alternative Approaches for Local Governments.* Washington, D. C. : International City Management Association.

International City/ County Management Association. *Profile of Alternative Service Delivery Approaches*, Survey Data, 1982, 1988, 1992, 1997, 2002, 2007.

James, O. & Manning N. (1996). Public Management Reform: A Global Perspective. *Politics*, 16 (3).

John, P. (2009). Can Citizen Governance Redress the Representative Bias of Political Participation? *Public Administration Review*, 69 (3).

Kamensky, J. (1996). Role of the "Reinventing Government Movement" in

Federal Management Reform. *Public Administration Review*, 56 （3）.

Kamerman, S. B. & Kahn A. J. （1989）. Privatization and the Welfare State. Princeton, N. J. : Princeton University Press.

Kathi, P. C. & Cooper, T. L. （2005）. Democratizing the Administrative State: Connecting Neighborhood Councils and City Agencies. *Public Administration Review*, 65 （5）.

Kramer, R. M. & Grossman B. （1987）. Contracting for Social Services: Process Management and Resource Dependencies. *Social Service Review*, 61 （1）.

Kettl, D. F. （1997）. The Global Revolution in Public Management. *Journal of Policy Analysis and Management*, 16 （3）.

Kickert, W. （1995）. Steering at a Distance: A New Paradigm of Public Governance in Dutch Higher Education. *Governance*, 8 （1）.

Kickert, W. （1997）. Public Governance in the Netherlands: An Alternative to Anglo-American managerialism. *Public Administration*, 75 （4）.

King, S. K. , Feltey, K. M. & Susel, B. O. （1998）. The Question of Participation: Toward Authentic Participation in Public Administration. *Public Administration Review*, 58 （4）.

Kuhlmann, S. , Bogumil, J. & Grohs, S. （2008）. Evaluating Administrative Modernization in German Local Governments: Success or Failure of the "New Steering Model"? *Public Administration Review*, 83 （5）.

Kwon, S. W. , Lee, I, N. & Felock, R. C. （2010）. Transaction Costs Politics and Local Service Production. *International Review of Public Administration*, 14 （3）.

Larmour, P. （1997）. Models of Governance and Public Administration. *International Review of Administrative Science*, 63 （3）.

Levin, J. （2003）. Relational Incentive Contracts. *American Economic Review*, 93 （3）.

Liu Bangcheng （2009）. Evidence of Public Service Motivation of Social Workers in China. *International Review of Administrative Sciences*, 75 （2）.

Lowery, D. and W. E. Lyons （1989）. The Impact of Jurisdictional Boundaries: An individual- Level Test of the Tiebout Model. *Journal of Politics*, 51.

Lowery, D. （1998）. Consumer Sovereignty and Quasi-market Failure. *Journal of Public Administration Research and Theory*, 8 （2）.

Lowery, D. (1999) . Sorting in the Fragmented Metropolis: Updating the So-
cial Stratification-government Inequality Debate. *Public Management Review* ,
1 (1) .

Lucas, R. , Jr. (1988) . On The Mechanics of Economic Development.
Journal of Monetary Economics, 22 (1) .

Lucio, J. (2009) . Customers, Citizens, and Residents: The Semantics of
Public Service Recipients. *Administration & Society*, 41 (7) .

Lynn, L. E. Jr. (1998) . The New Public Management: How to Transform a
Theme into a Legacy. *Public Administration Review*, 58 (3) .

Lynn, L. E. , Jr. & Ingraham, P. W. (2004) . Governance and Public Man-
agement: A Symposium. *Journal of Policy Analysis and Management*, 23
(1) .

Lyons, W. E. , Lowery, D. , DeHoog, H. R. (1992) . The Politics of Dis-
satisfaction Citizens, Service and Urban Institutions. Armonk, N. Y. : M. E.
Sharpe.

Lyons, W. E. , Lowery, D. , DeHoog, H. R. (1995) . The Empirical Evi-
dence for Citizen Information and a Local Market for Public Good. *American
Political Science Review*, 89 (3) .

March, J. G. & Olsen, J. P. (1984) . The New Institutionalism: Organiza-
tional Factors in Political Life. *American Political Science Review*, 78 (3) .

Miller, T. I, Kobayashi, M. M. & Hayden S. E. (2009) . *Citizen Surveys for
Local Government: A Comprehensive Guide to Making them Matter*. Washing-
ton, D. C. : ICMA.

Miller, T. I & Kobayashi, M. (2001) . The Voice of the Public: Why Citi-
zen Survey Work. *Public Management*, 83 (4) .

Morris, J. , C. (1999) . *Government and Market Pathologies of Privatization:
The Case of Prison Privatization.* Mississippi State, MS: Stennis Institute of
Government.

Mandell, M. B. (1991) . Effectiveness-equity Trade-Offs in Public Service
Delivery Systems, 37 (4): 467 –482.

Marmolo, E. (1998) . A Constitutional Theory of Public Goods. *Journal of E-
conomic Behavior and Organization*, 38 (1) .

Mathur, N. & Skelcher, C. (2007) . Evaluating Democratic Performance:
Methodologies for Assessing the Relationship between Network Governance

and Citizens. *Public Administration Review*, 67 (2).

Marshall, M., Wray, L., Epstein, P., and Grifel, S. (1999). 21st Century Community Focus: better Results by Linking Citizens, Government, and Performance Measurement. *Public Management*, 81, 1218.

Mead, T. D. (2000). Governing Charlotte-Mecklenburg. *State & Local Government Review*, 32 (3).

Martin, L. L. (1999). *Contracting for Service Delivery: Local Government choices*. Washington, D. C. : International City/County Management Association.

MegginsonW. L. & Netter, J. M. (2001). From State to Market: A Survey if Empirical Studies of Privatization. *Journal of Economic Issues*, 39 (2).

Milward, H. B. (1994). Nonprofit Contracting and the Hollow State. *Public Administration Review*, 54 (1).

Milward, H. B. and K. G. Provan (2000). Governing the Hollow State. *Journal of Public Administration Research and Theory*, 10 (2).

Minow, M, (2003). Public and Private Partnerships: Accounting for the New Religion, *Harvard Law Review*, 116.

Miller, N. & Jensen, W. (1974). Reform of Federal Prison Industries. *Justice System Journal*, 1 (1).

Miranda, R. & Andersen, K. (1994). Alternative Service Delivery in Local Government, 1982 – 1992. In *The Municipal Year Book 1994*. Washington, D. C. : International City Management Association.

Miranda, R. & Lerner, A. (1995). Bureaucracy, Organizational Redundancy and the Privatization of Public Services. *Public Administration Review*, 55 (2).

Moe, R. C. (1987). Exploring the Limits of Privatization. *Public Administration Review*, 47 (6).

Moore, M. H. (1995). *Creating Public Values: Strategic Management in Government*. Harvard University Press.

Moore, M. H. (2009). Networked Governance: Survey of Rationales, Forms, and Techniques. In Goldsmith, S. & Kettle, D. F. (Eds.) *Unlocking the Power of Networks: Keys to high Performance Government*. Washington, D. C. : Brookings Institution Press.

Morgan, D. R. & England. R. E. (1988). The Two Faces of Privatiza-

tion. Public Administration Review, 48（4）.

Morgan, D. R. & England. R. E.（1992）. The Pitfalls of Privatization: Contracting without Competition. *American Review of Public Administration*, 22（4）.

Nalbandian, J.（1999）. Facilitating Community, Enabling Democracy: New Roles for Local Government Managers. *Public Administration Review*, 59（3）.

Neiman, M.（1976）. The Social Stratification-government Inequality thesis Explored. *Urban Affairs Quarterly*, 19.

Newsom, G.（2007）. New 311 Customer Service Number Now Available 24 - 7. http: //www. sfmayor. org/archives/PressRoom _ NewsReleases _ 2007_ 58129/.

Niskanen, W. 1994. *Bureaucracy and Public Economics*. England: Edward Elgar Publishing House.

North, D. C.（1958）. Ocean Freight Rates and Economic Development. *Journal of Economic History*, 18（4）.

North, D. C.（1990）. *Institutions, Institutional Change and Economic Performance*. Cambridge, U. K. Cambridge University Press,

Nye, J. S., Jr., Zelikow, P. D. & King, D. C., eds.（1997）. *Why People don't Trust Government*. Cambridge, M. A. : Harvard University Press.

Oates, W. E., *Fiscal Federalism*. New York: Harcourt, Brace, Jovanovich, 1972.

Oates, W. E. 1985. Searching for Leviathan: An Empirical Study. *American Economic Review*, 75

OECD.（1993）. *Managing with Market-type Mechanisms*, Public Management Studies. Paris: OECD.

O'Leary, R., Gerard, C. & Bingham, L. B.（2006）. Introduction to the Symposium on Collaborative Public Management. *Public Administration Review*, 66（s1）.

Ostrom, E.（2005）. *Understanding Institutional Diversity*. Princeton: Princeton University Press.

Orstrom, V., Tiebout, C. & Warren, R.（1961）. The Organization of Government in Metropolitan Areas: A Theoretical Inquiry. *The American Political Science Reivew*, 55（4）

Ostrom, V. & E. Ostrom (1971). Public Choice: A Different Approach to Public Administration. *Public Administration Review*, 31.

O'Toole, L. J. (1997a). Treating Networks Seriously: Practical and Research-Based Agendas in Public Administration. *Public Administration Review*, 57 (1).

O'Toole, L. J. (1997b). The Implications for Democracy in a Networked Bureaucratic World. *Journal of Public Administration Research and Theory*, 7 (2).

Pack, J. R. (1989). Privatization and Cost Reduction. *Policy Sciences*, 22 (1).

Page, S. (2003). Entrepreneurial Strategies for Managing Interagency Collaboration. *Journal of Public Administration Research and Theory*, 13 (33).

Parks, R., and R. Oakerson (1989). Metropolitan Organization and Governance: A Local Political Economy Approach. *Urban Affairs Quarterly*, 25.

Paul A. S. (1954). The Pure Theory of Public Expenditure. The Review of Economics and Statistics, 36 (4).

Perri 6, D. L., Seltzer, K. & Stoker, G. (2002). *Toward Holistic Governance: The New Reform Agenda.* New York: Palgrave.

Perry, J. L. (1986). Comparative Performance in Urban bus Transit: Assessing Privatization Strategies. *Public Administration Review*, 46 (1).

Perry, J. L. (2007). Democracy and the New Public Service. *The American Review of Public Administration*, 37 (1).

Pollitt, C. (1990). *Managerialism and the Public Services.* Oxford: Blackwell.

Pollitt, C. (1995). Justification by Works of Faith. *Evaluation*, 1 (2).

Pollitt, C. (2001). Convergence: The Useful Myth. *Public Administration*, 79 (4).

Prager, J. (1994). Contracting out Government Services: Lessons from the Private Sector. *Public Administration Review*, 54 (2).

Prager, J. & Desai, S. (1996). Privatizing Local Government Perations. *Public Productivity and Management Review*, 20 (2).

Provan, K. G. & Milward, H. B. (2001). Do Networks Really Work? A Framework for Evaluating Public-sector Organizational Networks. *Public Administration Review*, 61 (4).

Putnam, R. D. (1995). Bowling alone: America's Declining Social Capital. *Journal of Democracy*, 6 (1).

Qian, Yingyi & Weingast, B. R. (1997). Federalism as a Commitment to Preserving Market Incentives. *The Journal of Economic Perspectives*, 11 (4).

Raffel, J. A., Auger, D. A. & Denhardt, K. G. (1999). Privatization and Contracting: Managing for State and Local Productivity. *Public Productivity and Management Review*, 22 (4).

Ramesh, M. et al. ed. (2010). *Reasserting the Public in Public Services: New Public Management Reforms*. New York: Routledge.

Rhodes, R. A. (1997). *Understanding Governance: Policy Networks, Governance, Reflexivity, and Accountability*. Buckingham, UK: Open University Press.

Rimmerman, C. A. (1997). *The New Citizenship: Unconventional Politics, Activism, and Service*. Boulder, C. O.: Westview Press.

Riordan, M. & Williamson, O. E. (1985). Asset Specificity and Economic Organization. *International Journal of Industrial Organization*, 3.

Rittel, H. W. J. & Webber, M. M. (1973). Dilemmas in a General Theory of Planning. *Policy Sciences*, 4 (2).

Roberts, N. (2004). Public Deliberation in an Age of Direct Citizen Participation. *American Review of Public Administration*, 34 (4).

Roland, G., eds. (2008). *Privatization: Successes and Failures*. New York: Columbia University Press.

Romer, P. (1986). Increasing Returns and Long Run Growth. *Journal of Political Economy*, 94 (5).

Rosenbloom, D. H. (1993). Editorial: Have an Administrative Rx? Don't Forget the Politics. *Public Administration Review*, 53 (6).

Rosenbloom, D. H. (2001). Histor Lessons for Reinventors. *Public Administration Review*, 61 (2).

Ross, B. & Levine M. A. (2000). *Urban Politics: Power in Metropolitan American*, 6th ed. Belmont, CA: Wadsworth Publishing.

Samuelson, P. A. (1954). The Pure Theory of Public Expenditure. *The Review of Economics and Statistics*, 36 (4).

Sandfort, J. R. (1999). The Structural Impediments to Human Service Collaboration: Examining Welfare Reform at the Front Lines. *Social Service Review*, 73 (3).

Sanfey A. G. (2007) . Social Decision-making: Insights from Game Theory and Neuroscience. *Science*, 318.

Sass, Tim R. (2006) . Charter Schools and Student Achievement in Florida. *Education Finance and Policy*, 1 (1) .

Savas, E. S. (1978) . On Equity in Providing Public Services, *Management Science*, 24 (8) .

Schneider, M. , Teske, P. & Mintrom, M. (1995) . *Public Entrepreneurs: Agents for Change in American Government*. Princeton, N. J. : Princeton University Press.

Schuman, S. P. (1996) . The Role of Facilitation in Collaborative Groups. In C. Huxham (ed.), *Creating Collaborative Advantage*, pp. 126 – 140. Thousand Oaks, CA: Sage Publications.

Sclar, E. (2000) . You don't always Get what you Pay for: The Economics of Privatization. *Ithaca*, N. Y. : Cornell University Press.

Seabright, P. (1996) . Accountability and Decentralization in Government: An Incompletecontracts Model. *European Economic Review*, 40 (1) .

Segal, G. F. & Moore, A. T. (2002) . Weighing the Watchmen: Evaluating the Costs and Benefits of Outsourcing Correctional Services. In Part II: *Reviewing the Literature on Cost and Quality Comparisons* (Policy Study 290, p. 6) . Los Angeles: Reason Public Policy Institute.

Seidenstat, P. (1996) . Privatization: Trends, Interplay of Forces, and Lessons Learned. *Policy Studies Journal*, 24 (3) .

Selden, S. C. , Sowa, J. E. & Sandfort, J. R. (2006) . The Impact of Nonprofit Collaboration in Early Childhood Education on Management and Program Outcomes. *Public Administration Review*, 66 (3) .

Shannon, J. (1987) . The Return to Fend-For-Yourself Federalism: The Reagan Mark. *Intergovernmental Perspectives*, 13 (1) .

Short, J. R. (2006) . *Alabaster Cities: Urban U. S. Since 1950*. Syracuse, NY: Syracuse University Press.

Singer, T. , Seymour, B. , O' Doherty, J. et al. Empathic Neural Responses are Modulated by the Perceived Fairness of Others. *Nature*, 2006, 439, 466 – 469.

Smith, S. R. & Lipsky, M. (1993). *Nonprofits for Hire: the Welfare State in the Age of Contracting*. Cambridge, MA: Harvard University Press.

Snow, D. (2001). Coming home: An Introduction to Collaborative Conservation. In *Across the Great Divide: Explorations in Collaborative Conservation and the American West*, edited by P. Brick et al., pp. 1 – 11. Washington, D. C.: Island Press.

Stanton, T. H. (2009). Government-Sponsored Enterprises: Reality Catches up to Public Administration Theory. *Public Administration Review*, 69 (4).

Starr, P. (1987). *The limits of privatization*. Washington, D. C.: Economic Policy Institute.

Stein, R. M. (1990). *Urban Alternatives: Public and Private Markets in the Provision of Local Services*. Pittsburgh, PA: University of Pittsburgh Press.

Stiglitz, J. E. (1996). *Whither Socialism?* Cambridge, Mass.: The MIT Press.

Sullivan, H. (1987). *Privatization of Public Services: A Growing Threat to Constitutional Rights*. Public administration Review, 47 (6).

Sunstein, C. R. Nudges vs Shoves. Harvard Law Review Forum, 2014, 127.

Sunstein, C. R. Nudges Do Not Undermine Human Agency, Consume Policy, 2015, 38.

Sunstein, C. R. & Thaler, R. Libertarian Paternalism is not an Oxymoron. The University of Chicago Law Review, 2003, 70.

Sunstein, C. R. Nudges, Agency & Abstraction: A Reply to Critics Review of Philosophy and Psychology, 2015, 6 (3).

Svara, J. H. (2003). *Two Decades of Continuity and Change in American City Councils*. Commissioned by the National League of Cities (September, 2003).

Tadelis, S. (2002). Complexity, Flexibility, and the Make-or-buy Decision. *American Economic Review*, 92 (2).

Terry, L. D. (2005). The Thinning of Administrative Institutions in the Hollow State. *Administration and Society*, 37 (4).

Teske, P., Schneider, M., Mintrom, M. & Best, S. (1995). The Empirical Evidence for Citizen Information and a Local Market for Public Goods (Resonse). *American Political Science Review*, 89 (3).

The City of Phoenix. (2010). 2009 – 10 Resource and Expenditure

Summary. http: //phoenix. gov/BUDGET/bud09res. pdf.

The World Bank. (2006). *Approaches to Private Participation in Water Services: A toolkit.* http: //rru. worldbank. org/Documents/Toolkits/Water/Water_ Full. pdf.

Thelen, K. (1999). Historical Institutionalism in Comparative Politics. *Annual Review of Political Science*, 2 (1): .

Thomas, J. (1993). Public Involvement and Governmental Effectiveness: A Decision-making Model for Public Mmanagers. *Administration & Society*, 24 (4).

Thompson, D. F. (1970). *The Democratic Citizen: Social Science and Democratic Theory in the Twentieth Century.* New York: Cambridge University Press.

Thompson, D. F. (1983). Bureaucracy and Democracy. In *Democratic Theory and Practice*, edited by Graeme Duncan. Cambridge: Cambridge University Press.

Tiebout, C. (1956). A Pure Theory of Local Expenditures. *Journal of Political Economy*, 64: 416 –424.

Tsai, L. (2007). Solidary Groups, Informal Accountability, and Local Public Goods Provision in Rural China. *American Political Science Review*, 101 (2): 355 –372.

Uzzi, B. (1996). The Source and Consequences of Embeddedness for the Economic Performance of Organizations: the Network Effects. *American Sociological Review*, 61 (4).

Uzzi, B. (1997). Social Structure and Competition in Interfirm Networks: The Paradox of Embeddedness. *Administrative Science Quarterly*, 42 (1).

Van Bueren, E. M. ; Klijn, Erik-Hans; Koppenjan, Joop F. M . (2003). Dealing with Wicked Problems in Networks: Analyzing an Environmental Debate from a Network Perspective. *Journal of Public Administration Research and Theory*, 13 (2).

Van Slyke, D. M. (2003). The Mythology of Privatization in Contracting for Social Services. *Public Administration Review*, 63 (3).

Van Slyke, D. M ., Horne, C. S. & Th omas J. C . (2005). The Implications of Public Opinion for Public Managers: The Case of Charitable choice. *Administration & Society*, 37 (3).

Warner, M. E. (2008). Reversing Privatization, Rebalancing Government Reform: Markets, Deliberation and Planning. *Policy and Society*, 27 (2).

Warner, M. E. (2009). Civic Government or Market-based Governance? The Limits of Privatization for Rural Local Governments. *Agriculture and Human Values*, 26 (1-2).

Warner, E. M. & Hefetz, A. (2008). *Managing Markets for Public Service: The Role of Mixed Public-private Delivery of City Services, Public Administration Review*, 68 (1).

Warner, E. M. & Hefetz, A. (2010). *Service Characteristics and Contracting: The Importance of Citizen Interest and Competition.* In ICMA's Municipal Year Book 2010. Washington, D. C. : ICMA.

Webb, K. & Hatry, H. P. (1973). *Obtaining Citizen Feedback: The Application of Citizen Surveys to Local Governments.* Washington, D C: The Urban Institute.

Williamson, O. E. (1975). *Markets and Hierarchies: Analysis and Antitrust Implications, a Study in the Economics of Internal Organization.* New York, Free Press.

Williamson, O. E. (2000). The New Institutional Economics: Taking Stock, Looking ahead. *Journal of Economic Literature*, 38 (3).

Wilson, J. Q. (1989). *Bureaucracy: what Government Agencies do and Why they do it.* New York: Basic Books.

Wu, Xun & Ramesh, M. (2009). Healthcare Reform in Developing Asia: Potentials and Realities. *Development and Change*, 40 (3).

Zhang, Mengzhong. (2009). Crossing the River by Touching Stones: A Comparative Study of Administrative Reforms in China and the United States. *Public Administration Review* (Special Issue), 69 (7).

Zhao, Z. Jerry. (2009). Fiscal Decentralization and Provincial-level Fiscal Disparities in China: A Sino-U. S. Comparative Perspective. *Public Administration Review* (Special Issue), 69 (7).

Zimmer, R. & Buddin, R. (2009). Is Charter School Competition Incalifornia Improving the Performance of Traditional Public Schools? *Public Administration Review*, 69 (5).

后　记

　　这本书是在我的博士论文的基础上修改而成的，毋庸讳言，必须感谢我的导师陈振明教授。在我保研、读博、出国、毕业、留校等人生的许多重要步伐上，都有陈老师的悉心指点和照顾，可谓待我如子。在我犯的许多错误上，陈老师也会严肃责问，但总是包容、宽待我，这份恩情，已无须用言语表达（插个题外话，现在我很能理解博士第一堂课时，陈老师问韩斯疆同学为何工作多年、事业有成后又重返校园，斯疆大哥笑答，我现在太需要被人管一管、骂一骂了）。博士论文几经修改，从提交博士论文初稿到成为正式出版的书稿，陈老师指导我调整了原本不成章法的结构，磨去了一些富有情怀但不合时宜的话语，增加了一些更具有前沿学术气息的章节。

　　感谢厦门大学公共事务学院、公共政策研究院这个大家庭，我的每一步成长，都离不开每一位老师的精心指点。在我工作后，他们亦师亦友，以宽广的心胸接纳我这个小字辈，谢谢你们！

　　感谢中国社会科学出版社的孔继萍女士。谢谢她帮我推荐、参评国家社科基金后期资助项目，在结项之后，对我的拖沓总是耐心以待。

　　感谢生命当中每一个认识我、支持我、关心我的亲人、朋友、同事、师兄弟、师姐妹们，在我随机性的苦闷，经常性的求助，乃至规律性的暴躁不安时，总能给我以宁静、慰藉、力量和阳光，让我知道，"生活不止眼前的苟且，还有诗和远方的田野"。

　　想说点题外之话。最喜欢一本书还有个"后记"，让我们在那些貌似严肃、庄重、专业的话语后边，看到作者的某些杂念、碎念、怨念和怀念，体验到某些鲜活的气息和灵动的画面。在我读本科的时候，整天就爱读读张爱玲、川端康成的清冷文字，不曾想过我也能出版一本"大部头"的书，以至于今天，我常常怀疑我的头脑是不是被清盘，完全格式化了。

　　当这本书逐渐成形，差点就成为一本"著作"的时候，耳边总是响起谢安琪的《喜帖街》。"忘掉种过的花　重新的出发　放弃理想吧　别

再看尘封的喜帖 你正在要搬家 筑得起 人应该接受 都有日倒下 其实没有一种安稳快乐 永远也不差……"是啊，从 2009 年动笔到现在，7 年，仿佛见证的不是我的勤奋，而是我的懒散。谁又曾料想，这 7 年间，人生仿佛加入了"膨大剂"，逼迫着我快速地成长着，当初的那一份安稳、快乐，早已转换了模样。

2009 年 10 月，当我还在遥远的美国，正打算以全新的面貌拥抱新的知识海洋时，我的母亲不幸罹患卵巢癌。2013 年 12 月，母亲永远离开了我们。"知乎"里有一个问题，"思念到极致是什么感觉"。我想说的是，当你梦到你在落泪，醒来发现你真的是落泪，就是这种感觉。但是，母亲并不是完全的不幸。在她生命的最后几年，她看到了儿子出国、博士毕业，拥有一份体面的工作且结婚、生子，她仿佛忘记了她也是病人，每天为那些点滴的琐事所神伤、兴奋而勤快地工作着。母亲不懂专业术语，但她知道我在和公共事务问题打交道，也常常问我"国家怎么样才能给农村 60 岁以上的老人更好的生活保障呢"等类似的问题。她的问题总是提醒我，自己的研究有热情，有温度，有生命力吗？

最后，谨以泰戈尔的诗，来表达对我的爱人、女儿和出生不久的儿子的感恩之情，谢谢他们的相伴相随，是他们给予我无尽的希望和力量。

> 我在星光下独自走着的路上停留了一会，
> 我看见黑沉沉的大地展开在我的面前，
> 用她的手臂拥抱着无量数的家庭，
> 在那些家庭里，
> 有着摇篮和床铺，
> 母亲们的心和夜晚的灯，
> 还有年轻轻的生命，
> 他们满心欢乐，
> 却浑然不知这样的欢乐对于世界的价值。
>
> ——泰戈尔《家庭》

2016 年 3 月 22 日于厦门大学玉堂